HEYNE <

DAS BUCH

Es gibt zahllose Berichte von Erwachsenen über Nahtoderfahrung. Was aber kaum bekannt ist: Hunderttausende von Menschen haben eine derartige Erfahrung bereits in der Kindheit oder sogar noch im Mutterleib gemacht. Was haben sie dabei erlebt? Und wie hat dies ihr weiteres Leben geprägt? Die renommierte Nahtodforscherin P.M.H. Atwater zeigt in einer brillanten Synthese von berührenden Erfahrungsberichten und wissenschaftlicher Forschung, wie gravierend sich Nahtoderlebnisse in der Kindheit auf unterschiedlichste Bereiche des weiteren Lebens auswirken können – sei es in Familie, Beziehungen, Gesundheit, Spiritualität oder Beruf. Zum einen finden Betroffene hier wirksame Hilfe für die Verarbeitung von Nahtoderlebnissen. Zum anderen eröffnet die Autorin tiefe Einblicke in die jenseitige Welt, wie Kinder sie erleben, und zeigt, dass das Bewusstsein selbst den Tod überdauert. Mit faszinierenden Originalzeichnungen von Menschen, die ihre Nahtoderfahrung illustrieren.

DIE AUTORIN:

P.M.H. Atwater ist eine Pionierin der Nahtodforschung, Autorin von mehr als 15 Büchern und spirituelle Lehrerin. Nachdem sie selbst drei Nahtoderfahrungen machen musste, begann sie 1978 mit der Forschung zu diesem Phänomen, gestützt auf Befragungen von über 4.000 Menschen, und wurde zu einer weltweit renommierten Autorität auf diesem Gebiet. Sie schreibt für spirituelle Magazine, hält Vorträge bei verschiedensten Institutionen und erhielt zahlreiche Auszeichnungen, etwa von der *International Association for Near-Death Studies* oder der *National Association of Transpersonal Hypnotherapists*. P.M.H. Atwater lebt in Charlottesville, Virginia. www.pmhatwater.com

P. M. H. Atwater

Wir waren im Himmel

Was Nahtoderfahrungen von Kindern über das Leben und das Jenseits offenbaren

Aus dem amerikanischen Englisch
von Anita Krätzer

WILHELM HEYNE VERLAG
MÜNCHEN

Die Originalausgabe erschien 2019 unter dem Titel
»The Forever Angels« bei Bear & Company, Rochester, VT, USA.

Die in diesem Buch vorgestellten Informationen und Empfehlungen sind nach bestem Wissen und Gewissen geprüft. Dennoch übernehmen die Autorin und der Verlag keinerlei Haftung für Schäden irgendwelcher Art, die sich direkt oder indirekt aus dem Gebrauch der hier beschriebenen Anwendungen ergeben. Bitte nehmen Sie im Zweifelsfall bzw. bei ernsthaften Beschwerden immer professionelle Diagnose und Therapie durch ärztliche oder naturheilkundliche Hilfe in Anspruch.

Sollte diese Publikation Links auf Webseiten Dritter enthalten, so übernehmen wir für deren Inhalte keine Haftung, da wir uns diese nicht zu eigen machen, sondern lediglich auf deren Stand zum Zeitpunkt der Erstveröffentlichung verweisen.

FSC www.fsc.org
MIX
Papier aus verantwortungsvollen Quellen
FSC® C014496

Penguin Random House Verlagsgruppe FSC® N001967

Taschenbuchneuausgabe 06/2022

Redaktion: Ralf Lay
Umschlaggestaltung: Guter Punkt, München, unter Verwendung von Motiven von © the-lightwriter / iStock / Getty Images Plus, © chanuth / iStock / Getty Images Plus, © andresr / istock
Satz: Satzwerk Huber, Germering
Druck und Bindung: GGP Media GmbH, Pößneck
ISBN 978-3-453-70437-4

www.heyne.de

Dieses Buch ist Tracy Coen gewidmet.
Ihre Nahtoderfahrung ereignete sich im Uterus ihrer Mutter, während diese einen Selbstmordversuch unternahm. Die Erinnerungen an jenen Vorfall und seine Nachwirkungen wurden für Tracy zu einer lebenslangen Reise ins Zentrum ihrer Seele. Sie war sehr gespannt darauf, die Ergebnisse der hiermit vorgelegten Untersuchung zu lesen, aber sie starb, bevor sie abgeschlossen werden konnte.

Du fehlst uns allen, Tracy.

Aus der Perspektive eines Kindes mit einer Nahtoderfahrung heraus zu leben war eine ziemliche Herausforderung. Wenn man als Kind das Leid und die Gefühle anderer Menschen spürt, wenig oder nichts zu sagen hat, sich verpflichtet fühlt, anderen zu helfen, und glaubt, dass man die zusätzlichen Lasten schultern kann – dann hat man kein sicheres Lebensgefühl. Es ist mühevoll, hier zu sein. Im Gegensatz zu der Ekstase, die eine Nahtoderfahrung bei den meisten Erwachsenen auslöst, muss ein Kind versuchen, damit fertigzuwerden, auf dieser Welt zu sein, und mit seinen »Gaben« und seiner Sensibilität zurechtkommen. Ich habe fast mein gesamtes Leben damit verbracht, nicht hier sein zu wollen. Im Wissen um das Einssein allen Lebens (auf eine gewisse Art und Weise) werden alle fühlenden Wesen respektvoll behandelt, und ihre Lebensreise ist heilig. Ich bin oft in eine Lage gebracht worden, in der ich mich schroff geäußert habe oder in ein negatives Verhalten verfallen bin. Das ist mit der Zeit sehr ermüdend. Auf der Erde ist es sehr brutal, und ich sehne mich oft nach der Raffinesse der anderen Seite. Dort fällt einem das Atmen leichter. Der einzige Weg, auf dem ich gelernt und es gewagt habe, meine eigenen Gefühle zu erforschen, war der über Gespräche mit Kindern, die eine Nahtoderfahrung hatten und denen ich vertraue. Das physische Leben ist sehr unbedeutend für mich, aber mein inneres Leben ist umfangreich und weitläufig. Es ist faszinierend und schwierig. Jemand, der als Kind eine Nahtoderfahrung gemacht hat, kann viel weitergeben, wenn er aus einer anderen Perspektive betrachtet wird.

Cara (Fall 14). Sie starb in einem Alter zwischen dreieinhalb und vier Jahren während einer Mandelentfernung. Durch intensivmedizinische Maßnahmen wurde sie gerettet.

Inhalt

Einleitung

Menschen, die als Kind eine Nahtoderfahrung machen, sind anders

Eine Zeitungsschlagzeile vom März 2015 lautete: »101 Minuten lang totes Kleinkind lebt jetzt wieder.« In dem Artikel ging es um ein kleines Kind aus Pennsylvania, das aus einem vereisten Bach gezogen worden war. Es hatte keinen Puls mehr. Atmete nicht. Wies keine neurologischen Funktionen mehr auf. Doch das Kind kehrte wieder ins Leben zurück – unbeschadet.

Der Tod sehr junger Menschen wirkt in gewisser Weise obszön, als stelle so etwas einen Verstoß gegen Gottes Willen dar. Ihr Schicksal ergreift uns, und wir wollen jedes Detail darüber erfahren. Doch sobald die ganze Geschichte aufgedeckt ist, ziehen sich die meisten Leute wieder zurück. Denn in 70 bis 80 Prozent der Fälle erzählen die Kinder, die einem Unfall knapp entgangen und mit einem ungeheuren Schrecken davongekommen oder gestorben und wiederbelebt worden sind, davon, wie es war, völlig lebendig auf der anderen Seite des Todes oder hellwach im Bauch ihrer Mutter oder in Welten jenseits der unsrigen vollkommen lebendig zu sein. Sie beschreiben, was als »Nahtoderfahrung« oder »NTE« bezeichnet wird.

Zum besseren Verständnis: Als Nahtoderfahrung wird allgemein eine intensive Wahrnehmung, ein Gefühl oder eine Erfahrung von Jenseitigkeit bezeichnet, die Menschen an der Grenze zum Tod erleben und die angenehm oder unangenehm sein können. Dabei handelt es sich um ein derart starkes Erlebnis, dass fast alle Betroffenen davon zutiefst berührt werden – manche sogar so sehr, dass sie danach wesentliche Veränderungen in ihrem Leben vornehmen.

Die Ergebnisse medizinischer Forschung bestätigen, dass ein Individuum, das klinisch tot oder dem Tode nahe ist oder sich in einem tiefen Schockzustand befindet (Todesangst), lebhafte außerkörperliche Erfahrungen, ein deutlich erweitertes Bewusstsein, eine mit Gefühlen verbundene Selbst-Identität und Erkenntnisse haben kann – mit gedanklicher Aufnahme, dem vollen Einsatz der geistigen Fähigkeiten und einem intakten Gedächtnis. Und all dies geschieht, *während das Gehirn ebenso wenig wie das Herz und die Lunge arbeitet.*[1] Und es gibt Fälle, in denen Menschen in der Leichenhalle wieder zum Leben erwachten – sehr zum Schrecken des dortigen Personals.[2]

Ich begann 1978, mich mit diesem Forschungsbereich zu befassen. Das war ein Jahr nachdem ich vergewaltigt worden war und von einer Krise in die nächste stürzte, was innerhalb von drei Monaten in drei Nahtoderfahrungen und später in einen totalen Zusammenbruch mündete, bei dem mein Körpersystem kaum noch funktionierte und mein Blutdruck bei 60/60 lag. Ich musste danach alles von Grund auf wieder neu erlernen. Doch was meine Welt auf den Kopf stellte, war nicht nur das, was ich »woanders« erlebte, sondern auch eine überirdische Stimme, die während meiner dritten Phase zu mir sprach und sagte: »Test-Offenbarung. Du musst Forschungsarbeit machen. Ein Buch für jeden Tod.« Mir wurde gezeigt, was das bedeutete, aber nicht, wie ich die Arbeit machen sollte. Der Titel des ersten Buches wurde damals nicht von der Stimme genannt, aber der des zweiten und dritten Buches.[3]

Die Art, wie ich als Kind erzogen worden war, bestimmte darüber, »wie ich tat, was ich tat«. Ich war das Kind eines Polizisten, das in einer Polizeiwache aufwuchs (ich ging oft dorthin, um dann während Dads Kaffeepausen nach Hause kutschiert zu werden). Dad pflegte zu sagen: »Der Körper sagt mehr als der Mund.« Das bedeutete, dass man Menschen nicht nur inhaltlich befragen, sondern zugleich auch jede ihrer Bewegungen beobachten muss. Manchmal kann die Körpersprache ziemlich »laut« sein. Und man bezieht wichtige andere Personen ein – Nachbarn, Ehepartner, Kinder, Bezugspersonen –, wer auch immer bereit ist, im Rahmen einer Befragung mit einem zu sprechen. Ich schrecke vor »wissenschaftlichen Protokollen« zurück, weil sie tendenziös sind (indem sie Worte verwenden, bevor die betreffende Person das tut), nicht tief genug gehen und nicht gründlich sind (zumindest für mich nicht gründlich genug).

Mir ist kein einziger Skeptiker gegenüber der Nahtodforschung bekannt, der direkt und in größerem Umfang mit Menschen mit Nahtoderfahrungen zusammengearbeitet oder seine Ergebnisse durch eine Erweiterung seiner Untersuchungen um die Erfahrungen von Menschen in anderen Bereichen und unterschiedlichen Alters sowie verschiedener Ausrichtungen, Rassen oder Religionen überprüft hätte. Sie haben auch nicht konsequent darauf geachtet, niemanden zu manipulieren oder stets wachsam gegenüber den Folgewirkungen von Nahtoderfahrungen und allen nachfolgenden Mustern zu sein. Bezeichnen Sie mich als »Schnüfflerin«, wenn Sie wollen. Sie sollten wissen, dass ich dies – alles in direktem Kontakt – seit vierzig Jahren tue und fast fünftausend Personen mit Nahtoderfahrungen, Kinder wie Erwachsene, entweder persönlich oder telefonisch, per Brief oder per E-Mail befragt habe.[4]

Dies ist mein zweites Buch zu dem Thema, was mit Kindern geschieht, die eine Nahtoderfahrung gemacht haben, und was sie zu sagen haben. Das erste habe ich in den späten Neunzigerjahren geschrieben und darin 277 Kinder mit einer NTE berücksichtigt, die sich von der Zeit im Mutterleib bis zum fünfzehnten Lebensjahr ereignete. Ihre Erlebnisse sind in *The New Children and Near-Death Experiences* festgehalten.[5] Mit dem hiermit vorgelegten neuesten Projekt habe ich die »langfristige Sicht« von Menschen mit einer NTE nachvollzogen, sobald sie vollkommen ausgereift waren: Wie war es, während sie jung waren, mit den Eltern, Geschwistern, Freunden, der Schule, dem Sex, dem Heranwachsen, der Arbeit, der Ehe, dem Umgang mit Geld, der Spiritualität, der Religion, persönlichen Sichtweisen?

Die drei zentralen menschlichen Antriebe, welche die gesamte Menschheit voranbringen, sind Identität, Gemeinschaft und Zielsetzung. Was passiert mit Kindern, die mit einem völlig anderen Verständnis dieser drei Grundbegriffe aufgewachsen sind? Was geschieht mit jenen, die sich an Erfahrungen im Uterus und an jenseitige Welten erinnern? Was ist mit denen, die sich deutlich und detailliert ihrer Geburt entsinnen? Was widerfährt den Allerjüngsten, die mit absoluter Sicherheit *wissen,* dass ihre Eltern nicht ihre Eltern sind und dass sie anderswo hingehören? Wie verhält es sich, wenn Kleinkinder mit der anderen Seite und *nicht* mit ihren Eltern verbunden sind oder wenn sie nicht zu ihren Geschwistern passen? Was geschieht, wenn die unschuldigen Kleinen mehr wissen, mehr fühlen, mehr sehen, sich an mehr erinnern, als irgendein Kind das eigentlich könnte oder sollte?

Kinder mit einer NTE lassen sich nicht Erwachsenen mit solch einer Erfahrung gleichsetzen. Die meisten können nicht wie Erwachsene »vorher« mit »nachher« vergleichen – zumindest nicht in dieser Welt. Sie erscheinen als Außenseiter, die sich ihre eigenen spezifischen Wege zu leben und zu lieben suchen müssen. Penny Sartori schreibt in ihrem überragenden Bestseller *Nahtod-Erfahrungen als Neuanfang,*[6] dass diese Kinder anschließend verzauberte Leben führen. Das tun sie tatsächlich, sobald sie herausbekommen, wie man Welten innerhalb von Welten ausbalanciert. Geschichten von Kleinstkindern mit Nahtoderfahrungen sind sowohl inspirierend als auch verstörend. Aus diesem Grund tauchen wir in diesem Buch tief in die Materie ein, um das gesamte Bild zu beleuchten – das, was wir sehen wollen, und das, was wir nicht sehen wollen; das, was nachgeprüft werden kann, und das, was sich nicht nachprüfen lässt.

Ich bedanke mich bei Beverly Brodsky, Stephanie Wiltse, Bill Guggenheim, Diane Corcoran, Mitarbeitern und Ehrenamtlichen der International Association for Near-Death Studies sowie bei Linda Layne, meiner Lektorin. Sie alle haben mir so sehr geholfen, dass ich das Gefühl habe, dieses Buch ist ihres ebenso wie meins. Und ich bin für das Internet dankbar: Sobald man eine Anfrage »da rausstellt«, läuft und läuft es, bis schließlich genug Leute vortreten und »Me too!« sagen.

Es hat mehrere Jahrzehnte gedauert, die verschiedenen Abschnitte dieses Projekts fertigzustellen. Ich lege dieses Buch nun auf das erste und sage laut und deutlich: *Kinder können uns mehr zeigen, als irgendwer es je vermutet hätte.*

Jans (Fall 7) erste Erinnerungen sind folgende. »Als Kleinkind habe ich oft von meinem älteren und meinem jüngeren Bruder ›geträumt‹. Mein älterer Bruder war vor seiner Geburt gestorben. Mein jüngerer Bruder war noch nicht empfangen worden. Als Kleinkind konnte ich gedanklich nicht begreifen, wo die beiden waren, wenn ich morgens erwachte. Bevor ich einschlief, sah ich meinen älteren Bruder John am Fußende meines Bettes. Und manchmal waren er und mein jüngerer Bruder bei mir, wenn ich schlief. Ich verbrachte so manchen Morgen damit, das gesamte Haus nach ihnen abzusuchen, und stellte Mom anschließend viele Fragen darüber, wo sie waren. Später fand ich heraus, dass Mom eine Fehlgeburt hatte, bevor meine ältere Schwester geboren wurde. Das Baby war ein Junge gewesen, den sie ›John‹ genannt hatten. Dies war eine Bestätigung für den, den ich gesehen hatte. Mir wurde erzählt, dass ich dieses ›ärgerliche‹ Verhalten, nach meinen Brüdern zu suchen, mehrere Jahre beibehielt, bis mein kleiner Bruder dann tatsächlich empfangen und geboren wurde. Nachdem mein kleiner Bruder da war, hörte ich auf, danach zu fragen, wo John war. Danach kam mir John nicht mehr in den Sinn, obwohl er mich einige Male in meinen Träumen besuchte. John teilte mir mit, dass seine Aufgabe darin bestand, mich und meine Schwester zu beschützen. Er sagte, dass er dies in seiner geistigen und nicht in einer körperlichen Form tun müsse.«

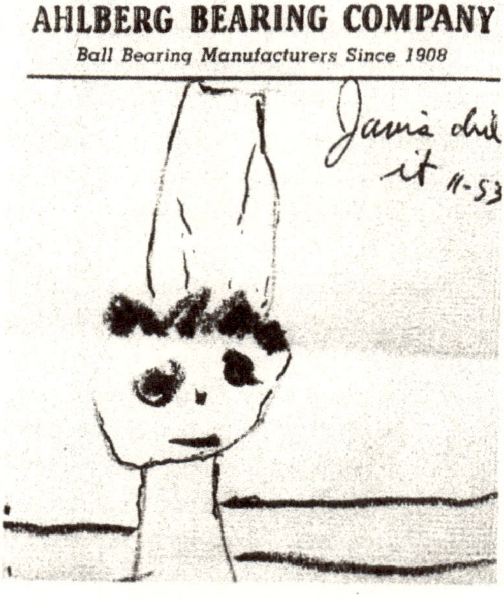

Jan erinnert sich an ihre Geburt;
die Zeichnung hat sie als Kleinkind angefertigt

1

Was ist hier?

Ich bin auf einer Reise zu Gott und habe keine Angst vor dem Tod, weil mir gezeigt wurde, was mich erwartet.

Jack (Fall 101)

Das Standardszenario für eine Nahtoderfahrung enthält die folgenden Elemente: Unsagbarkeit – man findet keine Worte, das Geschehen zu beschreiben –; man hört, dass man für tot erklärt wird; Gefühle des Friedens und der Ruhe; man vernimmt ungewöhnliche Geräusche; man sieht einen dunklen Tunnel; man findet sich außerhalb seines Körpers wieder; man trifft »geistige Wesen«; ein sehr helles Licht wird als ein »Sein aus Licht« erfahren; man hat einen panoramaartigen Lebensrückblick; man spürt eine Grenze oder Schranke, an die man gehen kann; dann die Rückkehr in den eigenen Körper; frustrierende Versuche, anderen zu erzählen, was mit einem geschehen ist; anschließend eine unterschwellige »Erweiterung und Vertiefung« des eigenen Lebens; keine Angst mehr vor dem Tod; Bestätigung von Vorkommnissen während der Zeit außerhalb des eigenen Körpers. Berichtet wird außerdem von einem »Reich«, in dem alles Wissen vorhanden sei, von Städten aus Licht, von einem Reich verwirrter Geister und von übernatürlichen Rettungen.

Leider trifft dieses Grundszenario nicht immer zu, vor allem nicht bei jungen Menschen. Wenn Sie die Gefühle vor und nach Ereignissen und Reaktionen einschließlich des Musters der Nachwirkungen berücksichtigen, stoßen Sie stattdessen auf insgesamt vier »Erfahrungstypen«: Anfangserfahrung, unangenehme oder höllenartige Erfahrung, angenehme oder himmlische Erfahrung und Jenseitserfahrung. Es ist, als würde das Bewusstsein der Person, die solch eine Erfahrung macht, auf irgendeiner Ebene eine beherrschende Rolle dabei spielen, was geschieht … und vielleicht auch, warum es geschieht.

Im Folgenden erfahren Sie, was ich über die vier Typen herausgefunden habe. Es sei darauf hingewiesen, dass sich die statistischen Daten auf 3000 Erwachsene und 277 Kinder mit Nahtoderfahrungen stützen.

Anfangserfahrung, manchmal als »Nichterfahrung« bezeichnet; Erwachen. Diese Art von Erfahrung umfasst nur eins oder wenige Elemente wie ein liebendes Nichts, eine lebendige Dunkelheit, eine freundliche Stimme, eine kurze außerkörperliche Erfahrung oder irgendeine Manifestation. Sie wird meist von Menschen gemacht, die am wenigsten einen Beweis für ein Überleben benötigen oder zu jenem Zeitpunkt das geringste Maß an Neustrukturierung in ihrem Leben brauchen. Häufig wird sie zu einer »Saat«-Erfahrung oder einer Einführung in andere Arten, die Realität wahrzunehmen und zu begreifen. Selten kommt noch irgendein anderes Element vor. Häufigkeitsrate: 76 Prozent bei Kindern und 20 Prozent bei Erwachsenen mit einer NTE.

Unangenehme oder höllenartige Erfahrung, zuweilen als »quälend« charakterisiert; innere Reinigung und Selbstkonfrontation. Hierbei handelt es sich um eine Begegnung mit einer bedrohlichen Leere, einem völligen Schwebezustand, einem höllischen Fegefeuer oder einer erschreckenden und unerwarteten Gleichgültigkeit, als sei man ausgestoßen, oder sogar um Heimsuchungen aus der eigenen Vergangenheit. Derartige Szenarien erleben gewöhnlich Menschen, die Gefühle von Schuld, Angst und/oder Wut mit aller Macht unterdrückt oder verdrängt haben oder die irgendeine Art von Bestrafung oder Unbehagen nach ihrem Tod erwarten. Lebensrückblicke sind üblich. Manche sehen auch den künftigen Verlauf des Lebens. Häufigkeitsrate: 3 Prozent bei Kindern und 15 Prozent bei Erwachsenen mit einer NTE.

Angenehme oder himmlische Erfahrung, manchmal als »strahlend« beschrieben; Bestärkung und Selbstbestätigung. Dies ist ein paradiesisches Szenario einer liebevollen Wiedervereinigung mit zuvor verstorbenen Familienmitgliedern, einer Begegnung mit beruhigenden religiösen Gestalten oder Lichtwesen, der Bestätigung, dass das Leben einen Wert hat, oder eines bestätigenden und inspirierenden Dialogs. Üblicherweise erleben dies Personen, die unbedingt wissen müssen, wie sehr sie geliebt werden, wie wichtig das Leben ist und dass jede Anstrengung einen Zweck im übergeordneten Plan aller Dinge hat. Lebensrückblicke sind häufig. Manche schauen auf den künftigen Verlauf des Lebens. Häufigkeitsrate: 19 Prozent bei Kindern und 47 Prozent bei Erwachsenen mit einer NTE.

Jenseitserfahrung, manchmal »kollektive Universalität« oder »Gesamtheitlichkeit des Seins« genannt; umfassende Offenbarungen, alternative Realitäten. Bei dieser Erfahrungsart ist man jenseitigen Dimensionen und Episoden ausgesetzt, die den eigenen Bezugsrahmen sprengen, und manchmal ist sie mit der Offenbarung größerer Wahrheiten verbunden. Sie hat selten einen persönlichen Inhalt und wird meist von denjenigen erlebt, die bereit für eine bewusstseinserweiternde Herausforderung sind oder die eine größere Fähigkeit aufweisen, in unterschiedlichem Maße von den Wahrheiten Gebrauch zu machen, die ihnen offenbart werden. Lebensrückblicke sind selten, ein kollektives

Vorausschauen hingegen ist häufig – etwa auf die Zukunft der Welt, evolutionäre Veränderungen und so fort. Häufigkeitsrate: 2 Prozent bei Kindern und 18 Prozent bei Erwachsenen mit einer NTE.

Kinder haben, wie die Häufigkeitsraten zeigen, eher eine Anfangserfahrung als irgendeine andere Art von NTE. Was könnte der Grund dafür sein? Sie brauchen einfach nicht das zusätzliche Drama.

Dann ist da noch die Sache mit den Tunneln. 1982 hat das Galupinstitut die erste wissenschaftliche Untersuchung überhaupt zum Thema durchgeführt. Das Ergebnis lautete, dass lediglich 9 Prozent der Betroffenen von einem Tunnel berichteten. Nach den inzwischen durchgeführten Untersuchungen liegen die Tunnelberichte bei durchschnittlich etwa einem Viertel bis einem Drittel der bekannten Fälle. Die meisten von ihnen waren in den USA und in ein paar anderen Ländern angesiedelt. In der Regel jedoch erwähnen Betroffene, wo auch immer auf der Welt sie leben mögen, Tunnelerfahrungen kaum. Zwar berichten Erwachsene und Kinder immer wieder von Tunneln, doch nicht in solch einer großen Zahl wie oft angenommen. Auch Szenen von Operationssälen in Krankenhäusern mit piependen Geräten und herumeilenden Schwestern und Ärzten kommen nur selten vor, weil sich lediglich 12 bis 27 Prozent der Fälle in einem Krankenhaus ereignen.

Woher um alles in der Welt stammt also dieses »Licht am Ende des Tunnels«-Zeugs? Von den Medien.

Sie können zurückverfolgen, wie alles begann: als die Medien versuchten, aus Raymond Moodys Klassiker *Leben nach dem Tod*[7] eine große Story zu machen. Warum sie dies taten, ist ziemlich offensichtlich: Geld (sensationelle Sendungen und Shows haben die höchsten Werbeeinnahmen) und Zeit (wenn

Sie im amerikanischen Pay-TV ihre Zuschauer nicht auf Anhieb gewinnen, verlieren Sie sie). Aus diesem Grunde wurde das, was auf wenige Betroffene zutraf, für viele Medienkonsumenten zur Wahrheit, selbst wenn es nicht stimmte.

Eine weitere Überraschung: In den Erlebnissen von Kindern tauchen gelegentlich *Lebende* auf. Ich habe herausgefunden, dass dies bei einigen Erwachsenen auch passiert, aber meist bei Kindern. Im Laufe der Jahre habe ich festgestellt, dass lebende »Besucher« – etwa Freunde aus der Nachbarschaft, ein Lieblingslehrer, eine Vertrauensperson – als »Tröster« dienen und dass diese Leute nur so lange sichtbar bleiben, wie es dauert, das Kind zu beruhigen, und dann verschwinden, worauf für Nahtoderfahrungen typischere Phasen folgen.

Nur einmal bin ich auf einen Fall gestoßen, in dem sich *beide Seiten* später an den Besuch eines Unterstützung gebenden Lebenden bei dem Sterbenden *erinnerten.* Dabei hat es sich um Erwachsene gehandelt. Der Mann, der seinen Körper beim Sterben verließ, rief nach einer Freundin um Hilfe. Sie »erschien« gerade lange genug, um seine Ängste zu zerstreuen, und verschwand dann. Jahre später begegneten sich die beiden bei einem von mir geleiteten Treffen. Er fragte sie, ob sie sich daran erinnerte, dass sie ihm damals geholfen hatte. Das tat sie. Allerdings erinnerte sie sich lediglich daran, dass sie geträumt habe, er rufe sie, und dass sie darauf reagiert habe. Wie sich herausstellte, war ihr Traum etwas gewesen, das »über die Realität hinausging«.

Ebenfalls typisch für das Erleben von Kindern ist das, was *Jan (Fall 7)* widerfuhr. Sie haben in der Einleitung ihre Zeichnung gesehen und die Beschreibung ihrer Erfahrung gelesen. Als sie alt genug war, um sprechen zu können, wurde sie regelmäßig von dem toten *und* von dem ungeborenen Bruder besucht – dem älteren, den ihre Mutter zuvor durch eine Fehlgeburt verloren hatte, und dem jüngeren, der noch nicht empfangen worden war. Auch das Wissen von einem Zwilling, der im Frühstadium der Schwangerschaft vom Körper der Mutter wieder resorbiert wurde, oder möglicherweise sogar eine Beziehung zu ihm ist recht häufig und als Phänomen des »verlorenen Zwillings« bekannt.[8] Beispielsweise unterhielt sich Elvis Presley regelmäßig mit seinem Zwillingsbruder, der vor seiner Geburt gestorben war.

Geschichten über abgetriebene Babys, verlorene Zwillinge, das Erscheinen von vor der Geburt des betroffenen Kindes verstorbenen Verwandten, die Begegnung als Kind mit den Kindern, die der oder die Betroffene im Erwachsenenalter einmal haben wird, ein Leben in jenseitigen Welten – wenn Sie das für unfassbar halten, dann warten Sie mal ab.

2

Wer ist hier?

Die Menschen mit Nahtoderfahrungen auf der Bühne,
im Fernsehen – keiner von ihnen war arm.
Wie sieht es mit den Nahtoderfahrungen von Armen aus?

Joyce (Fall 110)

Meine ursprüngliche Arbeit überraschte fast jeden, denn die einzigen anderen damals vorliegenden Forschungsarbeiten mit Kindern stammten von dem US-amerikanischen Arzt Melvin Morse, dem Autor von *Zum Licht,*[9] sowie von der australischen Forscherin Cherie Sutherland, der Autorin von *Children of the Light.*[10] Mein Ziel bestand darin herauszufinden, ob Betroffene mit Erinnerungen an ihre Zeit im Mutterleib und an ihre Geburt – von Babys über Kleinkinder bis hin zu Teenagern – die gleichen Nahtod- und Nachwirkungsstrukturen aufwiesen wie Menschen, die erst als Erwachsene eine NTE gemacht hatten. Ich suchte nach Kennzeichen oder bedeutenden Details, die auf kausale Zusammenhänge hinweisen konnten. Ich fand viele von ihnen.

Die folgende Liste gibt einen Überblick über die Teilnehmer meiner ersten Studie:

- ★ 60 Prozent Weiße – Vereinigte Staaten, Kanada, England, Frankreich, Ukraine.

- ★ 23 Prozent Lateinamerikaner – Vereinigte Staaten, Mexiko, Argentinien, Kolumbien.
- ★ 12 Prozent Schwarze – Vereinigte Staaten, Kanada.
- ★ 5 Prozent Asiaten – Malaysia, China.

Auch Eltern wurden interviewt, weil ich ihren Standpunkt kennenlernen und herausfinden wollte, ob sie möglicherweise irgendeinen Druck auf ihr Kind ausgeübt hatten. Denn Kinder sind sehr begabt darin, ihre Geschichten zu verbiegen, um den emotionalen Erwartungen ihrer Eltern und/oder Lehrer zu entsprechen. Aus diesem Grund lehnte ich in 15 Prozent der Fälle mögliche Interviews mit betroffenen Kindern ab. Wenn man mit den Kleinen arbeitet, dürfen die Pupillen der eigenen Augen nie über ihren sein. Indem man das beachtet, stellt man echtes Interesse und Vertrauen her. Sie haben es sich schon gedacht: Bei sehr kleinen Kindern verbrachte ich die meiste Zeit auf dem Boden mit ihnen, manchmal auf dem Bauch liegend.

Ich begriff schnell, dass, auch wenn Erwachsene und Kinder ähnliche Strukturen hinsichtlich der Szenarien und Nachwirkungen aufwiesen, sie sich doch um Welten darin unterschieden, wie sich die Nahtoderfahrung sowohl in dem Augenblick des Geschehens als auch im Laufe der weiteren Zeit auf sie auswirkte.

Der typische Entwicklungsprozess von Kindern bis zu ihrem fünfzehnten Lebensjahr verläuft wie folgt: Von der Geburt bis zu fünfzehnten Lebensmonat wird die Vernetzung des Gehirns bestimmt, und die Synapsenbildung verzwanzigfacht sich. Dieser Prozess verbraucht die doppelte Energie eines erwachsenen Gehirns. Zwischen dem dritten und dem fünften Lebensjahr entwickelt sich der Temporallappen. In dieser Zeit erforscht das Kind mögliche Rollen, künftige Muster und die Kontinuität seines Umfelds und experimentiert mit ihnen. Vom zehnten bis zum fünfzehnten Lebensjahr vollzieht sich die Pubertät mit zahlreichen hormonellen Schwankungen, Fragen zur Sexualität und Identitätskrisen.

Erstaunlicherweise bildeten die Drei- bis Fünfjährigen die größte meiner Fallgruppen. Die zweitgrößte Gruppe machten die Kleinsten von der Geburt bis zum fünfzehnten Monat aus. Ertrinken war die Hauptursache für ihren Tod oder Nahtod, gefolgt von Krisen wie Komplikationen bei der Geburt, hohem Fieber, Operationen, Unfällen, Kindesmissbrauch oder Misshandlungen. Das Alter der größten Gruppe der Drei- bis Fünfjährigen ist genau die Phase, in der die meisten gesunden Kinder von Entführungen durch Außerirdische, Sichtungen von Feen und Monstern sowie Besuchen von Engeln erzählen und sich damit beschäftigen. In der Gruppe von der Geburt bis zum fünfzehnten Monat habe ich den stärksten Beweis für Genialität gefunden – ohne dass sich genetische Merkmale als Grund dafür festmachen ließen.

Sie verstehen jetzt, warum ich erneut die Nahtoderfahrungen von Kindern untersuchen wollte. Es gibt einfach zu viele Besonderheiten und zu wenige Leute, die danach fragen, warum das so ist. Um diese Aufgabe bewältigen zu können, drehte ich die Situation um. »Schreiben Sie mir Ihre Geschichte«, bat ich. Und ich stellte zahllosen Menschen diese einfachen Fragen: »Hatte jemand von Ihnen eine Nahtoderfahrung oder etwas Ähnliches, als Sie geboren wurden, als Baby, als Kleinkind oder irgendwann bis zu Ihrem fünften Lebensjahr? Haben Sie irgendwelche Erinnerungen an Ihre Zeit im Mutterleib oder Belege?« Ich stellte auf einem Flyer offene Fragen: »Wie war es danach mit Ihrer Mom und Ihrem Dad und mit Ihren Geschwistern, Freunden, der Schule, mit Sex, Beziehungen, der Arbeit, dem Leben in der Welt, Ihrer Gesundheit oder mit Ihrer Elternschaft? Haben Sie irgendeine Therapie gemacht, oder hatten Sie Probleme mit Alkohol oder Drogen?«

Eigentlich wünschte ich mir einen Aufsatz. Was ich bekam, war ein Erguss von Leuten, die endlich die Freiheit bekamen zu erzählen, was sie wollten. Keine Bedingungen. Ein Mann war so begeistert, seine Geschichte erzählen zu können, dass er mir Berge von Seiten schickte, praktisch ein Buch inklusive Fotos. Etliche Schreiben waren so voller Tränenflecken, dass ich sie kaum entziffern konnte. Eine auf Essensmarken gesetzte Frau kratzte mühselig genug Pennys zusammen, um das Porto für ihre Sendung an mich bezahlen zu können. Und sie war nicht die Einzige, die mir aus tiefster Armut und Not schrieb – lächelnd, weil jemand genug Interesse hatte, um zu fragen.

Diese 120 Leute entblößten ihre Seele. Hier die Aufgliederung, wer sie waren: 34 waren Männer, 86 Frauen. Ihr Alter reichte von 21 bis 86, wobei die Mehrheit mittleren Alters war. Die Hälfte von ihnen befand sich im Ruhestand oder arbeitete nicht, die andere Hälfte hatte Arbeitsplätze, drei besuchten das College. Eine war eine katholische Nonne, und einer war Landrat. Und es gab auch einen Mann unter ihnen, der einst für den Friedensnobelpreis nominiert worden war. Mehrere waren Zwillinge, die in dieselbe, gemeinsame Nahtoderfahrung verwickelt waren.

Ihre ethnische Zusammensetzung war wie folgt: 3 Afroamerikaner, 4 Asiaten (Japan und Sri Lanka), 3 Lateinamerikaner (Südamerika), 5 Indianer (aus unterschiedlichen Stämmen), 1 Inuit, 1 Aborigine, 1 Baske, 76 Weiße aus Amerika, Kanada und dem Northern Territory; 26 weitere Weiße aus Südafrika, England, Australien, Niederlande, Italien, Ostdeutschland, Irland, Island, Schweden, Griechenland, Polen und Israel.

Eine dieser Personen war blind, eine hatte Zerebralparese, eine war autistisch, drei kamen aus Familien, die Voodoo praktizierte, und eine gab an, einen doppelten Körpertausch vollzogen zu haben (ein Phänomen, bei dem Berichten zufolge eine Seele aus welchen Gründen auch immer einen bestimmten Körper verlässt, während eine andere Seele in ihn hineinschlüpft, um den Platz der ursprünglichen Person einzunehmen; in diesem Fall lautete die Behauptung, dass der Seelenaustausch in einem Zeitraum von mehreren Jahrzehnten zweimal stattfand).

33 hatten Erinnerungen an den Mutterleib, 33 erinnerten sich an ihre Geburt, 21 waren bei ihrer NTE Säuglinge oder Kleinstkinder, sechs waren zwischen einem und eineinhalb Jahre alt, weitere sechs waren zwischen zwei und zweieinhalb Jahre alt, siebzehn hatten bei ihrem Erlebnis ein Alter zwischen drei und dreieinhalb Jahren, zwölf waren zwischen vier und viereinhalb Jahre alt und vierzehn hatten eine NTE mit fünf Jahren. Zwei behaupteten, von Außerirdischen entführt worden zu sein, sechs erlebten Szenarien mit dunklem Licht (darauf gehe ich später noch ein), eine Person hatte eine Erfahrung mit hellem Licht, und eine andere berichtete von einer seelischen Vereinigung mit einem Außerirdischen. In zwei Fällen wurden verlorene Zwillinge wiedervereinigt, drei Fälle standen im Zusammenhang mit sexuellem Missbrauch, und in zwei Fällen wurden die Betroffenen von ihren Eltern für dämonische Rituale missbraucht (eine in einen Kult Hineingeborene hatte in frühester Kindheit siebzehn Nahtoderfahrungen, die erste im Alter von sechs Wochen; es ist ein Wunder, dass sie noch immer am Leben ist). Offenbar hatten einige Betroffene mehrere derartige Erfahrungen vor ihrem sechsten Lebensjahr.

Weitere drei Fälle wurden nicht berücksichtigt. Obwohl sie bei der Geburt starben und sofort wiederbelebt wurden, erinnert sich keiner von ihnen an irgendetwas Besonderes, und sie wiesen auch keine spezifischen Folgewirkungen auf. Die Auseinandersetzung mit ihnen und ihrer Art, anschließend zu leben, half mir jedoch bei meiner Suche nach Kennzeichen, die sich als aussagekräftig erweisen konnten. Andere Fälle aus weiteren

Untersuchungen habe ich im passenden Zusammenhang mit hinzugezogen.

Wie Sie leicht sehen können, sind die freiwilligen Teilnehmer an dieser Studie breit gestreut. Ihre Erlebnisse sind so unterschiedlich wie ihre Wohnorte, die Art ihrer Lebensführung oder ihre Persönlichkeit. Die Leinwände ihrer Kindheit jedoch enthüllen etwas Erstaunliches: Alle erinnern sich daran, vor ihrer Geburt gelebt zu haben und nach ihrem Tod ziemlich lebendig gewesen zu sein.

3

Mit ihren eigenen Worten

Unsere Geschichten gehören zusammen.

Clothilde (Fall 57)

Glee (Fall 105): NTE im Alter von fünf Jahren durch Keuchhusten. Intensivmedizinische Behandlung in einem Krankenhaus auf den Philippinen. »Ich erinnere mich, dass ich bis unter die Wolken aufstieg. Während ich hinaufschwebte, hörte ich Kinder lachen und spielen, aber als ich über die Wolken stieg, sah ich keine Kinder. Ich war auf den Wolken. Alles war weiß um mich herum. Die einzigen Farben, die ich sah, gehörten zu Folienballons mit Schnüren, die auf den Wolken standen. Dann erhaschte ich seitlich von mir einen flüchtigen Blick auf drei männliche Gestalten in ihren Sechzigern oder Siebzigern. Sie trugen lange weiße Gewänder wie seinerzeit Jesus Christus. Ihre Gewänder leuchteten; sie machten keinen sonderlich festen Eindruck. Sie hatten graues/weißes Haar (nicht viele Haare) und weiße, kurz geschnittene Bärte. Sie sagten nichts zu mir, aber ich fühlte mich nicht bedroht von ihnen.

Ich erinnere mich an eine Kommunikation mit einer höheren Macht. Obwohl ich nichts sah, spürte ich ihre Anwesenheit. Ich kommunizierte telepathisch. Plötzlich wurde mein Umfeld stockfinster. Ich befand mich im Universum. Ich erinnere mich an ein paar Sterne hier und da. So winzig, dass ich nicht wusste, was sie waren. Aber da war ein Punkt, den ich sah, und er kam dichter und dichter. Es war der Planet Erde. Ich sah die Landschaft, während sie sich drehte, so, wie sie jetzt ist. Eine Sache jedoch brachte mich dazu, zurückkommen zu wollen. Das waren die Lebenserfahrungen von den Millionen von Menschen auf der Erde. Ich war imstande, in einem Augenblick zu fühlen, was sie durchmachten, und konnte das Leben jedes Individuums oder ihre emotionalen Erfahrungen spüren. Es war erstaunlich und faszinierend, und ich bat darum zurückzukommen, und da bin ich. Ich konnte nicht darüber sprechen. Niemand hätte mir geglaubt.«

Carmen (Fall 11): NTE mit vier Jahren vor der Küste von Spanien. Sie war mit ihrem Vater auf dem Weg zur Schule und sah einen »Business-Engel« in den Wolken, der ihr ankündigte, sie würde bald darauf ertrinken.

Carmen, NTE im Alter von vier Jahren

Mimi (Fall 117): NTE im Alter von eineinhalb Jahren; sie erlitt brutale Schläge vom Vater. »Mein Vater war wütend auf mich. Er schrie mich an und trug mich zwei Treppenläufe zum Dachgeschoss hoch, wo mein Bett war. Er zog mich aus, bis ich völlig nackt war, und schlug mich mit einem der ›englischen Bücher‹, schöne Bücher mit umwerfenden Zeichnungen. Während er das tat, verlor ich das Bewusstsein. Der Schmerz war unerträglich, und im nächsten Augenblick fand ich mich in einem riesigen Tunnel wieder. Mit großer Geschwindigkeit bewegte ich mich durch den Raum, höher und höher. *Superschnell!*

Es dauerte lange. Ein störender Lärm umgab mich. Plötzlich sah ich ein Licht in der Ferne. Die Anziehungskraft dieses Lichts war unwiderstehlich. Ich weiß nicht, ob ich Angst hatte, aber es war außerordentlich unangenehm mit einem scheußlichen Geräusch in dem Tunnel. Das Licht kam näher, bis ich in dem blendend hellen Licht stand. Es fühlte sich sehr behaglich an, die perfekte Temperatur, nährend. Die Benennung ›nach Hause kommen‹ trifft es am ehesten.

Ich sah ein riesiges leuchtendes Eingangstor. In dem Tor stand ein Lichtwesen (männlich). Dieses Wesen reagierte freundlich. Ohne Worte bestand da ein augenblickliches Verstehen. Sofort war ich von vier oder fünf Lichtwesen umringt, und mir wurde gesagt, ich solle zwischen Gerechtigkeit und Ungerechtigkeit wählen. Diese Konzepte waren in riesigen Buchstaben über einem verrückt großen Regenbogen geschrieben. Es war der größte Regenbogen, den man sich vorstellen kann. Die Worte waren in einer in dieser Welt nie gesehenen Sprache verfasst, in einer Art lebendem Alphabet, eine geheime Sprache der Zeichen! Die Zeichen begannen zu leben. Ich bekam vollständige Informationen in 6-D. Es war wie eine multidimensionale Realität. Irgendwie eine Art Bibliothek, die man aus allen Dimensionen aufsuchen konnte. Zeit, Raum, Konsequenzen und

Auswirkungen auf andere oder die Umwelt; Wellenlänge, Frequenz, heilige Geometrie. Innerhalb von einer Sekunde war mir bewusst, welche Bedeutung dies für die Welt hatte.

Das Lichtwesen sagte zu mir: ›Nun weißt du, dass du eine Aufgabe zu erfüllen hast. Du musst zurück auf die Erde gehen.‹

Ich war eineinhalb Jahre alt und konnte noch nicht sprechen. Dennoch trage ich das Wissen in mir, als wäre das normal.«

Damon (Fall 112): NTE mit drei Jahren durch Ertrinken. »Ich weiß nicht mehr, wie ich ins Wasser gekommen bin, aber ich erinnere mich noch genau an das plötzliche Gefühl von Dunkelheit und an das um mein Gesicht herumwirbelnde sandige Wasser. Ich erinnere mich, dass ich mich ruhig gefühlt habe, als ob alles gut werden würde.

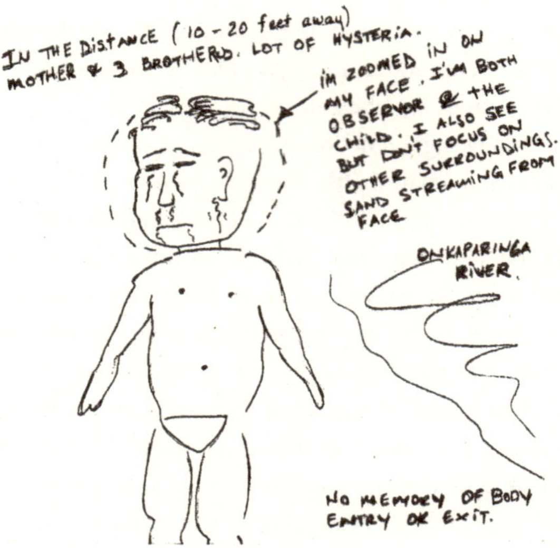

Damon, NTE im Alter von drei Jahren

Was dann kam, war seltsam. Ich starre einen kleinen Jungen an, der weinend dasteht, die Arme ein wenig von seinen Seiten abgehoben, und beobachte, wie der Sand und das Wasser von ihm herunterrinnen (siehe Zeichnung). Ich bin dicht vor seinem Gesicht und bin erstaunt und belustigt von dem Anblick von Sand, der von seinen Augen, seinen Ohren und seiner Nase herabrinnt. Mir schießt der Gedanke durch den Kopf: ›Ich wusste gar nicht, dass so viel Sand aus der Nase, den Augen und den Ohren eines Jungen kommen kann.‹ Ich empfinde kein Mitleid oder Mitgefühl; für mich ist dass alles in Ordnung und nichts, womit man sich weiter befassen müsste. Links von mir (rechts von dem Kleinkind) kann ich die hysterische Stimme meiner Mutter hören; das Kleinkind weint, und es gibt eine Aufregung über das, was gerade passiert ist. Ich habe wenig Geduld dafür. Mir geht durch den Kopf: ›Was soll all dieser alberne Lärm; beruhigt euch, es ist nichts Dramatisches passiert.‹ Ich wusste, dass ich das Kind war und wer alle Anwesenden waren, obwohl ich keine wirkliche Verbundenheit mit irgendeinem von ihnen fühlte.«

Jack (Fall 101): NTE mit drei Jahren, dreieinhalb Meter tiefer Sturz über ein schützendes Geländer. »Ich war mit meiner Mutter im Dachgeschoss. Ich kann mich noch sehr deutlich an jedes Detail erinnern. Ich lief mit meinem Kissen herum. Ich liebte es, den weichen Stoff zu fühlen, und hielt das Kissen vor mir. Das Nächste, woran ich mich erinnere, ist, dass ich mich oben in einem großen Baum in unserem Vordergarten neben dem Gehweg befand und beobachtete, wie meine Mutter aus unserem Haus zum Nachbarhaus neben uns rannte. Ich fragte mich, was sie in ihren Armen trug. Dann bemerkte sie mich. Ich war nicht beunruhigt. Ich beobachtete einfach nur. Des Weiteren erinnere ich mich daran, dass ich runtergeschleudert wurde und mir Wasser über das Gesicht lief. Ich öffnete die Augen und sah, dass ich auf der Arbeitsplatte und mein Kopf im Spülbecken war. Meine Mutter erzählte mir später, dass ich über das Treppengeländer gefallen und auf den Stufen etwa dreieinhalb Meter tiefer gelandet war.

Ich habe nie jemandem von meinem Erlebnis erzählt. Eine Sache, die mich an diesem Sturz irritierte, war der Baum, in dem ich mich befand, während meine Mutter zu den Nachbarn lief. Ich erinnere mich daran, dass uns mein Vater später, als er einen Baum pflanzen wollte, fragte, wo unserer Meinung nach der beste Platz dafür sei. Ich antwortete sofort und war sehr resolut dabei, dass der Baum neben den Gehweg gepflanzt werden solle. Ich trat so beharrlich auf, dass er den Baum genau an die von mir erbetene Stelle pflanzte. Im Lauf der Jahre sah ich den Baum häufig an und dachte bei mir, dass der Baum einst größer gewesen war.«

Michael (Fall 74): NTE mit dreizehn Monaten durch plötzlich niederschmetternden Hieb. »Irgendetwas fiel auf mich herunter, und ich verlor für etwa 45 Sekunden das Bewusstsein. Meine genaueste Erinnerung besteht darin, dass ich würgte und schrie, als ich wieder zu Bewusstsein kam. Mein Vater und ein anderer männlicher Erwachsener taten etwas, um mich wieder zum Atmen zu bringen. Da ich mich schnell und mit minimaler Unterstützung erholte, wurde dem Ganzen weiter keine sonderliche Beachtung geschenkt. Meine Mutter war zutiefst betroffen.

Helles Licht und vorrangig Lichterfahrung; Wahrnehmung von dunklem Licht, wurde aber nicht dorthin geschickt. Klare Körpererinnerung wiedererlangt an den vernichtenden Druck auf meiner Brust. Während ich mehrfach hintereinander in dem hellen und ursprünglichen Licht war, bekam ich fünf Botschaften, an die ich mich nicht erinnern kann, aber erinnern möchte.«

Michael, NTE mit dreizehn Monaten

Kelly (Fall 97): NTE mit drei Jahren durch Ertrinken. »Mein Bruder, der noch lebt, sagte, ich sei mit einem breiten Lächeln auf dem Gesicht aus dem Wasser gekommen, lachend und kichernd. Meine Familie sprach häufig darüber, denn sie hatten gedacht, ich sei ertrunken, weil ich so lange da draußen und nichts von mir zu sehen gewesen war. Später war ich an Land gespült worden.

Ich erinnere mich, dass ich meinen Körper verließ, während ich hinausgezogen wurde. Ich ging ins Licht, und Jesus und andere göttliche Wesen waren da. Ich fragte, warum ich da sei, und sie sagten zu mir, sie wüssten, dass mein Leben schwierig sei und ich eine schwere Zeit durchmache. Sie wollten mich an meine Aufgabe und an das Licht erinnern. Ich kann mich noch daran entsinnen, dass ich das Gefühl hatte, in Licht, Liebe und Frieden gebadet zu werden, die mir fremd gewesen waren, während ich mich in diesem Körper befunden hatte. Sie hatten das beabsichtigt. Es schenkte mir die Stärke weiterzumachen, da es nicht viel gab, was ich tun konnte, um meine Lebensumstände zu ändern.

Ich kehrte in meinen Körper zurück und wurde auf magische Weise an Land gespült, ohne auf irgendeine Weise bestürzt zu sein. Seither habe ich eine ›gesunde‹ Angst vor dem Meer. Ich mag es sehr, aber es kostet mich einige Selbstüberwindung, mich im Wasser sicher zu fühlen.«

Heidi (Fall 67): NTE mit fünf Jahren. War mehrfach im Krankenhaus, unter anderem wegen einer Kopfverletzung und einer versehentlichen Überdosis Aspirin; dort hatte sie eine beeindruckende »Vision«. »In der Vision gibt es eine Dame des Lichts. Ich erinnere mich, dass ich die Dame des Lichts als irgendeine ›Königin‹ empfand, aber ich hatte nie etwas über die katholische Religion gehört (oder über irgendeine Religion, die eine göttliche Mutter kennt). Ich bin sehr glücklich und verwundert darüber aufgewacht. Etwa ein Jahr später wurde ich von einem Mann auf der Straße sexuell belästigt. Ich war noch so jung, dass ich keine Worte hatte, um das meinen Eltern mitzuteilen. Mein Trauma blieb ziemlich unbewältigt, doch ich fühlte mich irgendwie beschützt und weg in meiner introspektiven Welt. Ich fühlte mich wie eine alte Seele.«

Heidi, NTE im Alter von fünf Jahren

Aiwen (Fall 96): NTE im Alter von vier Jahren durch Ertrinken. »Ich fühlte mich so vom Wasser angezogen, dass ich hineinsprang. Ich wusste nicht, wie man schwimmt, aber ich dachte irgendwie, dass es einfach sei. Das war nicht der Fall, und ich sank einfach auf den Boden. Selbst das Paddeln mit den Händen half mir nicht an die Oberfläche. Ich fühlte einfach nur, wie ich zum Boden des Pools sank.

An einem bestimmten Punkt blickte ich nach unten und sah, wie ein schwaches Licht durchdrang, und dann war ich plötzlich von Strahlen sanften goldenen und rosafarbenen und weißen Lichts umgeben. Das Licht war so lebendig und friedlich. Ich fühlte mich sehr getröstet. Ich bemerkte, dass das Licht durch meinen Geist zu gleiten schien. Ich hatte das Gefühl, dass das Wasser und das Licht ein Teil von mir waren, dann war ich außerhalb meines Körpers. Ich sah meinen Körper nicht, aber ich fühlte, dass er über mir schwebte, als wäre ich durch eine Schnur an ihm befestigt. Ich sah auf das Licht, das mich umgab, und dann sah ich Blasen aufsteigen. Sie umkreisten mich. Aus ihrem Inneren erschienen spiegelartige Bildschirme, und sie vermittelten mir flüchtige Eindrücke vom Universum, von der anderen Seite, von dem Grund, warum wir hier sind, und von anderen heiligen Mysterien, die sich für mich zu öffnen schienen und mir ihre Wahrheiten aufzeigten.

Ich erhielt einen kurzen Lebensrückblick, der erkennen ließ, dass ich ein liebevoller, gläubiger, empfindsamer Junge mit einer großen Gabe war. Mir wurden viele Teile aus meinem Leben von meiner Geburt über Familienfeiern bis zu Ferien gezeigt. Dann war ich wieder im Pool, und in dem Moment sah ich die Lichtwesen. Sie hatten menschliche Formen in Regenbogenfarben und eine sie umgebende sanfte goldene Energie. Sie waren wie Engel. Sie streckten ihre Arme zu mir aus. Sie waren so schön und gaben mir das Gefühl, dass alles gut war mit mir und dass für mich gesorgt wurde, als seien all meine Sinne Teil eines höheren Selbst und als würde ich dieses höhere Selbst werden.

Eine Stimme rief mir zu: ›Mit dir ist alles in Ordnung, es wird auf dich achtgegeben, du wirst ganz und gar göttlich geliebt, es gibt nichts, wovor du Angst haben müsstest. Du wurdest hierhergeschickt, aber deine Zeit ist noch nicht gekommen. Du wirst anderen dabei helfen, das Licht zu sehen. Wir sind bei dir.‹

Ich sah damals als kleines Kind meine Bestimmung und fühlte tief in mir, dass ich mein ganzes Leben hindurch anderen helfen würde. Ich sah diese Liebe, und unsere Beziehungen zu anderen sind die Schlüssel zu dieser Realität und dazu, wie wir hinüberkommen können. Meine Mutter sah mich im Pool und packte mich und zog mich hinaus. Das passierte sehr schnell, aber es fühlte sich wie eine Ewigkeit an.«

Alma (Fall 55): NTE im Alter von einem Jahr infolge einer Dehydratation. NTE mit zweieinhalb, drei und vier Jahren, als sie zu Hause wiederholt von einem Verwandten vergewaltigt wurde. Die Großmutter sah das schließlich und warf ihn hinaus. »Es war während der Zeit, als mein Vergewaltiger auf mich stieg und meine Nase mit seiner Brust abdeckte, dass ich meinen ersten Besuch an einem Ort erlebte, der nicht auf der Erde war. Ich rang nach Luft und wurde ohnmächtig. Ich kann mich noch lebhaft an sein Gesicht erinnern, als er wartend im Ecksessel des Zimmers saß und mich erst anstarrte, was mir sehr lange erschien, und dann aufstand, um zu mir herüberzugehen, ohne Unterhose, nach Alkohol stinkend. Dann hoben sich meine kleinen Arme in die Luft, und meine kleinen Beine fühlten sich kalt an.

Ich erinnere mich an drei weitere Nahtoderfahrungen. Ich sehe meinen Vergewaltiger dasitzen und mich mit einem Blick anstarren, der von etwas nicht Gutem besessen ist. Ich rieche den Alkohol, als er sich nähert, und fühle die Schwere seines Bauches. Ich bin still. Ich schreie nicht. Es ist für eine kurze Zeit dunkel, dann wird alles dunkel.

Alma, mehrfache Nahtoderfahrungen, die im Alter von einem Jahr begannen

Es ist sehr ruhig, wo ich jetzt bin, und die Aromen sind süß wie Parfüm, wie von Hunderten von Blüten. Ich schwebe in einem großen weißen Licht. Ich kann sehen, dass das Licht überall um mich herum ist. Es fühlt sich an, als wäre ich auf einer riesigen flauschigen warmen Hand, wie eine weiche Decke in Form einer Hand, die mich umschließt. Es fühlt sich auch an, als sei ich in das weiße Licht eingetaucht, als wäre es ein ruhiges, warmes Wasser, das mich umgibt. Ich weiß, dass ich in Sicherheit bin und geliebt werde. Das ist es, was ich am stärksten weiß: Ich werde geliebt, sehr geliebt, sehr, sehr, sehr geliebt, und ich bin sicher, sehr, sehr, sehr sicher.

Als der Missbrauch aufhörte, war ich fast fünf. Ich wurde eines frühen Morgens von den Händen meines Vergewaltigers geweckt. Ich begann zu zittern. Ich leistete Widerstand, indem ich meinen Kopf fest gegen den Druck seiner Hand presste und meinen Kopf hin und her drehte. Ich erinnere mich an seine Stimme und dann an meine Stimme. Ich sagte: ›Nein.‹

In dem Augenblick kam meine Großmutter, Gott segne sie, zu unserer Tür herein und blickte durch die Schlafzimmertür und schrie ihn laut an, sich von mir zu entfernen. Das war das letzte Mal, dass mich dieser Verwandte berührte.«

Deborah W. (Fall 48): NTE mit vier Jahren nach einem Schädeltrauma. »Ich erwachte, nachdem in einem Kaufhaus ein Einkaufswagen gegen mich gekracht war. Er war von jemandem geschoben worden, der das kleine Kind übersehen hatte, das seinen Weg kreuzte. Ich wurde so hart getroffen – die Erinnerung daran ist mir bis heute gegenwärtig –, dass ich in die Luft geschleudert wurde und mit dem Gesicht nach unten unter dem Kleiderständer landete, an dem meine Mutter stand.

Es war eine einschneidende Erfahrung für mich. Ich war überwältigt und erstaunt, meinen Körper auf dem Boden zu sehen.

Leute versammelten sich darum herum. Ich sah die interessant verzierte Decke des großen Geschäfts, wo mein Geistkörper schwebte. Merkwürdigerweise schien ich sanft schwingend auf einem Leuchtkörper hoch über der Menge zu sitzen. Ich verspürte keine Angst wegen der Höhe. Ich konnte sehen, dass alle auf der Etage der in einzelne Bereiche unterteilten Abteilung beobachteten, wie sich Leute um einen am Boden liegenden Körper versammelten.

Wenn ich das jetzt erzähle, ist mein Herz von der Erfahrung des Kindes und der Mutter berührt – doch das darüber schwebende Ich von mir spürte keine Verbundenheit. Ich war einfach eine Beobachterin, ohne Vergangenheit oder Zukunft.

Dann schnappte eine ziehende Energie wie ein riesiges Gummiband zurück. Es war anders als die Schwerkraft – es gab kein Gefühl des Fallens –; eine Art Elastizität zog mich, und ich wurde in den Körper am Boden gesogen. Ich erinnere mich an den Aufprall gegen meinen Kopf – wie ein Zug – und wie mein Körper mit dem Gesicht nach unten landete. Ich erwachte an der Decke und blickte auf die Szene hinab, neugierig, aber völlig unbeteiligt gegenüber den Leuten, meiner neuen Perspektive bewusst und zufrieden zu existieren, da ich für immer mehr war.«

Audy (Fall 39): NTE mit drei nach Missbrauch und versuchtem Mord durch Babysitterin. »Ich hörte, wie das Türschloss einschnappte. Die Babysitterin sah mich ein paar Sekunden lang an, stützte sich mit einem Knie an der Badewanne ab, packte meinen Nacken, hielt mir den Mund zu und tunkte mich unter Wasser. Als ich zu atmen versuchte, spürte ich, dass das Wasser durch ihre Finger kam, und es brannte. Ich öffnete die Augen, und alles, was ich sehen konnte, waren die Blasen über mir. Ich hörte mich gurgeln, dann war ich plötzlich aus dem Wasser heraus und dann wieder unter Wasser. Sie tat das mehrere Male.

Beim letzten Mal, an das ich mich erinnere, fühlte sich mein Körper erschöpft an, dann wurde alles ruhig.

Das Nächste, was ich noch weiß, ist, dass ich oben auf der Wanne stand und auf meinen Körper hinabblickte. Ich sah, dass sie all ihr Gewicht auf mich drückte und dass meine Beine kaum zuckten. Ich war verwirrt, weil ich wusste, dass ich das war, dass das mein Körper war. Ich konnte sehen, wie meine Mutter die Treppe heraufkam und meinen Bruder anzog; wie jemand durch die Küche ging und wie mein Dad mit seinem alten hellbraunen Ford von der Arbeit nach Hause fuhr und über eine Menge Dinge nachdachte.

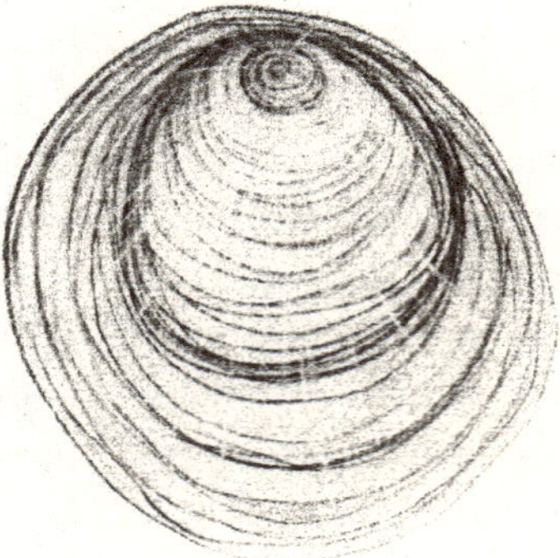

Audy, NTE mit drei Jahren

Ich sah wieder meinen Körper an, dann drehte ich mich um und sah einen langen, sich drehenden Tunnel mit einem wirklich hellen Licht am Ende. Es war unglaublich hell, aber es blendete mich nicht. Ich begann, mich in den Tunnel hineinzubewegen, und bemerkte, dass ich schwebte. Während ich vorankam, spürte ich diese riesige Welle aus Liebe über mich kommen und mich vollständig umschließen. Jede Zelle meines Seins wurde mit Gefühlen der Liebe überschüttet. Es war, als würde ich die Liebe aller Menschen auf dieser Welt millionenfach fühlen. Alle Qualen verschwanden. Angesichts dessen, was ich in jenem Augenblick fühlte, war nichts sonst von Bedeutung.

Während ich mich fortbewegte, sah ich weiter weg auf der rechten Seite große grüne Felder und darin Blumen. Dann war ich in dem Feld und blickte auf ein Beet mit orangefarbenen Blumen, und ich hielt eine in der Hand. Als ich in ihre Blüte guckte, sah ich über tausend Farben. Manche der Farben hatte ich nie zuvor gesehen, und sie alle strahlten diese Liebe aus. Und jeder Grashalm war so strahlend und lebendig! Als ich in die Blüte blickte, hatte ich das Gefühl, als würde ich ein Stück von mir selbst sehen. Ich war unversehrt – eins mit allem, was mich umgab.

Dann hörte ich eine sanfte Stimme sagen: ›Geh zurück.‹ Ich achtete nicht darauf. Wieder sagte die Stimme, sogar noch lauter: ›Geh zurück. Geh zurück!‹ Als ich verharrte, um mehr zu hören, fühlte ich eine sonderbare, saugende Geschwindigkeit. Dann befand ich mich in einer totalen Finsternis. Es fühlte sich an wie der Mutterleib, aber sehr fürsorglich. Im nächsten Augenblick fühlte ich die Geschwindigkeit erneut, und als würde mich ein Lastwagen anfahren, wurde ich in meinen Körper geschleudert.

Ich kam den ganzen Weg aus dem Wasser hoch, als würde ich auf meinen Füßen stehen. Der denkbar qualvollste Schmerz durchlief meinen gesamten Körper, und mein Kopf fühlte sich an, als würde er explodieren. Meine Brust war schwer. Ich kann nicht sagen, wie viel Schmerzen ich fühlte. Gleichzeitig, während dies passierte, hörte ich ein Klopfen an der Tür. Sie nahm mich aus der Badewanne, wickelte mich in ein Handtuch, und als sie die Tür öffnete, war niemand da.«

Kelly (Fall 84): NTE mit zwei Jahren durch Ertrinken. »Es zog mich zu sich hin, das kristallblaue, so stille Wasser. Als meine Mutter und meine Großmutter abgelenkt waren, streifte ich mein Handtuch ab und sprang hinein. Ich konnte fühlen, wie ich zum Boden sank, und einen Lichttunnel sehen. Ich spürte einen ungeheuren Schmerz in meiner Brust, als ich nach Luft rang und Wasser schluckte, aber ich wurde von einem Gefühl des Lichts und der Liebe um mich herum überwältigt. Ich konnte meine Mutter schreien hören und sah, wie sie ins Wasser sprang. Sie sagte später, ich sei nicht länger als eine Minute untergegangen, aber ich verließ meinen Körper und war schlaff, als sie mich herauszog. Ich konnte hören, wie sie meinen Namen rief, aber der Ton wurde leise, und ich bewegte mich auf den erhellten Tunnel zu.

Es war ein durchsichtiges Rohr. Ich war schwerelos, außerhalb meines Körpers, und stieg über den Pool auf. Es fühlte sich an, als wäre ich stunden- oder tagelang fort. Ich folgte dem Licht, wo ich ein kleines Pferd sah, das auf mich zukam. Es war gelb und hatte giraffenartige Flecken. Sein Schweif glich dem Haar einer Raggedy-Ann-Puppe[11] und sah aus wie orangefarbenes Garn. Es sprach mit sanfter Stimme und rief mich zu sich. Ich hatte keine Angst. Es roch nach Blumen und etwas, was ich nicht identifizieren konnte. Ich ging mit ihm, wobei ich wusste, dass ich mich nicht in meinem Körper befand, aber es fühlte sich nicht geisterartig an.

Kelly, NTE im Alter von zwei Jahren

Der Tunnel um mich herum wurde zu einem Raum, der unbegrenzte Ränder hatte und mit dem unfassbarsten Gefühl von Liebe angefüllt war. Das Pferd stellte sich als ›Cody‹ vor. Es sagte, es würde mein ganzes Leben lang bei mir sein, und wenn ich die ›doppelten Zweien‹ erreicht haben würde, würde ich erkennen, wer es sei. Es sagte, ich hätte die Seele einer ›Mary‹ und sei hierhergeschickt worden, um zu kämpfen und eine Kämpferin für alle zu werden. Seine Worte prägten sich in meine Seele ein.

Ich erinnere mich, dass ich bleiben wollte. Mein leiblicher Vater tat mir weh, und ich wollte nicht in jenem Körper sein. Es teilte mir mit, dass ich einige Male zurückkommen würde und es rufen könne, wenn das nötig sei. Es sagte mir, dass Gott mich liebe und dass ich mich nie vor irgendetwas fürchten müsse. Auf einmal küsste es meine Stirn und meinen Nacken, dann verschwand der Raum. Ich fühlte, dass meine Brust bleiern war und mein Körper auf kalten Fliesen lag, während meine Mutter schrie und mir auf den Rücken schlug. Ich erbrach eine Menge Wasser und atmete tief ein. Ich war zurück in meinem Körper und wieder auf der Erde.«

Joyce (Fall 110): NTE im Alter von fünf Jahren nach Spalt im Schädel durch eine Axt. »Wir lebten in Kalifornien in einer Teerpappenbaracke, wo es große Stapel mit Blöcken aus Restholz gab. Meine ältere Schwester und ich saßen gern darauf, um zu zeichnen. Eines Tages tat ich genau das, und meine Schwester spaltete Holzblöcke mit einer doppelschneidigen Axt. Als sie diese über ihren Kopf hob, war sie zu schwer, und die Axt flog hinter ihr weg, und zwar dorthin, wo ich saß. Sie fiel runter und hackte mir einen Spalt in den Schädel. Sie dachten, ich wäre tot. Dann kam ich wieder zu mir und begann, mich merkwürdig zu verhalten.

Den größten Teil meines Lebens danach sagte ich mir, dass ich geträumt haben musste, was mit mir geschehen war, als mein Kopf die klaffende Wunde erhielt – bis auf eine grundlegende Tatsache: das Wesen, das ich damals sah. Ich wusste nichts über Jesus, aber ich erkannte ihn sofort. Es gab keinen Tunnel, kein helles Licht (es war stattdessen golden) und keine toten Verwandten. Doch ich tat danach Dinge, wie ein Pferd ohne Sattel zu reiten, und ich sprang sogar über einen Bach. Ich wusste einfach, wie man das macht. Ich begann, Lieder aus den Vierzigern zu singen. Niemand konnte irgendetwas davon begreifen. Ich war anders.«

Uwe (Fall 106): NTE mit zwei Jahren nach Ersticken. »Ich habe keine bewusste Erinnerung daran, erstickt zu sein. Jahre später informierten mich meine Eltern darüber, dass ich mit zwei fast gestorben wäre. Ich war geschockt und fragte nach Details.

Wir lebten nach dem Ende des Zweiten Weltkriegs in der russischen Besatzungszone nahe der Elbe. Meine Eltern versuchten verzweifelt, dem unterdrückerischen Regime der zu den Alliierten gehörenden russischen Sieger zu entfliehen. Wir lebten in einem sehr kleinen Dorf und waren bei einem Verwandten zu

Besuch. Ich war schlafen gelegt worden, während die Erwachsenen zusammensaßen und sich unterhielten. Meine Mutter erzählte mir, sie sei irgendwann ins Schlafzimmer gegangen, um etwas zu holen, und habe bemerkt, dass das ziemlich große und sehr schwere Kissen am Kopfteil des Bettes auf meinen Kopf gefallen war. Sie schob es hoch und bemerkte, dass ich nicht mehr richtig atmete. Sie sagte zu mir, dass ich wahrscheinlich erstickt wäre, wenn sie etwas später gekommen wäre.

Uwe, NTE mit zwei Jahren

Eine Erinnerung tauchte vor wenigen Jahren in mir auf: Als ich etwa sechs war, spielte ich, dass ich gekreuzigt worden sei – als hätte ich davon gewusst.«

Ich wollte mehr über Uwe erfahren. Obwohl er keine Erinnerung daran hatte, was mit ihm geschehen war, zeigte er als Heranwachsender typische Nachwirkungen eines Kindes, das eine Nahtoderfahrung gemacht hat. Bei Kindern ist das so. Wegen des Drucks zu Hause und in der Schule können sie Erinnerungen verdrängen, die nicht zu dem Leben zu passen scheinen, das sie führen sollen. Es ist ihr Verhalten, das sie verrät. Sie »passen nicht dazu« wie andere Kinder, sosehr sie sich auch darum bemühen mögen, selbst nicht zu ihrer eigenen Familie. Das resultiert darin, dass sie entschieden anders als andere heranwachsen, ohne je zu wissen, warum das so ist.

Es gibt hier ein Bewertungskriterium, und zwar ein deutliches, das wir jetzt näher betrachten sollten. Wenn Sie nicht ein Arzt für klinisch vollständig tot erklärt hat, gewissermaßen zur Leiche, dann wird jede »Geschichte«, die Sie über das Leben erzählen, das Sie auf der anderen Seite des Todes erfahren haben – was Sie gesehen, mit wem Sie gesprochen und alles, was Sie gelernt haben –, als Ihre »Einbildung« oder als »Sinnestäuschung« eingestuft. Auch Behauptungen über nahtod*ähnliche* Erlebnisse wird kein Glauben geschenkt, bei denen Menschen, die dem Tod nicht nahe und auch nicht körperlich gefährdet sind, Erfahrungsmuster und Nachwirkungen durchleben können, die praktisch die gleichen sind wie die von Menschen mit Nahtoderfahrungen.

Die heutige medizinische Forschung und investigative Recherchen haben bewiesen, dass das Phänomen *real* ist. Ja, manche erzählen Lügen darüber, was mit ihnen passiert ist, verfälschen die Wahrheit oder versuchen, den Bericht über ihre Erfahrung so umzuformen, dass er zu den herrschenden Überzeugungen passt. Doch die Gesamtstruktur bleibt wahr, unabhängig von individuellen, religiösen oder politischen Interpretationen oder von dem jeweiligen Land, in dem die Person lebt.

Erinnerungen an die eigene Geburt und den Mutterleib haben beide erste klinische Tests bestanden, doch die breite Öffentlichkeit schreckt davor zurück, solchen Behauptungen irgendeine Wahrheit zuzubilligen. Warum? Weil jeder von uns überall auf der Welt *das Bewusstsein und die inneren Mechanismen des Lebens neu definieren muss*, wenn wir die Wahrheit solcher Realitäten beweisen können.

4

Erinnerungen an die Geburt

Ich wollte nicht geboren werden.
Die Ärzte zogen mich mit einer Zange heraus.

Luc (Fall 98)

John Liona hatte bei seiner Geburt in der Vagina seiner Mutter eine Nahtoderfahrung: Die Nabelschnur erdrosselte ihn. Seine Geschichte und die Zeichnung, die er anfertigte, um bildlich darzustellen, was er sah, befindet sich in dem ersten Buch, das ich über die entsprechenden Erfahrungen von Kindern veröffentlich habe.

Menschen wie John bezeichnen sich selbst als »Geburtler«. Damit sind die Menschen gemeint, die sich daran erinnern, geboren worden, gestorben und dann wieder zum Leben erwacht zu sein.

Lachen Sie nicht. Die meisten Erinnerungen von Geburtlern sind erstaunlich deutlich und klar.

Nicht nur Geburtler sprechen hierüber. Das tat etwa auch der Arzt Raymond A. Moody, nachdem er einen Mann mit einer vollständigen Erinnerung an eine Nahtoderfahrung befragt hatte, die sich ereignete, während er sich als Frühgeburt mit einem Gewicht von 1,3 Kilogramm in einem Brutkasten befand. Auch Cherie Sutherland schrieb über solche Fälle wie den einer Frau, die sich daran erinnerte, als Frühchen etwas,

was »einem großen Stern in einem großen Licht« ähnelte, mit Menschen gesehen zu haben, die Blasen aus farbiger Luft hinter sich herzogen.[12] Allerdings stammen einige der besten Beweise für eine Erinnerung an die Geburt aus klinischen Hypnosen von Mutter-Kind-Paaren, die zur Gegenkontrolle der Erinnerungen durchgeführt wurden,[13] sowie aus der unglaublichen Arbeit des Psychologen und Hypnosetherapeuten David Chamberlain mit Personen, die sich an ihre Geburt und ihren Aufenthalt im Mutterleib erinnerten.[14]

Um alle Zweifel an den Erinnerungen auszuräumen, möchte ich gleich darauf verweisen, dass wir dank der medizinischen Forschung um die fast unbegrenzte Fähigkeit des menschlichen Gehirns wissen, Erinnerungen zu speichern. An alles, was sich wiederholt oder was rhythmisch ist, können wir uns leichter erinnern, weshalb wir etwa die Musik so sehr mögen. Falls sich dann auch noch Emotionen um eine spezielle Erinnerung winden, dann sind derartige Eindrücke schwer zu vergessen. Emotionale Erinnerungen können sogar Körperreaktionen neu vernetzen, und zwar lebenslang. Alle Teile unseres Körpers tragen Erinnerungen in sich, nicht nur das Gehirn. Das trifft ebenso auf die Schöpfung selbst zu. *Die Erinnerung ist das Herzstück im Strom des Lebens.* Manche bezeichnen sie auch als »leuchtenden Lebensstrom«.

Beachten Sie vor diesem Hintergrund, dass von den 120 in dieser Studie befragten Personen 93 lebhafte Erinnerungen an das hatten, was mit ihnen geschehen ist – entweder als Embryo, Baby oder als Kind –, und zwar unabhängig von ihrem Alter zum Zeitpunkt ihrer Aussagen. Und in allen Fällen, in denen ich Verwandte kontaktieren konnte zwecks einer Überprüfung dessen, woran sie sich noch zu erinnern vermochten, stimmten die Erzählungen über die Begebenheiten überein.

Sie werden sich wundern, was nun kommt.

Marianthi (Fall 53). »Ich war eine Frühgeburt wegen eines emotionalen Schocks, den meine Mutter erlitt. Sie war in ihrem siebten Schwangerschaftsmonat, als sie hörte, dass die Guerillatruppen die Berge herunterkamen. Ich bekam dies von einer hohen Perspektive im Krankenhauszimmer aus mit, als die Krankenschwester, die mich hielt, zum Arzt sagte: ›Ich bitte Sie, schon normal geborene Babys sterben in diesen Tagen. Glauben Sie also allen Ernstes, dass *dieses hier* überleben wird?‹ Ich folgte ihr von oben dicht unter der Decke, wo sich mein Bewusstsein aufzuhalten schien, als sie meinen stramm gewickelten kleinen Körper forttrug. Die Krankenschwester (die ihr Haar zu einem absonderlichen Dutt hochgebunden hatte) brachte mich in einen dunklen Raum mit ein paar Kinderbetten und ließ mich da liegen. In zwei der Bettchen lagen ähnliche Bündel, aber sie bewegten sich nicht.

Ich fühlte, dass mein kleiner, angespannter Körper voller Schmerz und ausgetrocknet war, daher verließ ich ihn und schwebte unter die Decke, wo ich mich gut fühlte. Jedes Mal, wenn ich zurück in meinen Körper ging, trieb mich das Unbehagen wieder hinaus. Schließlich entschied ich, draußen zu bleiben, dicht unter der Decke.

Dann erschien zu meiner Rechten, leicht über mir, ein Glühen. Ich spürte, dass es sich um einen intelligenten Gefährten handelte, der zu meinem Wohl da war. Er übermittelte mir (telepathisch) einen Gedanken: ›Willst du, dass sie stirbt? Geh zurück zu ihr (damit war das Bündel gemeint, das ich war), so weit, wie du es aushalten kannst, und ich werde dafür sorgen, dass es dir gut geht.‹

Das Glühen wirkte wie eine sehr weise männliche Präsenz. Ich folgte seiner Empfehlung, dann fand ich mich über einem anderen Ort im Krankenhaus schwebend wieder, wo meine Großmutter gerade angekommen war. Sie hatte einen aufgeregten Wortwechsel mit dem Personal und kochte in der Krankenhausküche Kräuter auf. Sie hielt das Bündel, das ich war, im Arm und flößte mir mit einem Löffel immer wieder etwas von dem ein, was in dem Topf war. Ich schwebte nicht mehr in der Luft, sondern blieb in meinem Körper.«

Nathan (Fall 19). »Meine vorgeburtliche Erinnerung besteht darin, dass ich meine Mutter mit meinem älteren Bruder im Arm sehe. Sie geht einen Flur entlang und versucht, ihn zu beruhigen, damit er einschläft. Ich komme durch eine Wand oder Tür über und hinter der rechten Schulter meiner Mutter und gehe in ihren Körper über, in dem ein Baby sein wird.«

Nathan, vorgeburtliche Erinnerung

Carol (Fall 45). »Am Tag meiner Geburt wurde eine Zyste aus meiner Brust entfernt. Ich erinnere mich, wie ich erwachte, zu Bewusstsein kam und wunderschöne Sonnenstrahlen beobachtete, die durch ein Fenster in meine Wiege schienen, die von hellrosa Bettzeug umrahmt war. Ich versuchte, die ›Dinger‹

zu erkennen, die in den Lichtstrahlen schwebten. Ich erinnere mich, wie ich begriff, dass sie eine Art liebender Wesen waren, und kommunizierte mit ihnen. Ich fühlte mich geliebt. Ich fühlte mich sicher. Ich erinnere mich, dass aus dem Licht ›Musik‹ kam. Mein Herz strömte über vor Liebe, Freude, Faszination. Ich wusste, dass ich nicht allein war. Ich war Teil von und verbunden mit allem, was geschah. Ich wusste in jenem Augenblick, dass ich ein Teil von Gott war.«

Catherine (Fall 73). »Steißgeburt, Fußlage. Ich erinnere mich an die Kälte der Luft an meinem linken Fuß und daran, dass ich irgendwo in der Dunkelheit hing, ohne zu wissen, wo ich war. Ich hatte keine Angst in der Einsamkeit, ich war nur sehr verwirrt. Die Dunkelheit war sanft. Ich hörte den Krankenschwestern zu. Ich schien sie zu hören, sie zu verstehen. Möglicherweise ein Schichtwechsel. Eine erklärte den anderen, was mit mir passiert war. Ich hörte: ›Der arme kleine Racker, die Mutter weiß nichts davon.‹ Sie sprachen über meine Schlaffheit, über meine fehlenden Reaktionen. Eine Krankenschwester führte eine andere zu mir, damit sie einen Blick auf mich warf. Ich bekam eine Massage. ›Werd lebendig, beweg dich.‹ Ich ›lächelte‹ und begann, mit Armen und Beinen zu strampeln. Die eine Schwester sagte zur anderen: ›Was reden die, ihr geht es gut. Sieh sie dir an.‹ Die andere Schwester eilte herbei, ich konnte das irgendwie sehen. Die zweite sagte: ›Nun, vor einer Stunde war sie nicht so.‹ Wieder im Kinderbettchen, blickte ich zu ihnen hoch, erfreut darüber, dass ich sie glücklicherweise irgendwie überrascht hatte.

Meine Mutter sagte, dass sie ihr drei Tage lang verwehrt hatten, mich zu sehen. Die Krankenschwestern behaupteten, sie hätten keine saubere Bettwäsche, um mich ihr zu zeigen. Mom erwiderte ihnen, das sei ihr egal. Mein Vater brachte Babydecken mit. Sie erlaubten nicht, dass er mich hielt, da ich schliefe.

Meine Mom sagte, nichts von alledem habe einen Sinn ergeben, aber sie und Dad waren fast noch Kinder und wussten nicht, welche Verhaltensweisen im Krankenhaus üblich sind. Damals gab es in Kanada noch kein öffentliches Gesundheitswesen, keine Krankenversicherung.«

A. H. (Fall 65). »Ich wurde an einem dunklen und regnerischen Morgen auf dem Vordersitz eines brandneuen Lincoln in den kurvenreichen Hügeln von West-Pennsylvania geboren. Mein Vater war Arzt, und meine Mutter war während der Schwangerschaft suizidgefährdet. Ich wurde geboren, um meinen Vater davon abzuhalten, meine Mutter zu töten. Ich kämpfte um mein Leben. Ich sah, was vor sich ging. Im Alter von drei Jahren hatte ich eine erwachsene Stimme und Auffassungsgabe.«

A. H., geboren, um die Mutter zu beschützen

Sabine (Fall 100). »Es war keine Krankenhaussituation. Ich wurde zu Hause geboren. Eine Krankenschwester war bei meiner Mutter. Sie schnitt sie auf. Ich hatte eine Fast-Nahtoderfahrung bei meiner Geburt. Ich sah, dass ich glücklich geboren wurde. Ich sah die guten Dinge, die in meinem Leben sein würden, und die qualvollen Traumata.«

Marian (Fall 12). »Ich war krank vor Heimweh und entsetzt darüber, wo ich mich wiederfand, nachdem ich geboren worden war. Ich hatte Erinnerungen daran, ›zu Hause‹ zu sein, und wollte wieder dahin zurückkehren. Es war eine Welt in den Wolken, eine Welt, die frei von Angst war, einfach voller Liebe und Freude. Ich habe mich hier immer ›anders‹ gefühlt. In sehr jungen Jahren begann ich, außerkörperliche Erfahrungen zu machen.«

Sandra (Fall 28). »Bei meiner Geburt war ich mit einem weißen Film bedeckt, einer »Glückshaube«.[15] Ich habe eine Vision, ein intensives Gefühl in meiner Erinnerung, dass ich Gott als kleines Kind anflehte, mich auf die Erde kommen zu lassen. Ich habe eine Vorstellung von mir selbst, nicht von Gott. Er ist einfach da! Ich flehte und flehte ihn an, mich herkommen zu lassen. Ich sagte: ›Ich weiß, dass ich ihnen zeigen kann, dich zu lieben. Ich werde sie lieben, und sie werden dich kennen. Sie brauchen mich.‹ Nun, hier bin ich, und es war tatsächlich einfach, mein Versprechen zu lieben einzuhalten, trotz vieler fehlgeschlagener Versuche, Menschen zu ›retten‹.«

Sandra, ein »Sonntagskind«

Vicky (Fall 24). »Ich erinnere mich daran, dass ich fähig war, meinen Körper zu verlassen, im Raum herumzufliegen und wieder in meinen Körper zurückgezogen zu werden. Ausgelöst wurden diese außerkörperlichen Erfahrungen dadurch, dass mich mein Dad auf der Couch auf einem Kissen hochschob, während er neben mir saß. Er beugte sich mit seinem großen, lächelnden Gesicht dicht zu mir und kitzelte mich unter dem Kinn. Das ließ mich so heftig lachen, dass ich durch meine Schädeldecke nach oben und aus meinem Körper hinausflog. Von der Decke aus blickte ich hinab auf meinen kleinen Körper auf der Couch und auf meinen Dad, der da saß und mit mir lachte. Ich konnte sehen, wie meine Mutter in der Küche etwas auf dem Bügelbrett bügelte. Ich konnte das gesamte Haus sehen, während ich oben herumschwebte, und dann schoss ich plötzlich nach unten in meinen Körper zurück.

Während ich draußen war, wollte ich dort bleiben, aber etwas riss mich immer zurück. Es war, als gäbe es zwei Teile von mir. Die eine Seite war ich als das Baby, und die andere Seite war ich mit einem erwachsenen Verstand. Während ich mich außerhalb meines Körpers befand, war ich ich – aber älter, weiser, erheblich gescheiter. Wenn ich in meinen Babykörper zurückkehrte, war es, als hätte ich die andere Hälfte von mir vergessen. Ich erinnere mich, dass ich, während ich fortfuhr, meinen Körper zu verlassen, zu mir selbst sagte, dass ich das hier im Gedächtnis behalten musste.«

Chester (Fall 54). »Ich erinnere mich, dass ich bei meiner Geburt in irgendeinem hellen Licht war, das von weit weg erstrahlte. Ich fühlte mich sehr friedlich, entspannt und glücklich. Plötzlich dachte ich, dass ich das Licht erreicht haben musste, weil alles um mich herum sehr schnell hell wurde und es sehr laut war. Ich fühlte mich, als wäre ich aus einem schönen langen Schlaf erwacht. Ich hatte ein merkwürdiges Gefühl von ›Jetzt existiere ich‹.

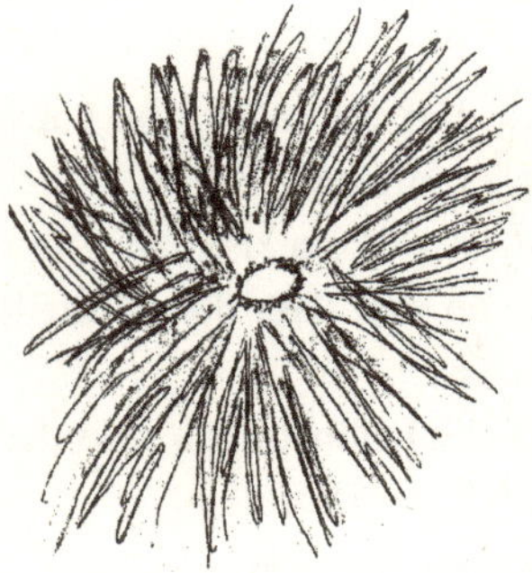

Chester, Erinnerung an Chaos bei der Geburt

Etwas völlig anderes war mit mir geschehen. Ich wurde mir meiner selbst bewusst. Viele Gefühle stürzten auf mich ein. Ich war überwältigt von dem Gefühl des Lebens. Da waren sehr viele Menschen, und die unterhielten sich miteinander. Dieser Ort unterschied sich sehr von dem, an dem ich gewesen war. Es war verwirrend, laut und chaotisch. Ich hatte Angst. Ich wollte wieder nach dort zurück, woher ich gekommen war. Ich war mit einem Darmverschluss geboren worden und musste noch am selben Tag operiert werden.«

Mit fast einer Stimme haben diejenigen, die sich an ihre Geburt erinnern, Ärzten, Pflegepersonal und Krankenhäusern Folgendes zu sagen:

- Dämpfen Sie das Licht im Raum.
- Achten Sie auf weniger Lärm, spielen Sie vielleicht sanfte Musik.

* Wärmen Sie den Ort, ebenso die Laken und Decken.
* Medizinische Instrumente verängstigen die Babys; erklären Sie ihren Gebrauch, als würden die Babys verstehen, was Sie sagen.
* Passen Sie auf, was Sie sagen; die Babys hören zu – selbst dann, wenn sie schreien.
* Passen Sie auf, was Sie denken; Babys hören auch Gedanken.
* Gehen Sie davon aus, dass Babys intelligent sind und sich erinnern können.
* Außerkörperliche Erfahrungen sind der Hauptweg für Babys, ihre Umwelt zu erkunden.
* Kleinstkinder verstehen keine Scherze.
* Liebevolle Berührungen sind ebenso wichtig wie Milch, vielleicht sogar noch wichtiger.
* Schaukelstühle sind unerlässlich, sanfte Umarmungen auch.
* Sprechen Sie im Plauderton, vergessen Sie die »Babysprache«.
* Neugeborene reagieren auf das Unsichtbare ebenso wie auf Sie.

Eltern, geben Sie acht. Diese Vorschläge richten sich nicht nur an Ärzte, Schwestern und das übrige Krankenhauspersonal. Neugeborene sind noch immer mit mehreren Welten verbunden. Also geben Sie ihnen ein wenig Zeit, die Veränderungen des Umfelds zu verstehen. Vertrauen Sie auf die Liebe.

Erinnerungen an die Geburt verdeutlichen, dass Babys eine eigene Identität haben, die über alles hinausgeht, was sie möglicherweise geerbt haben. Es ist ganz und gar nicht ungewöhnlich für Zwei- oder Dreijährige und sogar auch für Ältere, plötzlich »Augenzeugenberichte« von ihrer eigenen Geburt abzuspulen – sehr zum Schrecken und zum Erstaunen der Eltern.

Leonard D. Orr hat einen Weg entdeckt, es Erwachsenen durch Atemtechnik zu ermöglichen, zurückzugehen und ihre eigene Geburt noch einmal zu erleben. Diese als »Rebirthing Breathwork« bezeichnete Methode hat sich als wirkungsvoll erwiesen. Anwender der Technik können inzwischen weltweit gefunden werden.[16]

5

Der Mutterleib

Es war, als wäre ich da drinnen ein Erwachsener.

Houston (Fall 89)

Erinnerungen an den Mutterleib sind unmöglich. Ärzte behaupten das, weil die Myelinscheide (eine Schicht zum Schutz von Nervenfasern) bei der Geburt noch nicht komplett ausgebildet ist – und erst recht nicht vor der Geburt. Aber wissen Sie was? Die Ausbildung einer Schutzschicht von Nervenzellen beginnt tatsächlich bereits *wenige Wochen nach der Empfängnis* und setzt sich bis in die Jugend hinein fort. Und die medizinische Forschung zeigt inzwischen, dass wir bereits vor der Geburt sehr viel denken können und großartige Träumer sind.

Hier ein kurzer Überblick über diese Entdeckungen hinsichtlich der Entwicklung im Mutterleib:

- ★ Mit drei Wochen hat ein Embryo Kopf und Schwanz, ein frühes Rückenmark und schwimmt.
- ★ Mit vier Wochen sind Herz und Verdauungstrakt vollständig, und es gibt einen Blutkreislauf.
- ★ Mit fünf Wochen beginnen sich Arme und Beine zu bilden, und das Herz pumpt.
- ★ Mit sechs Wochen entwickeln sich Gehirn, Augen, Ohren und Leber.

- ★ Mit zehn Wochen sind alle Grundstrukturen ausgebildet und funktionieren, der Genitalbereich reagiert auf Streicheln, und die Vernetzung von Körper und Gehirn beginnt.
- ★ Mit zwei Monaten zeigen sich Reaktionen auf ein Streicheln um die Wangen mit einem feinen Haar; der Körper beugt sich, und die Arme und Schultern werden ausgestreckt, um das Haar wegzuschieben. Es zeigt sich eine Berührungsempfindlichkeit, das Gesicht reagiert (durch eine erste Mimik). Regelmäßige Bewegungen mit Ruhepausen.
- ★ Mit zwölf Wochen kann der Embryo an seinen Fingern, Händen und Zehen saugen. Er trinkt Fruchtwasser und entwickelt eine Vorliebe für Süßes. Alkohol und Nikotin von der Mutter können die Systeme durcheinanderbringen. Es werden Unterschiede zwischen Geräuschen und Sprechen entdeckt.
- ★ Etwa zur gleichen Zeit beginnt das Daumennuckeln. Eine erste Atmung setzt ein. Winzige Säckchen speichern Luft in den Lungen. Das bleibt so, bis das Kind acht Jahre alt ist; man hält das für den Grund, warum frische Luft – draußen zu spielen – für Kinder so wichtig ist.
- ★ Mit fünf Monaten haben die sich heranbildenden Jungen Hoden und Penis. Ab der 26. Woche können sie eine Erektion haben, während sie am Daumen nuckeln oder ihre Oberschenkel berühren. Möglicherweise haben sie sexuelle Gefühle.
- ★ Von dieser Zeit an weisen »Schreiabdrücke« des Ungeborenen die gleiche Qualität für eine Identifikation auf wie Fingerabdrücke nach der Geburt. Es gibt klare Beweise für Lern- und Erinnerungsprozesse; das gilt vor allem für Sprache, Sprachfärbungen, Geräusche (der Mutterleib ist eine Resonanzkammer). Sprechmuskeln entwickeln sich.

- ★ Mit sechs Monaten können sie sich herumrollen wie gut geübte Turner.

Noch etwas Erstaunliches: Embryos bestimmen die Dauer der Schwangerschaft, ihre Position und wie sie sich während der Wehen ihrer Mutter aufführen. Alle haben ihren deutlich ausgeprägten Geschmack und bestimmte Vorlieben und kennen das Gesicht ihrer Mutter *bei der Geburt.*[17]

Also gut, wechseln wir nun die Perspektive von einer Betrachtung der Entwicklung im Mutterleib zur Sichtweise der Bewohner des Mutterleibs selbst.

Janee (Fall 113). »Im Uterus begann mein Blickwinkel von der oberen Innenseite eines Autodachs im Raum zwischen den Vorder- und den Rücksitzen aus. Im Auto sehe ich nach unten: Dads Tür öffnet sich; er hängt aus dem Auto. Mom ist einfach mit dem Kopf nach unten zusammengesackt. Kein Blut. Keine tiefe Wunde. Ein schöner Wintertag mit blauem Himmel. Zu dem Zeitpunkt bin ich vermutlich noch im ersten Schwangerschaftsdrittel. Das Auto ist gegen die Seitenbegrenzung einer Brücke aus Beton geprallt, einer Brücke über einen schmalen, funkelnden Fluss, dessen Uferränder vereist sind und dessen Wasser schnell fließt. Dann bin ich draußen und ›schwebe‹ nahe der Brücke über dem Fluss.«

Penny (Fall 33). »Irgendwann später waren meine Finger und Zehen voneinander getrennt, wobei ich mich daran erinnere, dass sie Schwimmhäute hatten und es mir gefiel, dass sie jetzt voneinander getrennt waren. Ich mochte es, wie sie sich in meinem Mund anfühlten. Die tiefgreifendste Erinnerung ist die, dass meine Mutter rauchte. Ich entsinne mich an ihre Unruhe und daran, dass ich den seltsamen Geschmack von Zigarettenrauch schmeckte. Ich erinnere mich, dass ich im Uterus aufgeregt wurde, wenn sie unruhig wurde – weil ich wusste, dass der schlechte Geschmack kommen und ich mich bald angeturnt fühlen würde.«

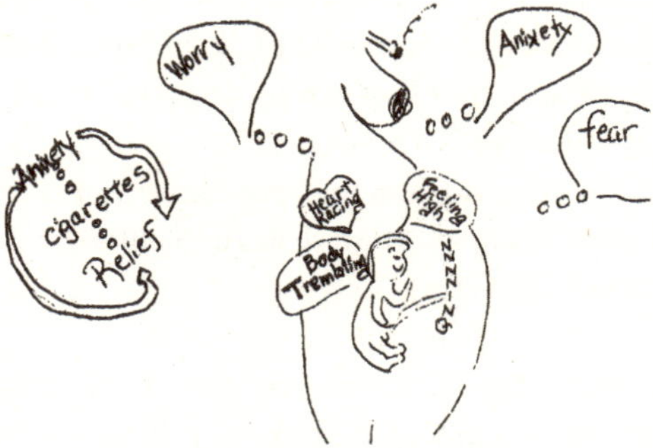

Penny, vorgeburtliche Erinnerung

Dorothy (Fall 83). »Es war eine extrauterine Schwangerschaft, eine Eileiterschwangerschaft. Niemand vermutete eine Schwangerschaft, da meine Eltern höchst fromme Katholiken waren. Schließlich stimmten sie einem experimentellen Eingriff zu, bei dem Luft in den Eileiter gepresst wurde. – Entweder würde ich dadurch in den Uterus hinunterfallen oder nicht. In dem Fall wäre ich entweder verfault, wo ich war, oder weiter gewachsen, bis ich uns beide zum Platzen gebracht hätte. Meine Mutter empfand sehr viel Scham und Schuld. Ich wurde zu einem angemessenen Zeitpunkt per Kaiserschnitt auf die Welt gebracht.

Meine innere Reise fand in einem Grenzraum statt. Ich war zu dieser Zeit so erpicht darauf, mich auf dem Planeten Erde zu inkarnieren, dass ich mich auf das fokussierte, was ich als die erste verfügbare Möglichkeit betrachtete – nur um entsetzt im Szenario der Zeitlinie meiner Eltern zu erwachen und mit Nachdruck festzustellen, dass ich meine Meinung ändern wollte! Ich bin sicher, dass ich eine bessere Wahl treffen könnte. Ich war in Eile.«

Star (Fall 22). »Woran ich mich präuteral erinnere, ist ein Raum mit lebenden schwarzen Wänden. In der Mitte des ›Raums‹ war ein ovaler Tisch mit einem Sockel. Ich habe schwarzes Papier zum Zeichnen verwendet, weil der gesamte Hintergrund im Raum samtschwarz war – Boden, Decke und besonders die Wände – sie ›atmeten‹ –, der kristallene Tisch, die Stühle. Die Haut der Wesen und die Gewänder, die sie trugen, waren strahlend weiß. Der Stoff der Bekleidung ›atmete‹ ebenfalls. Der kleine Lichtball unten war ich, wo ich zu sein schien. Es gab sieben Wandleuchter, die rund um den Raum an den Wänden verteilt waren. Auf jeden war ein Kristallschädel gestülpt.

Star, präuterale Erinnerung

Ich wurde für meine Geburt unterwiesen und ›eingerichtet‹. Das Wesen an meiner linken Seite begann, mit mir über meinen Lebensweg und die Entscheidungen, die ich für dieses Leben treffen musste, zu ›kommunizieren‹. Es wurden keine Worte gewechselt, nur Gedanken. Wir waren fast am Ende, und ich bereitete mich auf meine endgültige Entscheidung vor. Es war die Erfahrung, preisgegeben zu sein.

Ein Wirbel erschien zu meiner Linken. Währenddessen bemerkte ich, dass es mehr als ein strahlend helles Licht war, mehr als ein ›Gebilde‹. Ich bemerkte auch, dass der Wirbel in den Raum und aus dem Raum hinaus pulsierte. Ich wurde aufgefordert, näher an den Wirbel heranzukommen, und als ich das tat, begann das Licht, das ich war, zu wachsen und lebhafter zu leuchten. Mir wurde vorgeschlagen, dass ich in den Wirbel und von dort nach unten auf die Erde blickte. Als ich das tat, konnte ich den Himmel sehen und weit weg in der Ferne die Erde. Wunderschön. Blau. Die Erde. Ich wurde *geschubst* und in das Leben des Preisgegebenseins *hineingestoßen*.

Ich hatte das Gefühl, *so* betrogen, *so* bedroht, *so* angelogen worden zu sein! Ich fiel und fiel und fiel und streckte, was ich jetzt als Arme identifizierte, nach dort aus, wohin ich geschubst worden war. Ich habe immer das Gefühl gehabt, dass ich, als ich geboren wurde, mich bewusst positionierte und mich mit den Füßen gegen den Beckenknochen meiner Mutter stemmte und ihr Schambein sehr fest mit meinen Händen umklammerte. *Ich wollte nicht geboren werden.* Ich fühlte mich sehr allein und hatte Angst.

Meine Mutter hatte zwei Babys vor mir bekommen. Beide waren sehr kurz nach ihrer Geburt gestorben. Ich wurde ein Jahr später geboren. Immer wenn meine Mutter über diese Babys sprach, hatte ich das Gefühl, dass sie von mir sprach. Ich glaube, ich war beide dieser Babys. Meine Mutter wollte nicht, dass mich irgendjemand berührte, weil Sie Angst hatte, dass ich dann krank werden und ebenfalls sterben würde.«

Marilyn R. (Fall 68). »Ich spähe auf den Planeten Erde hinab, und Gott fragt mich: ›Willst du wirklich hinuntergehen und den Menschen helfen, die unglücklich sind und leiden?‹ – ›Ich habe die Menschen bemerkt, die Hilfe brauchen, und ich will ihnen helfen‹, antworte ich naiv. ›Ich will dorthin, um ihnen zu helfen, ihre Probleme und Krankheiten zu überwinden.‹

Marilyn R., vorgeburtliche Erinnerung

Ich erinnere mich, dass ich auf die Erde hinabstarre und großen Schmerz und sehr viel Leid empfinde. Ich weiß, dass die Menschen Hilfe brauchen. Ich kann nicht mit ihrer überwältigenden Verzweiflung, die ich fühle, und mit ihren Krankheiten umgehen. Es macht mich traurig, solches Elend zu sehen.

›Du kannst ihnen nicht helfen, wenn du nicht auch erlebst, was sie erleben‹, erwidert Gott.

›Ich weiß, wie ich helfen kann. Ich werde jene Prüfungen nicht durchlaufen müssen‹, gebe ich zurück.

›Du wirst auf einer anderen Kommunikationsebene sein, wenn du nicht ähnliche Probleme durchmachst. Die Verbindung entsteht dadurch, dass man denselben Weg gegangen ist. Wenn du ähnliche Schwierigkeiten durchmachst, kannst du von ihrer Erfahrungsebene aus reden. Die Menschen werden zuhören, wenn sie eine Beziehung zu deinen Erfahrungen herstellen können und deine Heilung einleuchtend ist. Sie werden Hoffnung haben, weil du dort gewesen bist.‹«

Monica (Fall 103). »Ich habe eine klare Erinnerung daran, dass ich von Engeln umgeben auf Gottes Schoß sitze. In Wirklichkeit sah es nur aus wie eine große Schwärze, die mit regenbogenfarbenem Licht und einer intensiven Gegenwärtigkeit von Liebe gefüllt war, aber es fühlte sich an, als würde ich auf Gottes Schoß sitzen.

Monica, vorgeburtliche Erinnerung

Er sah mich an und liebte mich ungemein, und ich sah ihn an und liebte ihn ebenfalls. Ich habe diese Liebe stets gespürt, was auch immer in meinem Leben geschehen ist. Ich bin Daddys Mädchen. Mein Engel war bei mir, und ich glaube, dass das regenbogenfarbene Licht in Wirklichkeit herumfliegende Engel waren. Ich wurde in die Arme meines Engels zurückgeschickt, zu meiner Mutter, um zu verhindern, dass sie durch einen zu großen Verlust in Verzweiflung verfiel. Ich habe unaufhörlich versucht, diesen sonderbaren Ort zu verstehen. Ich hatte nie das Gefühl dazuzupassen. Es war, als sei ich von einem anderen Planeten hereingeschneit.«

Jaap van der Wal, ein inzwischen im Ruhestand befindlicher früherer Forscher und Arzt der Abteilung für Anatomie und Embryologie der Universität Maastricht, reist heute durch die Welt und gibt Lehrveranstaltungen über etwas, das er als »Embryo in Bewegung«-Projekt bezeichnet. Er ist überzeugt davon, dass wir ein Bewusstsein sind, das einen Körper hat, und dass ein Embryo eine Erweiterung der Seele ist. Für ihn ist der Mutterleib der Ort, an dem die Seele den Körper dafür bereitmacht, das vor ihm Liegende zu bewerkstelligen.[18]

Dazu sagt *Marianthi (Fall 53):* »Ich habe gesehen, dass da ein intensives Leuchten war, das meine Eltern in dem Augenblick umgab, in dem ich empfangen wurde.«

Und David Chamberlain bekennt: »… es ist irritierend, aber Babys wissen bei der Geburt mehr, als sie in den neun Monaten im Mutterleib möglicherweise haben lernen können. Wann und wo könnten sie so viel gelernt haben? Ihre geistige Aktivität scheint sich über die üblichen Grenzen der Zeit hinaus zu erstrecken.«[19]

Eine Frau namens Ashley Stearns könnte die Antwort haben. Sie hat Hyperthymesie, einen Zustand mit einem extrem detaillierten autobiografischen Gedächtnis, wodurch sie sich an eine enorme Zahl von Lebenserfahrungen erinnern kann. »Ich hatte meine NTE, während ich geboren wurde. Ich kann mich an meine Geburt erinnern, die Zeit vor meiner Geburt, mein letztes Zwischenleben, Fetzen von anderen Leben (ich löste einen ungeklärten Todesfall, als ich etwa drei Jahre alt war). Ich hatte in jungen Jahren Zugang zu Quantenfeldern – am erstaunlichsten in einem Augenblick der Krise, als ich fünf Jahre alt war. Ich verfügte durch das, was infolgedessen geschah, über großartige Begriffe, um meine zeit- und raumlose Erfahrung zu beschreiben (›omnipräsent‹ und ›omnipotent‹), aber ich kann mit meiner calvinistisch-lutherischen Familie *nach wie vor* nicht über irgendetwas davon sprechen.«

Die Realität anderer Welten, anderer Leben, anderer Seinsarten verwebt Geburt und Tod und was immer wir für die Seele halten, miteinander. Eindeutige Trennungslinien gibt es nicht.

6

Das Jenseits

Meine Mutter hat mich immer wieder dabei erwischt, wie ich versuchte, durch den Spiegel auf die »andere Seite« zu kommen.

Nicole (Fall 25)

Sphärische Visionen sind für Kinder wie für Erwachsene mit Nahtoderfahrungen während ihrer Ereignisschübe weit verbreitet – und manchmal dauern sie auch danach noch längere Zeit an, und zwar 360 Grad, rundherum, hoch und runter, rein und raus, rückwärts und vorwärts. Für diejenigen, die blind geboren wurden oder die später erblinden, gilt das Gleiche.[20]

Verlorene Zwillinge und abgetriebene Babys erscheinen manchmal und können das Wort ergreifen. Sie definieren die Vorstellung von der »Wahlmöglichkeit« und davon, wer die Wahl trifft, neu. Auch unbekannte Verwandte schauen während der Ereignisschübe kurz vorbei, sogar verborgene Mütter und Väter. Überall sind Tiere. Manchmal als Begrüßende auf der anderen Seite, manchmal als wissende Guides. Vor allem Kleinkinder sehen zahlreiche Vögel, kleine Tiere und gestorbene Haustiere, die nun als Helfer zurückkommen (das trifft in gewissem Maße auch auf Erwachsene zu, nur dass sie dazu neigen, neben verstorbenen Haustieren größere Tiere zu sehen). Denken Sie bloß nicht, dass der Himmel lediglich für Menschen da ist. Engel? Es werden die Farbe und Größe genannt, geflügelt oder nicht – es gibt da viele von ihnen. Aber man stößt kaum je auf einen Außerirdischen.

Ja, es gibt weltweit ein gemeinsames Muster von Nahtoderfahrungen, das allerdings bei Babys und Kleinkindern stärker variiert. Es weist darin Abweichungen auf, in welcher Weise das Unbeschreibliche und das Unvorstellbare zum Ausdruck gebracht werden. Vielen wird im Mutterleib, bei der Geburt oder danach gezeigt oder gesagt oder sie werden darüber belehrt oder sie finden heraus, was der Grund für ihre Geburt ist, worin ihre Mission besteht und weshalb sie all das Leid oder die Schwierigkeiten erfahren, die sie möglicherweise durchmachen werden.

In einem Artikel beschreibt eine Forschergruppe um Titus Rivas die paranormalen Aspekte der Präexistenz, die in den vorgeburtlichen Erinnerungen von Menschen wie in ihrem Fallbeispiel Vincent B. sichtbar sind: »Unmittelbar vor seiner Geburt bekam er eine Art Vorausschau auf das Leben, das er führen würde. Diese Vorausschau kam zu einem Zeitpunkt vor seiner physischen Geburt, zu dem er nicht mehr in der Lage war, noch irgendwelche Entscheidungen zu treffen, weil er bereits die Eltern ausgewählt hatte, mit denen er geboren werden würde. Er bekam so etwas wie eine geführte Tour, und ihm wurden unvollständige, bruchstückhafte Darstellungen von seinen Eltern, ihm selbst und der Art gezeigt, wie er in dem zukünftigen Leben sein würde.«[21]

Interessanterweise scheinen Kinder anfällig für mehrere Ereignisschübe zu sein, während sie noch klein sind, wobei sie dann noch einen oder mehr als Erwachsene erleben. Es ist fast so, als sei eine Nahtoderfahrung einfach noch nicht genug. Teenager unterscheiden sich darin, dass sich Muster mehrfacher Erfahrungen nicht so klar feststellen lassen.

Hier ein typischer Kommentar von einer irritierten Mutter, der Ihnen eine Vorstellung davon vermitteln wird, was ich mit

»Jenseits« meine: »Mein Sohn, der jetzt vier Jahre alt ist, hatte zwei Nahtoderfahrungen, während er im Krankenhaus war. Der Arzt führte einen bronchoskopischen Eingriff unsachgemäß aus und durchlöcherte dabei die Lunge meines Sohnes. Ihm wurde eine einprozentige Überlebenschance gegeben. Als er zwei wurde, wachte er weinend auf. Er weinte über sein damaliges Sterben. Er sagte immer wieder, dass er nicht glaube, dass ›die Frau‹ ihn noch mochte, weil er sie nicht finden könne. Er beschreibt seine Erfahrung immer auf die gleiche Weise, jedes Mal. Er sagt, dass die Frau ihn gehalten und Gott ihm Wasser auf den Kopf gegossen habe. Er sagt, sie seien beide sehr schön gewesen. Er sagt, er sei nur zurückgekommen, weil Gott ihm gezeigt habe, dass ich weinte.«

Sie sollten wissen, dass Kleinkindern selten irgendein Grund genannt wird, warum sie die andere Welt verlassen müssen oder warum die dortigen Wesen plötzlich verschwinden. Sehr häufig erzählen kleine Kinder davon, dass sie, nachdem sie die andere Welt verlassen haben, alles tun, um »die Hellen« zu finden. Sie sind davon überzeugt, es sei ihre Schuld, dass diese liebenden Wesen nun verschwunden sind. Das ist kein alberner Unsinn. Für das Kind ist das eine ernste Angelegenheit, die in wirkliche Schuldgefühle münden kann. Wohin ist die Frau gegangen? Was ist mit dem netten Mann passiert? Liebt Gott mich nicht mehr?

Kleinkinder verwenden nicht das Wort »Engel«, stattdessen verwenden sie Begriffe wie »die Hellen«, »Lichter« oder »Sterne«. Erst wenn sie älter sind und die Bezeichnung »Engel« gehört haben, verwenden sie sie.

Und ja, Kleinkinder neigen dazu, Engel mit Flügeln zu sehen. Vielleicht erklärt das, warum sie in den Vögeln oder Schmetterlingen, denen sie »im Tod« begegnen, ebenfalls etwas Engelhaftes sehen.

Die noch Ungeborenen und die Neugeborenen sind übrigens oft sehr um die Gesundheit und die Verfassung ihrer Mutter besorgt.

Neil A. (Fall 59) ging es ebenfalls so. »Mit fünf Wochen wurde bei mir eine Pylorusstenose diagnostiziert. Diese Verengung des Magenausgangs verhindert den Weitertransport der aufgenommenen Nahrung und führt zu einem heftigen, schwallartigen Erbrechen. Sie tritt meist in der dritten bis achten Lebenswoche auf. Niemand glaubte, dass ich überleben würde. Die Erinnerung an diesen Vorfall stieg erst in mir hoch, als ich zwölf war. Ich bin überzeugt, dass sie bis dahin unterdrückt wurde. Das Geschehen stieg in mir als Erinnerung hoch, tauchte nicht im Traum auf.

Ich erinnere mich daran, meine Eltern sehr verzweifelt gesehen zu haben, umringt von Leuten. Eine Schwester teilte meiner Mutter mit, dass noch Hoffnung bestehe und Wunder geschehen könnten. Trotz dieser Versicherung schluchzte meine Mutter unbändig, was ich als sehr unangenehm empfand. Das Nächste, was ich weiß, ist, dass ich mich in einem klaren, offenen Raum befand, der zu schön war, als dass man ihn in Worte fassen könnte. Ich erinnere mich an die wunderbarsten, lebhaftesten, ausgeprägtesten Farben, die eine Million Mal leuchtender waren als alles, was ich je gesehen habe. Überall waren strahlende Lichter, so hell, dass es unfassbar war, aber nicht so hell, dass es meinen Augen wehtat. Ich hörte die wunderbarste Musik und das Singen von Worten, die zu schön zum Aussprechen waren; extrem laut, aber nicht schmerzend – erstaunlich beruhigend.

Ich befand mich in Begleitung von anderen Wesen, die mich irgendwie kannten und mir versicherten, dass alles gut werden würde. Ich fühlte mich in einem vollständigen Frieden, eingehüllt in Liebe. Ich begann, die wunderbarsten Farbstreifen zu sehen, wie Laser. Sie berührten meinen Körper und strahlten dann hinaus in den Äther. Als sie mich berührten, wuchs das Gefühl von Frieden und Sicherheit über alle Vorstellungskraft hinaus. Ich begann, mit den anderen Wesen zu kommunizieren – ohne Worte, aber wir redeten in irgendeiner Sprache, die ich irgendwie verstand. ›Du hast viele Menschen, die in diesem Augenblick an dich denken, und es sind ihre Gebete, die du siehst.‹

Ein Mädchen und ein Junge waren bei mir. Ich fühlte eine verwandtschaftliche Verbindung zu ihnen. Ich wollte für immer bei ihnen bleiben, aber sie sagten zu mir: ›Du musst für uns fortgehen.‹

Ein anderes Wesen, ein Junge, klammerte sich die ganze Zeit fest an mich. Er sagte: ›Du musst zurückgehen, um Mutter vor dem Feuer zu retten.‹

Ich habe niemandem von dieser Erfahrung erzählt, bis ich Anfang zwanzig war. Meine Schwägerin war fünf Monate schwanger, als sie eine Fehlgeburt hatte. Ich nahm es sehr schlecht auf und durchlebte Phasen der Trauer. Meine Mutter sagte mir, ich solle mich nicht sorgen, da sie ebenfalls eine Fehlgeburt gehabt habe, bevor ich geboren worden sei. Ich fragte sie, wie es für sie gewesen sei, eine Fehlgeburt zu haben. Sie antwortete: ›Es war die Hölle auf Erden.‹ Ich fragte sie, wie es für sie gewesen wäre, wenn ich nicht überlebt hätte. Sie sagte: ›Ich kann mir nicht vorstellen, dass ich damit klargekommen wäre. Es wäre eine weitere Hölle auf Erden gewesen, mit der ich hätte umgehen müssen.‹

Ich dachte an meine Nahtoderfahrung und an den Jungen, der gesagt hatte: ›Du musst zurückgehen, um Mutter vor dem Feuer zu retten.‹ Hölle/Feuer. Ich verstand jetzt, warum ich zurückgekommen war.«

Gayatri (Fall 88) glaubt, einen doppelten Körpertausch vollzogen zu haben. Sie behauptet, viele Male zu sich selbst »erweckt«

worden zu sein – im Mutterleib während des ersten Schwangerschaftsdrittels, erneut einige Monate später, dann wieder fünf Wochen nach der Geburt und im Alter von vier und zehn Jahren. Hier ihre eigenen Worte: »Ich sah all die spirituellen medizinischen Teams an diesem Behältnis arbeiten, um die Lebenskraft durch ein Seelentausch-Bewusstsein neu zu beleben. Doch die Vierjährige und die Zehnjährige, mit denen ich als höherer Selbstaspekt verschmelzen sollte, vollzogen den Übergang nicht auf Anhieb (wie es beim Seelentausch meistens der Fall ist). Manche Medizinisch-Intuitiven bezeichnen diesen Vorgang als ›Überseelen-Verschmelzung‹, weil wir alle multidimensionale Wesen eines vernetzten Lichts sind und diese Art von integrativem Gemischtwesen eine Form ›energetischer Synthese‹ ist. Ich konnte die Vibrationsschichten beobachten, die in die menschliche Form zurückgeladen wurden … sodass die lebenswichtigen Energiezentren mit der Hilfe von spezialisierten Geisttechnikern neu gestartet oder rebootet werden konnten.

Zu sagen, dass danach eine massive Umstellung erfolgte, ist untertrieben, wobei ich mich erinnere, dass ich nicht hier auf diesem Planeten sein wollte oder mich danach sehnte, weil die Zuordnung so schwierig war, und es gab wirklich nicht sonderlich viel Unterstützung. Ich war nach dem menschlichen Bio-Maß vielleicht vier Jahre alt, doch mein Innerstes war so alt und so laserscharf auf meine Mission konzentriert, dass ich einfach nie mehr in diese Dimension passte. Meine gesamte Kindheit war weitgehend weg. Ich traf meine wirklichen Eltern, die große Mutter-Vater-Quelle, sodass die menschlichen Verwandten um mich herum nicht sonderlich liebevoll oder verbunden oder auch nur zuverlässig wirkten.«

Wenn Sie Gayatris Worte nicht verstehen, dann sei gesagt, dass sie sich auf jeder Ebene ihres Seins als jemand von einem anderen Planeten betrachtet und behauptet, die Fähigkeit zu haben, von einer Seelenplatzierung in sich zu einer anderen fortzuschreiten, da sie ihr Bewusstsein weiterentwickelt und ihr Wissen reift. Ich habe einige Zeit mit Gayatri verbracht und finde, dass sie absolut vernünftig und konzentriert wirkt. Sie widmet sich der Hilfe anderer, vor allem von Kindern, und unternimmt innerhalb des Wohlfahrtswesens und durch Beratungen alles in ihrer Macht Stehende, um dafür zu sorgen, dass jedes Kind, das eine Betreuung braucht, sie auch bekommt, und dass jede in Armut und Verzweiflung versunkene Familie ein Zuhause findet und jede durch Drogen verwüstete Person Hilfe erhält. Die Liste ihrer Hilfestellungen für andere ist bemerkenswert.

Deborah A. (Fall 79) hat im Alter von drei Jahren eine fiebrige Scharlach-Erkrankung überlebt. Ihre Erinnerung daran kehrte erst im folgenden Jahr zurück, als sie, während sie in den Himmel starrte, plötzlich überwältigt war. »Ich war absolut einsam und rief in Gedanken die Leute im Himmel an, mich bitte zu sich zu nehmen. Ich weinte und weinte. Ich konnte nicht begreifen, warum sie mich zurückgelassen hatten. Was hatte ich ihrer Meinung nach falsch gemacht, dass sie mich an diesem befremdlichen Ort, in dieser kalten Welt ausgesetzt hatten? Meine Mutter und mein Vater erschienen mir merkwürdig. Ich träumte die ganze Zeit vom Fliegen und konnte zwischen meinen Träumen und meiner wachen Realität nicht unterscheiden. Für mich waren sie das Gleiche.

Ich war oben im Flur unseres über hundert Jahre alten Hauses, das eine extrem steile und enge Treppe hatte, die einen Treppenlauf hinunterführte. Mein fünfjähriger Bruder kam die Treppe hoch und stand oben auf der Treppe, als meine Mutter ihn rief. Sein Rücken war mir zugewandt, und ich sah meine Chance. Ich sprang vor und schubste ihn von hinten, wobei ich schrie: ›*Flieg!*‹ Zu meinem tiefen Entsetzen sah ich, wie er die steile Treppe hinabstürzte und schreiend auf dem Boden landete. Warum war er nicht geflogen? Ich hatte danach Albträume.

Als ich älter wurde, betrachtete ich die Himmelsleute, die mich zurückgelassen hatten, als Außerirdische und mich selbst als Sternensaat.«

Deborah A. glaubt, sie sei von den Himmelsleuten zurückgelassen worden, um zum »Walk-in« werden zu können, zu jemandem, der einen Seelentausch vollzieht.

Zoh (Fall 86) hatte mit drei Jahren eine Nahtoderfahrung, als sie ertrank. Damit begann eine lange Serie von etwas, was sie als »außerordentliche Fremdartigkeit« bezeichnet. Zuerst wurde sie von Außerirdischen entführt, dann hatte sie eine Engelsbegegnung und einen Geistbesuch, gefolgt von Gesprächen mit Toten, dem Sehen der Zukunft, einem Wandeln zwischen den Welten, telepathischen Ereignissen und einem Interesse an Sternen. Sie erzählt: »Mit vier oder fünf erwachte ich voller Entsetzen, als ich ein kleines reptilienartiges Wesen in einer Art kleinem Weltraumanzug vor meinem Fenster sah. Von dem Tag an bis zu meinem zwölften Lebensjahr hielt ich meine Vorhänge geschlossen und zugesteckt und schlief mit eingeschaltetem Licht. Ich hatte immer Angst, gekidnappt zu werden.«

Lillian (Fall 56) starb im Alter von drei oder vier Jahren während einer Notoperation am Hals. Sie ist chinesischer Abstammung und wurde in Hongkong geboren. Während ihrer Nahtoderfahrung sah sie Jesus. »Er sprach und sagte mir, dass ich nur für eine kurze Zeit hier sei. Ich müsse zurückgehen. Ich runzelte die Stirn, weil ich merkte, dass er es ernst meinte. Ich weinte. Ich begann, mit den Füßen aufzustampfen, mit den Fäusten um mich zu schlagen, und hatte einen fürchterlichen Wutanfall. Jesus stand einfach da, wo er war, beobachtete mich mit teilnahmsvollem Blick und wartete, bis ich mich völlig verausgabt hatte. Müde und erschöpft ließ ich den Kopf hängen, schniefte vom Weinen und stand vor ihm. Jesus musterte mich mit großer Geduld und Wärme. Er sagte: ›Dein Zeitpunkt ist noch nicht gekommen. Es muss Arbeit erledigt werden.‹

Ich entgegnete: ›Ich verstehe das nicht. Warum kann ich nicht hierbleiben?‹«

Kurz nachdem Lillian, noch ein Kind, in den Vereinigten Staaten angekommen war, erzählte sie den Kindern in der Schule, dass sie Jesus begegnet sei, als sie starb. Weil sie von ihrem Lehrer und auch von den anderen Schulkindern zurechtgewiesen wurde, dass sie das gesagt hatte, erwähnte sie es nie wieder. Ihr Leben lang hat sie Lichtkugeln um sich herum gesehen, die sie für Außerirdische hält. Später hat sie sich einer Regressionshypnose unterzogen, die ihr zu verstehen half, was mit ihr geschehen war.

»Ich bin nicht gelaufen, bis ich zwei war; hab nicht viel geredet«, berichtet *Dial (Fall 18).* Sie erinnert sich, im Uterus gewesen und mit einer Erinnerung daran, nur rohe Lebensmittel gegessen zu haben, in diese Lebenszeit gekommen zu sein. Sie hat ein Muttermal auf ihrer rechten Schulter, das zu ihrer Erinnerung passt, dort während eines früheren Lebens eine Schussverletzung bekommen zu haben, und es tut ihr von Zeit zu Zeit noch immer weh. Sie hat viele Raumschiffe gesehen: »Einmal bin ich in dem Wissen zu Bett gegangen, dass mich jemand holen würde. Tatsächlich kamen zwei Wesen und brachten mich auf ihren Planeten. Ich blickte mich um und bemerkte, dass die Leute das Licht erzeugten, daher vermute ich, dass es ein anderes Sonnensystem gewesen ist. Man machte eine Rundfahrt mit mir, dann wurde ich zu einem Führer gebracht. Während er zu mir sprach [sie erinnert sich an nichts mehr von dem, was gesagt wurde], hob ich eine kleine Muschel auf. Ich fragte mich: ›Kann ich die mit mir nach Hause nehmen?‹ Das war das Letzte, woran ich mich entsinne.

Am nächsten Morgen wachte ich auf, ohne mich an irgendetwas zu erinnern. Ich ging in die Küche. Während ich auf die Veranda ging, trat ich auf die Muschel. Sie lag auf dem Boden. In dem Moment erinnerte ich mich an die vorherige Nacht!«

Sie erinnert sich auch daran, frei geschwebt zu haben und mit anderen auf der anderen Seite gewesen zu sein, ebenso an zahlreiche Ufo-Begegnungen und daran, »untersucht« worden zu sein (siehe dazu ihre Zeichnung).

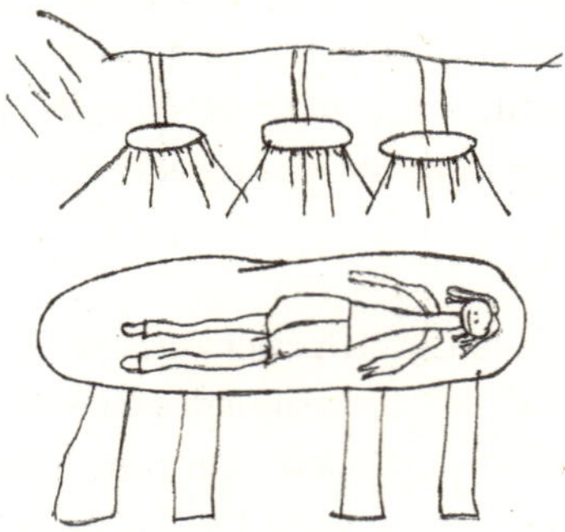

Dial, Erinnerung, auf einem anderen Planeten gewesen zu sein

Zwillinge sind nicht unbedingt so, wie wir glauben. Dank der jüngsten medizinischen Forschung wissen wir jetzt von »Chimären« – der Verschmelzung von zwei Körpern und zwei und vielleicht sogar drei (bei Drillingen) Blutgruppen. Das bedeutet, dass es Zwillinge gibt, die nichts von der DNA ihrer eigenen Mutter haben. Rund 8 Prozent der zweieiigen Zwillinge und 21 Prozent der Drillinge haben nicht eine, sondern zwei Blutgruppen: Eine wird von ihren eigenen Zellen und eine von »Fremdzellen« produziert, die von ihrem Zwilling aufgenommen wurden. Als Produkt zweier unterschiedlicher Zelllinien können sie Teile ihres Geschwisters in ihrem Körper und ihrem Gehirn tragen. Diese »Teile« können sogar beeinflussen, wie sie handeln – selbst wenn sie nicht wissen, dass sie je einen Zwilling hatten.[22] Seltsam, aber wahr: Sie können auch während der Schwangerschaft durch das beeinflusst werden, was im Uterus Ihrer Mutter von einer vorherigen Schwangerschaft zurückgeblieben ist. Diese »wissenschaftliche Überraschung« legt die Grundlagen für die zwillingsbezogene Erforschung von Nahtoderfahrungen.

Als *Caroline (Fall 42)* geboren wurde, war sie »anders«. Zunächst wurde sie für autistisch gehalten, aber dann stellte sich heraus, dass sie unter einem selektiven Mutismus litt (einer komplexen Angststörung, die das Sprechen blockiert, bis sich das Kind ungezwungen und sicher fühlt). Sie hat eine eineiige Zwillingsschwester.

»Solange ich zurückdenken kann, erinnern meine Zwillingsschwester und ich uns an ein früheres Leben. Wir haben uns oft über jenes gemeinsame Leben unterhalten, da wir glauben, dass wir auch in jenem früheren Leben Schwestern waren. Ich erinnere mich, dass wir in einem Dorf im Wald lebten, irgendwo, wie ich jetzt bestimmen kann, in Europa. Ich sehe dunkle Kiefernwälder, die ein weiß gekalktes Steinhäuschen umgeben, oder mehrere Häuschen, und wir konnten sogar ausmachen, wer in den anderen Hütten wohnte, manche von ihnen mit Namen. Die Umgebung war feucht und moderig, die Farben waren dunkel und gedeckt. Es gab viel Moos und dunkles Holz (abgestorbene Äste und so weiter), die zwischen Steinen und Felsen lagen. Ich konnte sogar die Kühle fühlen und vielleicht sogar die Feuchtigkeit riechen, die mit einem Wald verbunden ist. Da ich in einem wüstenhaften Gebiet an der zentralen Westküste von

Westaustralien geboren wurde, hatte ich keine Möglichkeit zu erfahren, wie ein derartiger Wald beschaffen ist. Meine Schwester und ich haben oft hierüber gesprochen.«

Robyn (Fall 75) gibt an, dass ihre erste Erinnerung an eine bewusste Wahrnehmung in diesem Leben in die Zeit zurückführt, in der sie sich noch im Uterus befand. »Meine visuelle Erinnerung ist geprägt von Wärme, Geborgenheit und dem Gefühl, sehr allein in meinem Raum zu sein, aber glücklich. – Doch irgendwie war mir instinktiv bewusst, dass ich nicht die Erste war, die sich hier aufhielt. Es war, als habe der- oder diejenige vor mir irgendeine Art von energetischem Abdruck hinterlassen, als wären die Schwangerschaftsstreifen auf dem Bauch meiner Mutter auf irgendeine Weise eine Form von Höhlenmalerei, wenn das Licht der Außenwelt meinen Raum erhellte. Es gab keine Bauchbindung, wie sie sonst üblich ist, während ich im Uterus war. Nach meiner Geburt wurde bald offensichtlich, dass ich allein war. Die Energie fühlte sich falsch an. Als ich fünf war, erfuhr ich, dass eine ältere Schwester, ihre Erstgeborene, nur Tage nach ihrer Geburt an einer Lungenentzündung gestorben war.«

Nathan (Fall 115) weiß jetzt, warum er sich sein ganzes Leben lang »doppelt« gefühlt hat und den Eindruck hatte, dass er irgendwie nicht für diese Welt geschaffen sei. Wegen des Gesundheitszustands seiner Mutter war er früh geholt worden, bevor sich seine Lungen vollständig entwickelt hatten. Als Folge davon kollabierten seine Lungen, und es dauerte mehrere Wochen, bevor er aus dem Krankenhaus entlassen werden konnte. Während seiner ersten fünf Lebensjahre wurde er wiederholt wegen einer Lungenentzündung ins Krankenhaus gebracht.

Er berichtet: »Ich begann im Alter von drei Jahren in ganzen Sätzen zu sprechen. Ich erzählte meiner Mutter jeden Abend, wie ein Engel gekommen war, um mich weg in den Himmel zu bringen. Im Alter von zwölf begann ich zu argwöhnen, dass ich möglicherweise einen Zwilling gehabt hatte. Ich besuchte ein Medium, das mir erzählte, dass ich tatsächlich einen Zwilling gehabt habe, der bei der Geburt gestorben sei. Ich befragte meine Mutter dazu. Sie bestätigte, dass sie zweieinhalb Wochen nach meiner Geburt Wehen bekommen habe, wobei ihr die Ärzte sagten, das wäre lediglich eine hysterische Reaktion auf ihre traumatische Schwangerschaft. Weil sie nicht gehen konnte, brachte mein Vater sie in die Notaufnahme, und dort wurde eine Ausschabung der Gebärmutter vorgenommen. Es war dann dort, dass die Ärzte ihr mitteilten, dass sie auf meinen Zwilling gestoßen seien.

Mit sechzehn hatte ich einen Traum, in dem ich einen Arm an meinem fühlte. Ich drehte mich auf einem Arm um und nach oben. Ich sah ihn – einen Jungen, der genauso aussah wie ich. Ich fragte, wer er sei und wie lange er schon da gewesen sei. Er antwortete, dass ich wisse, wer er sei, und dass er schon immer da gewesen sei. Wir unterhielten uns bis spät in die Nacht und schliefen dann gemeinsam ein. Irgendwann im Verlauf der Nacht fiel ich auf der von der Tür wegliegenden Seite aus dem Bett. Mom kam, um mich aufzuwecken, und dachte, er sei ich, und weckte ihn. Ich blieb unten, bis sie wieder ging, und dann sprang ich hoch, und wir lachten beide, weil sie ihn mit mir verwechselt hatte. Dann veränderte sich die Szene, und ich stand an der vorderen Veranda und wartete auf ihn, aber ich erwachte, bevor er zurückkam.

Zehn Jahre später fuhren meine Mutter und mein Vater zu einem Casino in den Bergen von West Virginia, um Urlaub zu machen. Während sie dort waren, hatte meine Mutter einen Traum, dass ein junger Mann, der genauso aussah wie ich, ihr Kellner war. Sie fragte ihn, wann er geboren worden sei, und dann fragte sie ihn nach seinem Namen, und er sagte: ›Nathaniel.‹ Sie sagte zu ihm, sie habe seinen Bruder, und ging schnurstracks zu einer Telefonzelle, um mich anzurufen. Dann wachte sie auf. Mein Name ist Nathan. Sein Name Nathaniel. Ich hatte das Gefühl, als wäre ich in seinem Körper und er in meinem.«

Sich an frühere Leben zu erinnern kann zu einem wirklichen Problem für Kinder werden, die den Tod überlebt haben, weil ihr zartes Alter die Möglichkeit derartiger Erinnerungen verbietet. Der Unglaube anderer kann ein Kind verwirren, vor allem in unserer Kultur, in der Wiedergeburt noch immer als Fiktion betrachtet wird.

Paul (Fall 6) war eine Steißgeburt. Sein Kopf war fest mit der Nabelschnur umwickelt, und ein Häutchen bedeckte sein Gesicht wie eine Plastiktüte und verhinderte, dass er atmete. Während seiner frühesten Lebenstage bekam er von kleinen Wesen Besuch, die des Nachts in sein Zimmer kamen, manchmal durch ein geschlossenes Fenster und manchmal aus einem Schrank, aus dem sie alles mögliche Zeug in sein Zimmer zogen – meist alte Kleidungsstücke und bei einer Gelegenheit eine seltsame Schachtel, die ihn zu Tode erschreckte.

Paul, Zeichnung eines »heiligen Bildes«

Er erzählt: »Ich wurde von Nonnen erzogen. Als ich aufgefordert wurde, ein ›heiliges Bild‹ anzufertigen, zeichnete ich eine Gestalt mit Helm, der oben einen kammartigen Helmbusch hatte. Die Nonne wurde ziemlich wütend und fragte mich, warum ich kein ›heiliges Bild‹ gezeichnet hatte. Ich erklärte, dass es ein Soldat war, der vor einer Höhle stand, und nach meiner kindlichen Ansicht hatte ich getan, was sie verlangt hatte. Viele Jahre später sah ich als Erwachsener einen viktorianischen Druck von Orpheus, wie er die Unterwelt betritt. Es war das, was ich zu zeichnen versucht hatte. Wie konnte ein fünf- oder sechsjähriges Kind etwas über die griechische Mythologie wissen?

Mein gesamtes junges Leben war mit solchen Begebenheiten angefüllt. Dazu gehörte auch, dass ich aus der Sonntagsschule geworfen wurde, weil ich die Kirchenautoritäten hinsichtlich der Auffahrt Jesu in den Himmel infrage stellte. Und es gehörten sogar Skizzen von den inneren Teilen ägyptischer Pyramiden dazu.«

Nilas Sohn (Fall 47) wurde durch einen Kaiserschnitt auf die Welt geholt, weil sich die Nabelschnur dreimal um seinen Hals gewickelt hatte. Nilas Mutter Rhoda war vierzehn Jahre vor der Geburt ihres Sohnes gestorben, und ihr Name wurde kaum erwähnt. Doch als eine Freundin ihrer Mutter Nilas Sohn einen großen Teddybären schenkte, nannte er seinen neuen Spielgefährten »Rhoda«. Mit rund drei Jahren begann er zu verkünden, dass er gestorbene Menschen sehe, und er wollte wissen, warum sie bei ihm aufkreuzten.

Er hatte viele Besuche von Geistern. In den Ferien erstarrte er plötzlich und begann, die Vorhänge im Raum aufmerksam zu beobachten. Er flüsterte: »Sieh mal.« Als er gebeten wurde zu schildern, was er sah, beschrieb er einen jungen Mann mit einem Tuch um den Kopf, der kürzlich bei einem Motorradunfall gestorben war. Kurz danach, erzählt Nila, »bekam er einen abwesenden Ausdruck in den Augen, während wir am Esstisch saßen. Dann sagte er zu mir: ›Du bist netter als meine letzte Mummy.‹ Ich bat ihn, sie zu beschreiben, und er sagte, dass sie langes rotes Haar gehabt habe und schnell wütend geworden sei. Er beschrieb ein ziemlich prachtvolles doppelstöckiges Steinhaus; außerdem seine Mutter mit einem Baby in ihren Armen, die sich von meinem Sohn und seinem Vater aus seinem früheren Leben verabschiedete. Sie fuhren aus geschäftlichen Gründen fort, aber ertranken auf einem Schiff, das versank. Er sprach immer bestimmte Worte mit einem schottischen Akzent aus, als er noch klein war, und er wollte mich immer herumkommandieren, als ob ich eine Bedienstete wäre. Das schien ganz natürlich für ihn zu sein.«

Linda, die selbst eine Nahtoderfahrung gemacht hat, sagt, ihr Sohn *Daniel (Fall 95)* sei zutiefst tangiert gewesen, als sie, während er noch in ihrem Bauch gewesen sei, eine intensive spirituelle Verwandlung durchgemacht habe. Als er zwei war, erzählte er ihr, dass er einen anderen Vater und eine andere Mutter habe. Dann begann er sich obsessiv für Kampfkunst zu interessieren und zeigte eine natürliche Begabung dafür.

Sie berichtet: »Mit etwa vier identifizierte er sich ganz und gar mit der chinesischen Kultur und chinesischem Essen, er verwendete Essstäbchen, schrieb und sprach Chinesisch (auch wenn er es erfand), und er erzählte uns, seine andere Familie komme aus China. Er sagte, sein Vater sei ein Bergarbeiter gewesen, und seine Mutter habe in einer Flugzeugfabrik gearbeitet. Zur Erheiterung aller fühlte sich Daniel, blond und mit blauen Augen, vom Chinesischen angezogen. Am Ende der Vorschule, als er aus den Schulferien zurückkam, erzählte er allen, er sei in der Zwischenzeit in China gewesen. Die Wahrheit ist, dass er lediglich auf lokalen Märkten gewesen war und ein chinesisches Essen zu sich genommen hatte. Wir hörten ihm zu und akzeptierten, was er uns erzählte.

Nach einem Vorkommnis in der Klasse verlangte seine Lehrerin, dass Rob und ich ihn von seinem China-Gerede abbrachten. Wir waren mit solch einem Herangehen nicht einverstanden. Ich erklärte ihr rundheraus, dass ich glaubte, es handele sich um Erinnerungen aus einem früheren Leben, und er müsse das auf seine eigene Weise und in seinem eigenen Tempo verarbeiten. Sie dachte vermutlich, dass wir verrückt seien, aber das macht nichts. Er hat es verarbeitet und ist zu einem zielstrebigen und virtuosen jungen Mann mit einem ausgeprägten sozialen Gewissen und Charisma geworden.«

Marcella (Fall 27) war eine Frühgeburt und hatte bis zu ihrem sechsten Lebensmonat mit einem Gesundheitsproblem nach dem anderen zu kämpfen. Sie sagt: »Während meiner Kindheit habe ich alles Mittelalterliche und Britische geliebt, sehr zum Erstaunen meiner Mutter. Ich lechzte danach zu lernen, doch ich bevorzugte England weiterhin, vor allem die Edwardische Epoche, die Regierungszeit Edwards VII. von 1901 bis 1914. Ich beobachtete, wie ich im Wasser starb, nachdem die ›Titanic‹ gesunken war. Ich schien ein Mann Ende vierzig, Anfang fünfzig zu sein. Demnach wäre ich etwa 1870 geboren worden. Ich fühle mich zu Natur-, Weltraum- und Geschichtsdokumentationen hingezogen, zu reinen Sachthemen. Fiktionales erscheint mir absurd.

Ein weiteres Kindheitserlebnis, das ich hatte, war der Anblick der Schwarz-Weiß-Zeichnung eines Kindes von einem Ozeantanker, der bei Nacht in der stürmischen See hin und her geworfen wurde. Ich erinnere mich noch sehr genau, selbst heute noch, an das Gefühl tiefster Angst, das in mir aufstieg, als ich dieses Bild sah. Ich glaube, dass ich selbst heute nicht dasselbe Buch auf dieser Seite würde aufschlagen wollen! Es erinnert mich an die ›Titanic‹.«

Sandy (Fall 26) sagt, dass sie seit ihrer Geburt ungewöhnliche Erinnerungen an ein anderes Leben vor diesem habe. »Als kleines Kind schwelgte ich in meinen Erinnerungen, doch sie verwirrten mich. Ich verstand nicht, wieso ich mich daran erinnerte, Dinge getan zu haben, die ich bisher noch nie getan hatte; etwa dass ich mit anderen Kindern auf Bäume geklettert war. Ich war mit einem Alter von drei Jahren zu klein dazu, doch ich erinnerte mich, das getan zu haben. Ich hatte nur meine Mom, der ich das erzählen konnte, doch sie glaubte, dass meine Erinnerungen lediglich Träume wären.«

Diese verfahrene Situation dauerte bis ins Erwachsenenalter hinein an, bis sie die Schriften von Sokrates entdeckte, in denen er über genau dies mit Kebes und Simmias diskutierte. Während sie ein Buch hierüber schrieb,[23] begegnete Sandy anderen Menschen, die vergleichbare Erfahrungen gemacht hatten und nach Antworten suchten – Menschen, die sie wegen ihrer eigenen Erinnerungen an Vorleben verstanden. Sie bezogen sich ebenfalls auf Sokrates, vor allem auf seine Debatten mit Kebes und Simmias über das Leben vor der Geburt. Kebes sagt: »Es scheint, dass es uns gelungen ist, etwa die Hälfte von dem, was wir wollten, zu beweisen – dass die Seele vor der Geburt existiert –, aber jetzt müssen wir auch beweisen, dass sie nach dem Tod nicht weniger als vor der Geburt existiert, wenn unser Beweis vollständig sein soll.« Sokrates erwidert: »Das wurde bereits bewiesen.«[24] Sehen Sie dazu Sandys recht ausführliche Zeichnung über das, woran sie sich in ihrem Leben im alten Griechenland erinnert.

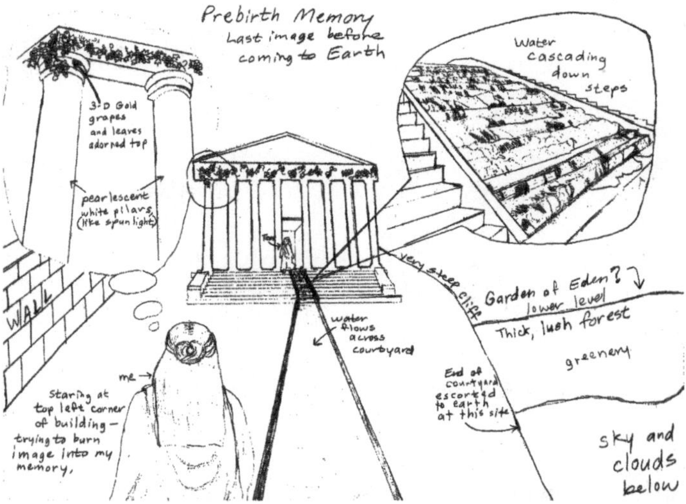

Sandy, vorgeburtliche Erinnerung

Elaines Vater, im Irak inhaftiert und dann deportiert, hatte Ruhr, als er nach Schottland zurückkehrte. *Elaine (Fall 34)* infizierte sich als Neugeborene bei ihm und starb fast. Danach war sie sichtlich »merkwürdig«. Sie sagte, sie habe ein »nicht dominantes« Gehirn entwickelt, das durch ihre Krankheit aktiviert worden sei. Ihre Mutter meinte, sie habe sich in einem Zustand der Benommenheit oder Trance befunden. Ihr linkes Auge entwickelte ein starkes Schielen. Sie erinnerte sich nicht an ihre drei Geschwister und schloss keinerlei Freundschaften, als sie zur Schule ging. Sie erklärte: »Die Leute fanden, ich sei verquer, weil ich allein sein wollte und oft schwieg. Ich verbrachte gern Zeit in der Natur, fühlte mich sehr mit der Natur verbunden. Ich ging mit meiner Großmutter in die Kirche, aber niemand sonst aus der Familie ging dorthin.«

Elaine, NTE als Neugeborene, Erinnerung an die Realität

Später erinnerte sie sich daran, in einem früheren Leben ertrunken zu sein. »Ich wurde aus dem Wasser gezogen, zu einer Insel gebracht, auf eine ebene Fläche gelegt und mit einem Laken bedeckt. Ich wusste, dass ich nicht tot war, aber ich konnte mich nicht bewegen oder sprechen. Ich konnte sehen, wie eine Frau, sie sah aus wie eine Nonne, mit einer Kerze um mich herumging, und ich konnte mich selbst unter dem Laken liegen sehen.« Elaine hat ihre Erinnerung in einer ungewöhnlichen Zeichnung eingefangen.

Wenn Sie sich näher mit der Vorstellung von Reinkarnation und vorherigen Leben von Kindern befassen wollen, dann empfehle ich Ihnen Jim Tuckers Buch *Kinder erinnern sich.*[25] Dort werden zwar nicht Nahtodrealitäten behandelt, aber Tuckers Werk liefert eine solide, einleuchtende Untersuchung über Kinder, die sich an Leben erinnern, die zu anderen Zeiten, an anderen Orten und lange vor ihrer eigenen Geburt »in der jetzigen Zeit« stattgefunden haben. Dieses Buch stellt alles infrage, was Sie bisher über die Funktionsweise des Lebens zu wissen geglaubt haben.

An dieser Stelle ist es sinnvoll, das Thema »Kryptomnesie« anzusprechen. Dabei geht es um »verborgene Erinnerungen« und darum, dass im Unbewussten alles gespeichert ist, was von der jeweiligen Person je gehört, gelesen oder gesehen wurde – ob in flüchtigen Gesprächen, im Fernsehen oder Radio, in Büchern, Zeitungen oder Filmen, auf Konferenzen etc. Unser Geist verwandelt all dies in Erinnerungen, die zum Fundament dessen werden können, was als früheres Leben oder als außerweltliche Realitäten erscheint. Die Verarbeitung erfolgt ganzheitlich. Das bedeutet, dass wir dazu neigen, die »Leerstellen auszufüllen« und Geschichten zu erschaffen, die sich richtig anfühlen.

Kryptomnesie löst sich in Untersuchungen über Nahtoderfahrungen auf, bei denen Familienmitglieder, medizinisches Personal oder in der Nähe befindliche Beobachter aus der Sicht Dritter Erfahrungsberichte liefern können, die der Überprüfung der Richtigkeit des Geschehens (des Ereignisses) und der Veränderungen, die sich anschließend vollzogen haben (die Nachwirkungen), dienen. Das schließt alles ein, was jenseitig oder von Geistern gesteuert erscheint. Bedenken Sie: Für die sehr Jungen, vor allem für Geburtler, gab es kein Davor. Was Wissenschaftler unter verborgener Erinnerung verstehen, nimmt bei Kleinstkindern eine ganz neue Bedeutung an.

Doch könnten die inzwischen gealterten Menschen mit einer NTE, die ich zitiert habe, die Dinge ein wenig übertrieben haben? Vielleicht. Aus dem Grunde bin ich so vielen Nachweisen, Lebensgeschichten und Folgewirkungen nachgegangen, wie ich finden konnte. Das Behauptete wurde bei der überwiegenden Mehrheit der 120 Personen, die diesmal teilnahmen, und den meisten der 277 Personen, mit denen ich vorher gearbeitet hatte, überprüft. Was nie aufhört, mich zu erstaunen, ist die hellwache Klarheit bei Nahtoderfahrungen – vor allem bei Geburtlern, Kleinst- und Kleinkindern.

7

Einige Überraschungen

Gott sagte zu mir: »Erzähl es niemandem.
Wir werden dies für uns behalten.«

Neil H. (Fall 36)

Wussten Sie, dass etwa 85 Prozent der Kinder, die einen Herzstillstand erleiden, eine Nahtoderfahrung machen? Ich habe festgestellt, dass die Zahlen bei Ertrunkenen und bei familiärer Gewalt und/oder sexuellem Missbrauch sogar noch höher sind. Das bedeutet, dass viele Kinder einen Realitätswechsel durchmachen, *bevor* sie sonderlich viel darüber wissen, was Realität ist. Wer ist mehr überrascht, wenn dies passiert – das Kind oder der Erwachsene?

Erwachsene sprechen häufig von »dem Licht«, dem sie auf der anderen Seite begegnet sind. Kinder hingegen äußern sich konkreter, welche Art von Licht sie dort gesehen haben, wo sie sich aufhielten.

Hier sind die von ihnen beschriebenen Arten:

- ⋆ *allumfassendes Licht:* normalerweise als eine pulsierende Leuchtkraft gesehen, ein Strahlen, das mit seiner Großartigkeit, seiner durchdringenden Helle, seiner Kraft und Allumfassendheit fast angsteinflößend ist, als sei es der Ursprung allen Seins;

- ★ *dunkles oder schwarzes Licht:* manchmal als Schwarz mit violetten Einfärbungen oder einfach als dunkel beschrieben; ein schimmernder, friedlicher, heilender Ort, den manche Kinder als »wissende Dunkelheit« bezeichnen, ein Quell der Stärke und des Wissens, ein heiliger Ort, wie »der Leib der Schöpfung«;
- ★ *strahlendes oder weißes Licht:* kann das gesamte Spektrum von gelben, goldenen und weißen Farbschattierungen enthalten; hell leuchtend mit einem fast blendenden Glühen, das bedingungslose Liebe ausströmt; eine warme, einladende Intelligenz wie »das Wirken der Wahrheit«.

Erfahrungen mit schwarzem Licht sind kaum je negativ. Im Gegenteil, sie sind fast immer magisch dank der heilenden Eigenschaften, die dieses spezielle Licht zu besitzen scheint, und durch die Art, wie es die Erkenntnisfähigkeit stärkt. Kinder und Jugendliche neigen dazu, die unterschiedlichen Arten des Lichts folgendermaßen zu kennzeichnen: strahlendes Licht als »Vater Licht«, dunkles Licht als »Mutter Licht« und das allumfassende Licht als »Gottes Licht«. Für sie besteht kein Zweifel daran, dass Vater Licht und Mutter Licht von Gottes Licht kommen.

Eine unerwartete Überraschung kam durch diese Studie zum Vorschein, weil sie einen vierten Typ von Licht erkennen ließ, als »klares Licht« bezeichnet. Was *Uf (Fall 109)* widerfuhr, liefert ein Beispiel dafür. Da sie kein Englisch kann, hat Christopher »Bob« Coppes aus den Niederlanden als Übersetzer fungiert (danke, Bob). Ich habe lediglich verdeutlicht, was sie sagt, damit es besser verstanden werden kann.

Uf war ein »blaues Baby«, also eines mit einer Fehlbildung des Herzens, die verhindert, dass sich das Blut des Babys in dem erforderlichen Maß mit Sauerstoff anreichert. Man gab ihr keine Überlebenschance. Bei ihrer Geburt trat sie in das klare Licht ein und überraschte alle durch ihr Überleben. Seitdem ist sie zu unterschiedlichen Zeiten erneut in jenes spezielle Licht eingetaucht. Ihre Frustration bei der Beschreibung all dessen dreht sich um die Scham, die sie als Kind empfand, weil sie nicht »dazupasste« (ob nun zu anderen oder zu ihrer Familie), und die sie, als sie älter war, verspürte, weil sie nicht zu anderen Menschen mit einer NTE passte. Während sie als Erwachsene den Buddhismus studierte, erfuhr sie über das klare Licht, dass es alle Energiezentren eines Körpers verbindet, was Freude, Lebendigkeit und Vertrauen bewirken kann. Das ist die höchste Heilung durch das großartigste aller Lichter. Durch die Konzentration auf das klare Licht ihres Todes entdeckte sie, wie sie sich und anderen helfen und wie sie heilen kann.

Gebete strahlen – eine weitere Überraschung. Kinder können, während sie außerhalb ihres Körpers sind, häufig Licht sehen, das von jedem kommt, der betet. Sie beschreiben, wie die Kraft jener Gebete zu Strahlen von leuchtendem goldenem oder regenbogenfarbenem Licht wird. Selten hat irgendeiner von ihnen horizontale Farbstreifen gesehen, wie dies bei Regenbogen der Fall ist. Was die meisten von ihnen sahen, waren vertikale Streifen aus strahlendem Weiß an einem oder beiden Enden, als seien die Strahlen lange Stangen oder Balken. Die Kinder zeigten mir mit Gesten, wie sich dieser Lichtstrahl von dem oder der Betenden zu dem Ort herüberbog, an dem sie selbst schwebten, wie weit sie auch entfernt sein mochten. Die Mehrheit derjenigen, die dieses Licht sahen, nannten es »Gebetsstrahl«. Sobald sie ein Gebetsstrahl traf, hatten manche ein Gefühl, als habe sie ein Spritzer Liebe berührt. Andere sagten, es habe ihnen ein Gefühl von Wärme und ein Kribbeln am ganzen Körper vermittelt.

Weil sie Gebete als reale Energie erlebten, die reale Dinge erzeugte und reale Wirkungen hatte, beteten die meisten dieser

Kinder danach bereitwillig und oft. Manche schickten sogar Gebetsstrahlen zurück zu Gott oder Allah oder einer Gottheit. Bei Menschen, die als Kind eine NTE hatten, habe ich festgestellt, dass sie, sobald sie erwachsen sind, mehrheitlich weiterhin Gebete als Hilfe und Unterstützung nutzten, und zwar unabhängig von der jeweiligen Kirche oder Religion.

Lichter, Lichter und noch mehr Lichter. Sobald Kinder alt genug sind, um sich auszudrücken, zeigen sie auf ein Licht, das sie vom Bauch einer Frau kommen sehen, wenn diese schwanger ist, oder vom Gesicht oder Herzbereich einer Person, wenn sie dabei ist zu sterben. Wenn ich »zeigen« sage, meine ich genau das: eine unschuldige Geste, die in der Öffentlichkeit sehr peinlich sein oder einem am Lebensende das Herz stillstehen lassen kann. Kinder täuschen sich da nie.

Der Nachweis dessen, was sie sehen, kommt von der Wissenschaft. Das Licht bei einer Schwangerschaft? Wir wissen jetzt, dass, wenn ein Samen auf eine Eizelle trifft, eine Explosion von Feuerwerken die Folge ist. Dieser Lichtblitz wurde wieder und wieder auf einem Film eingefangen. Es geschieht immer. Doch offenbar kann das Leuchten dieses Lichts für Wochen und sogar für einen oder zwei Monate fortbestehen.[26] Und das Licht des Todes? Nun, Wissenschaftler haben einen Lichtblitz auftreten sehen, wann immer ein Organismus stirbt, besonders bei Menschen. Der Ausstoß von Strahlung beim Tod ist zehn- bis tausendmal stärker als normal und enthält Informationen über die Quelle, die diese Strahlung freigesetzt hat.[27] Diese beiden sehr realen Lichter beschwören alle möglichen Vorstellungen und Geschichten herauf, vor allem spirituelle.

Denken Sie auch an das Turiner Grabtuch, das in der Grabtuchkapelle des Turiner Doms aufbewahrt wird. Man glaubt, dass es sich dabei um das Leichentuch handelt, in das Jesus nach seiner Kreuzigung gehüllt wurde. Es zeigt den Ganzkörperabdruck der Vorder- und Rückseite eines männlichen Körpers, der einst darin eingewickelt war. Das Tuch enthält derart detailgenaue Informationen, dass nur ein Weg denkbar ist, wie dieser ungewöhnliche Abdruck entstanden sein kann: durch eine Blitzphotolyse, also die Aufspaltung von Materialien durch eine intensive Strahlungsemission – einen Todesblitz.

Anschließend durch Zauber beschützt und behütet? Penny Sartori aus England hat dies so wahrgenommen.[28] Cherie Sutherland aus Australien hat dieselbe Beobachtung gemacht.[29] Ihre Aufmerksamkeit wurde dadurch geweckt, dass Kinder mit einer NTE anschließend die Tendenz aufweisen, »beschirmte Leben« zu führen, als besäßen sie irgendeinen besonderen Schutz. Vielleicht ist das der Ausgleich für ein erhöhtes Mitgefühl und ein größeres Spektrum an intuitiver Wahrnehmung, die ihnen dabei zu helfen scheinen, die Schwierigkeiten des Lebens zu verstehen. Cherie Sutherland verweist auf die Arbeit von Kenneth Ring, einem der Großen der Nahtodforschung, und auf seine Publikation »Amazing Grace«,[30] die stark darauf schließen lässt, dass nachfolgende Veränderungen im Leben von Menschen mit einer NTE spirituelle Komponenten aufweisen, die sie verändern.

Jeder schützende »Zauber«, den diese Kinder anschließend erhalten, bewahrt sie nicht vor Herzeleid, aber er scheint zu bewirken, dass sie auf positive Weise anders mit Herausforderungen umgehen.

Die unglaubliche Anmut und das Mitgefühl, das viele haben, führen schnell zu lebhaften Gesprächen über und mit unterschiedlichsten Kreaturen, Zwergenwesen und »Unsichtbaren«. Damit meine ich unterschiedlichste Arten von wilden oder zahmen Tieren sowie eine große Bandbreite von »gespensterhaften Besuchern«, die von der Umwelt oft als »Einbildung« etikettiert werden.

Also gut, atmen wir einmal tief durch. Wir legen hier eine kurze Pause ein, damit Sie endlich die *Wahrheit über die Fantasie* erfahren. Es gibt zwei Aspekte:

1. das vorsätzliche Fantasiegespinst, bei dem wir uns auf Basis unseres eigenen Denkens und Fühlens etwas ausdenken, und
2. etwas, das uns präsentiert wird und vollständig ist und aus einer Welt stammt, die so real ist wie das, was wir sehen, anfassen, hören, fühlen und verstandesmäßig wissen.

Der französische Wissenschaftler Henry Corbin[31] prägte den Ausdruck »imaginale Welten«, um Reiche zu bezeichnen, die über und jenseits der dreidimensionalen Welt bestehen und wo die Dinge in dem Sinne *real* sind, dass man sie sich nicht nur einbildet. Die imaginale Symbolik besitzt Integrität und existiert abseits von dem, was wir erschaffen oder kontrollieren.

Lassen Sie mich noch einmal neu fassen, was ich gerade gesagt habe: Etwas Imaginäres wird von uns erschaffen und kommt von uns. Etwas Imaginales kommt von einem anderen Reich zu uns, das jenseits unseres eigenen Tuns liegt. Wenn sich uns ein solches imaginales Bild zeigt, sind wir möglicherweise überwältigt, ängstlich, erstaunt, irritiert, verwirrt oder emotional bewegt. Es rührt etwas tief in uns auf und ruft eine Empfindung oder Emotion in uns wach. Das imaginale Reich trägt die »Gedanken des Herzens« in sich, die universelle Archetypen und tiefere Kreativitätsprozesse wecken können. Archetypen[32] wurden von C. G. Jung[33] als Symbole mit Bedeutung beschrieben, die ein Eigenleben führen können und außerhalb des individuellen Bewusstseins existieren. Sie bilden eine Brücke über die Kluft zwischen objektiver Realität und Vorstellung.

Wenn man den Unterschied zwischen dem Imaginären und dem Imaginalen akzeptiert, hilft dies, Kinder mit Nahtoderfahrungen wie *Monica (Fall 103)* zu verstehen, die sich mehr mit der Natur als mit Menschen identifiziert. Sie berichtet: »Als Einjährige wurde ich zwei Wochen lang lebenserhaltenden Maßnahmen unterzogen. Die Nachwirkungen haben mich mein ganzes Leben lang begleitet. Ich bin sicher, dass diese Dynamik zu meiner Neigung beigetragen hat, mich auf eine andere Ebene erheben zu wollen. Ich habe unaufhörlich versucht, diesen sonderbaren Ort zu verstehen. Ich hatte nie das Gefühl dazuzupassen. Es war, als sei ich von einem anderen Planeten gefallen.« Monica ist eine wirkliche Künstlerin. Ihre Zeichnung stellt die Natur als Familie dar.

Monica, NTE im Alter von einem Jahr,
fertigte diese Zeichnung von der Natur als Familie an

Renée (Fall 89) war eine Frühgeburt und hatte ein paar Jahre später in der Wohnung ihrer Babysitterin eine Nahtoderfahrung. Sie sagt: »Kleine Kinder, die behaupten, imaginäre Freunde zu haben, sehen tatsächlich reale Menschen. Das Tor zwischen der prämortalen oder Geisterwelt und diesem Reich auf Erden ist noch nicht vollständig geschlossen. Irgendwann schließt sich dieses Tor oder dieser Schleier für die meisten Menschen. Allerdings gibt es Wesen, für die sich dieses Tor nie vollständig schließt, und sie sind mit besonderen spirituellen oder paranormalen Gaben gesegnet, um das Leben anderer zu beglücken.« In ihrer Zeichnung hat sie festgehalten, wo sie vor ihrer Geburt gelebt hat.

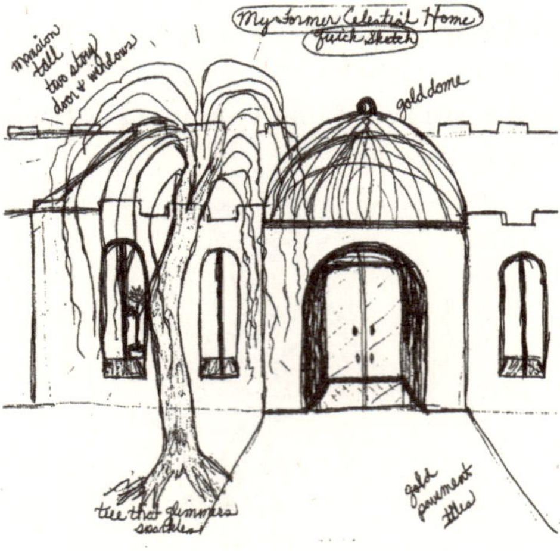

Renée, NTE als Kleinkind,
Erinnerung an ihre Wohnstätte vor ihrer Geburt

Bevor es weitergeht, muss die Frage nach den »Außerirdischen« in Bezug darauf angesprochen werden, was ich durch frühere Untersuchungen herausgefunden habe und was ich jetzt weiß.

Von den 277 Person in meiner früheren Studie behaupteten 9 Prozent, von einem anderen Planeten abzustammen. 14 Prozent sagten, sie seien von einem Ufo (Raumschiff) entführt worden, und 39 Prozent gaben an, aus einer anderen Dimension zu kommen. Lassen Sie mich klarstellen, was es mit den 39 Prozent auf sich hat. Keines dieser Kinder identifizierte sich damit, menschlich oder sonst wie zu sein, frühere Leben gehabt zu haben oder zu irgendeiner spirituellen Abstammungslinie oder Seelengruppe zu gehören. *Keines von ihnen.* Sie identifizierten sich stattdessen damit, Teil des Universums selbst zu sein, vielleicht ein Asteroid oder eine stehende Welle oder ein Krater oder irgendein Planet oder ein Gasschlot. Für sie bedeutete die Aussage, von der Venus zu stammen, einfach, dass sie einst Teil jenes Planeten waren. Ihre Wahrheit? Jedes Stück und Teil hat ein Bewusstsein; alles hat einen Willen, eine Intelligenz und ein Ziel.

Diese Kinder behaupteten, die Erde habe um Hilfe gerufen mit einem SOS-Signal, dass ihre Umwelt, ihre eigentliche Existenz, jetzt in Gefahr sei. Ihre Mission, der Grund, warum sie gekommen und in menschlichen Körpern geboren worden seien, bestünde darin, der Erde zu helfen. Als ihr Zuhause benannten Sie den »leuchtenden Lebensstrom«. Höhere Ebenen von Spiritualität und Wahrheit waren ihnen wichtiger als Eltern oder Familie. Ökologische Nachhaltigkeit – die »grüne« Bewegung – war ihr Ziel. Besonderheiten? Sie sagten, sie seien »für die Veränderungen« hier. Zeitrahmen? Wenn sie alt genug geworden waren, ältere Kinder zu haben und/oder in den Ruhestand zu treten. Als ich das Alter überprüfte, in dem sie waren, als ich Befragungen mit ihnen durchführte, und es mit dem von ihnen angegebenen Alter verglich, stellte ich fest, dass der Zeitrahmen, vor dem alle warnten, weil die Erde dann in eine furchtbare Belastung geriet, zwischen 2020 und 2029 lag.[34]

Und der aktuelle Trupp aus 120 Befragten? Zwei gaben an, von Außerirdischen entführt und für eine Reise zu anderen Planeten in ein Raumschiff gebracht worden zu sein.[35] Doch

44 Prozent hatten das Gefühl, aus einer anderen Welt oder einer anderen Dimension gekommen zu sein, weil sie mit Sicherheit nicht in diese passten.

Erlauben Sie mir einen Hinweis: Wenn jemand das Gefühl hat, fremd zu sein und nie dazuzupassen, bedeutet das nicht, dass er nicht von dieser Welt stammt. Es kann bedeuten, dass er oder sie ein typischer Vertreter eines Menschen ist, der eine Nahtoderfahrung bei der Geburt oder als Kleinst- oder Kleinkind gemacht hat. Keines dieser Kinder wuchs mit dem Gefühl auf, »normal« zu sein.

Unter der Rubrik »seltsam« erzählten mehrere von denen, die als Kinder eine NTE hatten, dass sie nach ihrer NTE schweben konnten, als wäre das eine absolut normale Sache für sie gewesen. Die Fähigkeit schwand, sobald sich das Kind der Pubertät näherte. Eine der Personen, die vom Schweben berichteten, ist *Janet (Fall 15).* In ihrer hier abgebildeten Zeichnung zeigt sie, wie sie im Alter von sieben Jahren über ihrem Bett schwebte.

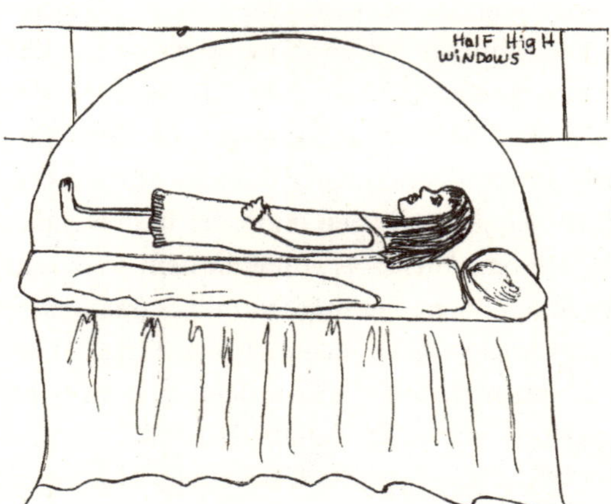

Janet, die über dem Bett schwebt

Während der vierzig Jahre meiner Nahtodforschung war ich wieder und wieder über die Häufigkeit verdutzt, mit der ich Kindern begegnete, die erzählten, sie hätten unter Wasser atmen können. Darum sind sie nie zum Luftholen aufgetaucht. Ob sie auf dem Boden von Pools oder Seen oder Flüssen waren – kein Problem, sie gingen einfach weiter. Vielleicht haben sie kein Bedürfnis gefühlt, Luft zu holen, aber ihr Körper hat das mit Sicherheit. Daher sind viele Nahtoderfahrungen mit dem Ertrinken verbunden. Ich habe dasselbe Merkmal bei anderen Kindern festgestellt, sogar bei meinem eigenen Sohn. Er geriet unter Wasser nie in Panik, als er klein war. Wir schon. Wir nahmen schließlich an, dass er ein halber Fisch sein musste. Das ist er übrigens noch immer.

Ich versuche nicht, hier besonders schlau zu sein, aber ich glaube, dass es einen Zusammenhang zwischen Kindern, die eine Nahtoderfahrung gemacht haben und die kein oder nur ein geringes Bedürfnis zeigen, unter Wasser Luft zu holen, und Erwachsenen gibt, die ein ähnliches Phänomen nach ihrer Nahtoderfahrung im Alltagsleben aufweisen – es strömt keine Luft in oder aus ihrer Nase, und ihre Lungen arbeiten nicht, aber es geht ihnen gut. Sie vermissen die Luft noch nicht einmal.

Ich war eine von ihnen nach meinen eigenen drei Nahtoderfahrungen im Jahre 1977. Bei einer Gelegenheit beobachtete ich in solch einem Zustand die Autouhr, während ich im dichten Verkehr den Vista Boulevard zum Kapitol in Boise, Idaho, entlangfuhr (ja, ich wurde in Idaho geboren und lebe jetzt in Virginia) und dann von der State Street hinunter zum Floating Feather Airport. Ich war die ganze Zeit hellwach und bei vollem Bewusstsein. Ich begann mich jedoch zu fragen, ob meine Lungen nicht vielleicht in das, was ich tat, einbezogen werden sollten. Nach etwa acht Minuten fuhr ich daher an den Straßenrand. Ich stellte mein Auto ab und begann zu beten und zu visualisieren, dass sich meine Lungenflügel wieder senkten und hoben und das auch weiterhin taten. Diese Probleme, die ich mit der Lunge und der Luft hatte, dauerten ein Jahr lang an. Schließlich schaltete meine Lunge um und funktionierte von da an wieder dauerhaft.

Dies betraf erst einmal nur mich. Aber unzählig vielen Menschen mit einer NTE geht es genauso. Nein, wir haben nicht irgendeine »heilige Belohnung« erhalten, weil wir gestorben und dann wieder zurückgekommen sind, noch wurden Kinder als spezifische Engel »gekennzeichnet«. Ich musste für jenen Zustand des »Nichtatmens« bei voll einsatzbereiter Lungen- und Gehirnfunktion 2017 von einer Leiter fallen. Mein Nervus vagus übernahm das Kommando.

Falls Sie noch nie von diesem Nerv gehört haben, sollten Sie wissen, dass er all unsere wichtigen Organe miteinander verbindet und in Extremsituationen unser Überleben sicherstellt, indem er dafür sorgt, dass Blut aus unseren Extremitäten abgezogen und um das Herz herum angesammelt wird, weil es das Gehirn mit dem benötigten Sauerstoff versorgt. Wenn ich sage, dass mein Nervus vagus das Kommando übernahm, dann meine ich das auch so. Sie können sich nicht gegen den Vagusnerv wehren. Er steuert Dinge … Sie … und Sie atmen selbst dann, wenn Ihre Lungen ausgeschaltet sind und Sie das Gefühl haben, dass sich Ihre Nase in den Urlaub verabschiedet hat.

Angesichts dessen, was ich aus Tausenden von Fällen weiß, meinen eigenen eingeschlossen, bin ich nun der Überzeugung, dass der Vagusnerv den Laden am Laufen hält, wenn Kinder unter Wasser nicht atmen und wenn viele Erwachsene mit einer NTE in der Lage sind, ohne Lungenatmung unvermindert weiter zu funktionieren – als wäre nichts Seltsames dabei.

Bedenken Sie auch dies: Kaum je hat irgendjemand irgendeines Alters, der oder die eine Nahtoderfahrung gemacht hat, die legendäre Silberschnur gesehen, die unterschiedlichen Religionen und spirituellen Traditionen zufolge unsere Seele mit unserem Körper verbindet. Doch wie zerfetzt der Körper eines Menschen mit einer NTE auch gewesen sein mag oder wie lange er kein Lebenszeichen von sich gegeben hat – kaum je erwähnt einer so etwas wie eine verbindende Schnur. Warum? Ich wette, das ist so, weil die silberne Schnur nie zerrissen ist. Der Vagusnerv würde es nicht zulassen. Weshalb? Vielleicht weil wir hier auf dem Planeten Erde noch einiges zu tun haben und dazu in dem Körper sein müssen, den wir haben, und das uns gegebene Leben leben müssen. Wenn ich mit dieser Vermutung recht habe, dann bedeutet dies, dass der Nervus vagus die physische Komponente der Silberschnur ist.[36]

Was geschieht danach sonst noch? Das erfahren Sie im nächsten Kapitel.

8

Danach

Ich habe meinem jüngeren Bruder davon erzählt,
woran ich mich erinnerte, und er hat es meiner Mom erzählt.
Sie wurde böse und sagte:
»Er soll sich nicht an solche Sachen erinnern!«

Warren (Fall 51)

Es folgt nun eine Auswahl an Äußerungen von Menschen, die eine Nahtoderfahrung gemacht haben.

Penelope (Fall 87). »Jedes Mal, wenn ich spürte, dass Menschen von Egoismus und Bosheit angetrieben waren, hat mich das aufgewühlt und zum Weinen gebracht. Es gab Fernsehshows, die ich mir nicht ansehen konnte, weil sie mich zu sehr mitnahmen.«

Heidi (Fall 67). »Ich kann Unfälle sehen, bevor sie geschehen. Ich trauere sogar über den Tod einer Fliege oder einer Motte oder einer Maus.«

Joshua (Fall 69). »Mein Gehirn ist jetzt wie ein Schwamm. Ich spreche immer von meinem Herzen aus. Die Antworten liegen innen.«

Marianthi (Fall 53). »Ich habe die Unterhaltungen der Erwachsenen verstanden, bevor ich zu sprechen gelernt habe. Ich konnte absichtlich lange Zeiten unter Wasser bleiben, war eine erstklassige Schwimmerin.«

Sherryjane (Fall 58). »Als Kleinkind konnte ich bei jedem Auto auf der Straße die Marke und das Modell nennen; ich wurde in eine Schule für Begabte gebracht.«

David (Fall 61). »Erinnerungen an ›anderswo‹ haben mich mein Leben lang verfolgt. Ich habe wieder und wieder Bilder von meiner Geburt gezeichnet.«

Carol (Fall 45). »Als kleines Kind konnte ich Lichter an- und ausgehen lassen. Gegenstände bewegten sich einfach deshalb, weil ich mir das so dachte.«

Deborah W. (Fall 48). »Ich musste über mein ›unsichtbares Leben‹ schweigen. Habe zwei Leben entwickelt: ein intellektuelles mit meiner Familie, das andere intuitiv mit Engeln. Parallele Realitäten, parallele Welten. Das hilft mir, anderen zu helfen.«

Marianne (Fall 111). »Ich habe eine lange Zeit damit verbracht, vor dem Spiegel in meinem Zimmer zu stehen, einfach um zu sehen, ob ich existierte.«

James (Fall 99). »Als ich älter wurde, hatte ich Probleme, das Konzept der Gottesverehrung zu verstehen. Wer oder was ist Gott? Ich entwickelte eine Vorstellung vom Teufel. Im Alter von fünf Jahren bildete ich mir ein, im Badezimmer einen Kampf mit dem Teufel zu haben. Ich gewann den Kampf, indem ich ihn in der Toilette hinunterspülte.«

Jan (Fall 7). »Ich hatte das Gefühl, anders als die meisten Menschen zu sein. Im Laufe der Zeit habe ich erkannt, wie anders ich bin. Ich sehe, fühle und erinnere Dinge, die die meisten Menschen nicht wahrnehmen.«

Audy (Fall 39). »Ich bekomme dieses Feuer in meinem Bauch, und mein Körper zittert intensiv wie von Adrenalin, und ich fühle mich so leidenschaftlich, dass es in jeder Zelle läutet, und ich bin überrascht über die Wörter, die aus meinem Mund kommen. Ich wusste nicht, dass ich so viel Wissen besitzen könnte.«

Damon (Fall 112). »Während meines gesamten Lebens habe ich mich erwachsen gefühlt, weit über ein Kindsein hinaus. Ich fühlte mich mehr wie ein Erwachsener in dem Körper eines Kindes. Ich habe mich nicht mit meinen Eltern oder Brüdern verbunden gefühlt. Ich habe mich nach etwas Unbeschreiblichem in der Ferne gesehnt. Ich habe mich verlassen gefühlt, wollte ›da draußen‹ sein. Ich habe mich auch nicht mit anderen Kindern verbunden gefühlt.«

Janee (Fall 113). »Nichts war wichtig, sondern *alles* war wichtig. Seelenqual. Ich habe mich gefühlt, als sei ich aus dem Himmel hinausgeworfen worden, und dann war eine riesige, dicke, dichte Wand zwischen mir und meinem wahren Zuhause und Gott gebaut worden. Ich war für eine lange Zeit unglaublich wütend auf Gott.«

In meiner Untersuchung komme ich zu erstaunlichen Prozentzahlen: Nahezu alle der 120 Beteiligten weisen starke intuitive Fähigkeiten auf (inneres Wissen, inneres Erfassen, innere Wahrnehmung), die meisten auch übersinnliche (in Übereinstimmung mit Geschehnissen in der Außenwelt). Ganze 90 Prozent verloren ihre Verbundenheit mit ihren Eltern oder bauten nie eine auf. Drei Viertel von ihnen verbanden sich stattdessen mit Lichtgestalten auf der anderen Seite wie Geistern oder Engelwesen.

Zu Empathen wurden 84 Prozent. Davon entwickelten 75 Prozent tiefe, starke Gefühle. Hochintelligent, viele bis zur Genialität, waren 75 Prozent. Suizidneigungen hatten 74 Prozent. Lebhafte Träume, oft prophetische, hatten 70 Prozent. 67 Prozent konnten nicht gut schlafen oder litten unter Schlafstörungen. In schwierigen familiären Situationen lebten 62 Prozent. Außerkörperliche Erfahrungen waren für 62 Prozent normal. Die Zukunft sehen und auch Erinnerungen an Zukünftiges haben (das heißt die Zukunft vorerleben, bevor sie eintritt) konnten 61 Prozent.

Zahlen wie diese sind sowohl aufregend als auch beunruhigend. Wie sollen wir so etwas verstehen? Ich werde erst auf einige der gerade aufgezeigten auffälligen Aspekte eingehen und im Verlauf dieses Kapitels dann die größere Bandbreite der Nachwirkungen sowie die Auswirkungen, die sie – lebenslang – haben, beschreiben.

Intuitive/übersinnliche Fähigkeiten

Man muss es zugeben: Dies ist ein gewichtiges Thema. Und es ist fast so, als müssten wir alle »Geistbegabungen« als Teil unseres Aufbaus als menschliche Wesen, als Teil unserer DNA, besitzen, denn sonst könnten diese Prozentsätze einfach nicht so hoch sein. Tatsache ist: *Das Paranormale ist für Kinder normal.* Das gilt für alle Kinder. Bei denjenigen, deren Entwicklung einschneidend gestört wurde durch eine gesundheitliche Krise, einen Unfall, eine vorgeburtliche Notlage, eine Frühgeburt,

Missbrauch, das Phänomen des »verlorenen Zwillings« oder eine Fülle von Beeinträchtigungen, die im Mutterleib, bei der Geburt oder bei Kleinst- oder Kleinkindern auftreten können und tatsächlich auch auftreten, besteht in neun von zehn Fällen die Wahrscheinlichkeit, dass sie entweder eine Nahtoderfahrung oder ein nahtodähnliches Erlebnis (mit ähnlicher Bedrohung und Folgewirkung) gemacht haben. Und sie beginnen fast sofort, Geister zu sehen – überall – oder tote Großeltern, die kommen, um ihnen beizuspringen, oder ein gestorbenes Haustier, das ihnen die Nase ableckt.

Sie hören, sehen, wissen, fühlen und riechen Dinge, die eigentlich niemand wahrnehmen können sollte. Im Rahmen meiner ersten Studie hat sich das bei Kindern und bei rund zwei Dritteln der Erwachsenen mit einer NTE bewahrheitet. Verlassen Sie sich darauf: Das Seltsame wird sich irgendwie einmischen, wenn das Leben in Gefahr ist. Was mich jedoch dabei beeindruckt, ist der Umstand, dass, sobald diese »Tür« aufgestoßen wurde, die Wahrscheinlichkeit ziemlich groß ist, dass solche »besonderen Geschenke« zu lebenslangen Zugaben werden.

Nancy (Fall 4). »Ich erinnere mich daran, dass ich mich auf die Geräusche konzentriert habe – das Geräusch, das meine Mutter beim Fegen der Veranda erzeugte, das Geräusch meiner Schritte auf der Straße, wenn ich kleine Steine unter meinen Schuhen zerdrückte. Ich erinnere mich an das Geräusch der im Garten meines Nachbarn um meinen Kopf flatternden Schmetterlinge, das Einstecken des Rollerskateschlüssels in meine Rollerskates, das Schaben der Kreide, wenn ich das Himmel-und-Hölle-Muster auf das Pflaster der Gasse zeichnete, in der wir wohnten. Geräusche waren für mich sehr aussagekräftig. Ich fragte meine Freunde, ob sie derartige Geräusche hören konnten, was sie jedes Mal verneinten.«

Vicky (Fall 24). »Ich erinnere mich, dass ich, während ich heranwuchs, fühlte und glaubte und mich fragte, warum ich mein Leben zweimal leben musste, einmal in meinem Geist und dann nochmals in meinem Körper. Die Art, wie ich die Zeit beim ersten Mal während solch einer Erfahrung erlebte, war viel natürlicher und angenehmer; aber als ich es das zweite Mal erlebte, war die Zeit viel langsamer – schleppend. Es vermittelte mir das Gefühl, dass das Leben in einem Körper, das Leben im Physischen, sehr langweilig war – denn ich wusste ja bereits, was geschehen würde.«

Emmy (Fall 16). »Ich begriff, dass vielleicht nicht jeder Mensch ein paarmal die Woche von seiner toten Mom träumt und ich verstand nun auch, warum die Toten so gern durch mein Schlafzimmer gehen und mich um 3.50 oder 4.50 Uhr in der Nacht aufwecken.«

Einige Kinder mit Nahtoderfahrung werden anschließend zu professionellen Hellsehern. Ihr Fall gehört zwar nicht zu diesem Projekt, aber das, was Lisa Campion widerfuhr, liefert uns ein Beispiel dafür, was geschehen kann und manchmal auch geschieht. Sie erzählte Folgendes: »Meine Nahtoderfahrung schließt meinen verlorenen Zwilling mit ein. Er ist im Uterus gestorben, vermutlich nach etwa zwölf Wochen. Ich kann sehen, wie sich ein schwarzer Strudel in dem rosafarbenen und roten Licht des Mutterleibs öffnet. Ich nehme diesen schwarzen Strudel als kaltes, dunkles, schwarzes Loch wahr, das sich öffnet, und mein Bruder wird hineingesogen. Ich werde allein und beraubt zurückgelassen. Dort ist eine Schnur wie die Nabelschnur, die uns noch immer verbindet. Ich kann durch diese Schnur mit ihm sprechen, als würde ich über eine weite Entfernung mit jemandem telefonieren.

Aufgrund dieser Sache wurde ich mit medialen Fähigkeiten geboren. Ich konnte Geister, Engel, Tote sehen, und ich hatte meinen ›imaginären Freund‹, meinen Bruder William, als ständigen Begleiter. Ich glaube, dass er sich freiwillig angeboten hatte, mit mir zu kommen, aber nicht zu bleiben. Ich erinnere mich an ein Gespräch vor seinem Ableben. Er teilte mir mit, dass er mit mir hereingekommen sei, um mir für kurze Zeit Gesellschaft zu leisten, und dass mir sein Dahinscheiden die Gaben geben würde, die ich benötigte, um meine Lebensaufgabe restlos zu erfüllen.«[37]

Lisa wurde zum Profi. Die große Mehrheit der Menschen mit einer NTE in der Kindheit wird das nie. Stattdessen werden solche Fähigkeiten normalerweise als gleichwertig mit jeder anderen Fähigkeit betrachtet, kaum als paranormal oder irgendetwas, das als »gespenstisch« gewertet werden könnte. Das Außergewöhnliche wird zum Gewöhnlichen.

Manche kämpfen mit diesen Fähigkeiten und verleugnen ihr Vorhandensein, bis sie sie nicht mehr abstreiten können. Schließlich werden solche Zusatzgaben akzeptiert. Warum? Wegen der Ergebnisse. Sie treffen meist ins Schwarze. Weil diese Fähigkeiten mit dem Geburtsereignis oder der natürlichen Entwicklung von Kindern verbunden werden können, die lernen, was funktioniert und was nicht, ist die Vorstellung, es handele sich hier um etwas »Besonderes«, sinnlos. Es gibt Ordensgemeinschaften, heilige Bücher oder Geistliche, die Kindern mit einer NTE Angst einzuflößen suchen, und manchmal drohen ihnen auch ihre Eltern. Doch diese können sich nur dann mit ihrer Vorstellung von »Wahrheit« durchsetzen, wenn reale Fakten über Nahtod-Zustände zurückgehalten werden.

Kurse, Sommercamps und ein breites Spektrum an Büchern, CDs und DVDs können solche Situationen stärker verändern als alle Horrorgeschichten von verärgerten Eltern oder besorgten Geistlichen.[38] Bedenken Sie, dass beispielsweise die meisten katholischen Heiligen als kleine Kinder Nahtoderfahrungen hatten. Überprüfen Sie historische Aufzeichnungen. Entdecken Sie selbst, wie viele der »Großen« dieser Welt gleiche oder ähnliche Geschichten und Muster aufweisen. Weiter unten werde ich noch ausführlicher hierauf eingehen.

Der Verlust der Bindung an die Eltern

Dieses außerordentlich wichtige Problem verursacht mehr Kummer und Missverständnisse innerhalb der Familie als jede andere Nachwirkung. Meine Untersuchungsergebnisse sowohl über die 277 Probanden der ersten als auch über die 120 Probanden der zweiten Studie zeigen, dass Menschen, die sich an ihre Geburt erinnern, und Kinder, die bis zu einem Alter von drei oder vier, vielleicht auch fünf Jahren eine Nahtoderfahrung machen, danach tendenziell den Großteil ihrer Bindung oder auch ihre gesamte Bindung an ihre Eltern verlieren. Statt an Mom und Dad binden sie sich an irgendeines der unterschiedlichen Wesen der Liebe und des Lichts, die auf der anderen Seite des Todesvorhangs existieren. Ja, die Liebe zu ihren Eltern kann noch immer da sein und tief sein, aber sie ist nicht mehr vorrangig. Geschwister können wie Fremde erscheinen und der Familienverband wie ein Witz.

Es ist keineswegs ungewöhnlich für kleine Kinder, dass sie oben und unten, in Wandschränken und Kämmerchen, unter den Betten und in den Räumen anderer Leute, falls die Familie dort zu Besuch ist, alles absuchen und beharrlich »den Leuchtenden« oder »den Leuten« von den anderen Welten hinterherjagen, die sie zurückgelassen haben. (Es sei wiederholt darauf hingewiesen, dass ein kleines Kind von sich aus nicht den Begriff »Engel«

verwendet, sofern es nicht zuvor damit in Berührung gekommen ist.) Dieser »Suchmodus« kann sich derart steigern, dass Kinder mit einer NTE sich selbst an allem die Schuld geben und glauben, sie hätten die besonderen Wesen irgendwie dazu gebracht zu verschwinden. Kinder denken so. Sobald sie jedoch erwachsen geworden sind, neigen sie dazu, zurückzublicken und die Dinge ein wenig anders zu sehen. Sie tendieren dazu, sich als einfach nicht dazugehörig zu betrachten, und räumen schließlich ein, dass der Grund, warum sie nie zu ihrer Familie gepasst haben, darin liegt, dass sie gar nicht in der Lage waren, zu ihr zu passen.

Penelope (Fall 87). »Ich raffte meine paar Kleidungsstücke zusammen und legte sie in einen kleinen Koffer. Ich machte mein Bett mit militärischer Präzision. Ich machte mich selbst zurecht. Ich war überzeugt davon, dass die Dinge sehr präzise zu sein hatten. Ich musste einen Klapptisch ans Ende meines Bettes stellen. Ich musste irgendein Tuch holen, um ihn damit abzudecken. Ich benötigte sehr spezielle Gegenstände zum Draufstellen. Ich ging nach unten und holte einige Gegenstände aus Silber, die meine Mutter hatte – ein Silbertablett, eine Vase, ein Paar Salz- und Pfefferstreuer. Ich sammelte ein, was ich konnte. Ich fühlte, dass ich fertig und bereit war.

Das Licht draußen schwand. Ich saß auf der Kante meines Bettes, Schuhe und Mantel an, und wartete darauf, dass die Leute kamen. Ich wartete, dass sie kamen und mich holten. Ich hatte versucht zu erklären, was geschehen war, als ich starb, wie wunderschön es war und wie sehr ich geliebt werde und dass die Leute kommen und mich holen würden und dass das der Grund ist, warum ich gepackt habe und bereit war zu gehen. Niemand glaubte mir. Sie würden kommen – aber sie kamen nie.

Ich versuchte dies erneut in der anglikanischen Kirche. Ich wartete gespannt darauf, was hier geschehen würde. Sie würden kommen und mich wegbringen. Die Leute kicherten. Ich rannte zur Tür hinaus in das Licht und die Wärme der Sonne und erwartete, dass sie dort waren. Sie waren nicht da. Ich brach in Tränen aus. Ich versuchte es wieder und wieder. Die Leute kamen nie.«

Dorothy (Fall 83). »Ich hatte es derart eilig, geboren zu werden, dass ich bei den falschen Leuten landete. Ich wurde Erwachsenen gegenüber argwöhnisch und misstrauisch. Ich wehrte mich gegen meine Eltern und gegen mein Leben.«

Lori (Fall 81). »Ich zog meine Eltern heran, beriet sie, wenn sie ein Problem hatten. Mit fünf stand ich in der Kirche auf den Bänken, hob die Arme und wurde während der Choräle von Weinanfällen übermannt. Rollentausch. Ich war in der Elternrolle.«

Ford (Fall 30). »Ich wurde zum Außenseiter der Familie, zum schwarzen Schaf unter meinen zwei älteren Schwestern und einem jüngeren Bruder. – Das wurde zum zentralen Thema meines Lebens. Ich begann, Fragen nach Gott zu stellen, was auf Überraschung und Gelächter stieß. Ich war froh, in Ruhe gelassen zu werden.«

Die Sache mit dem Rollentausch, bei dem Kinder mit einer NTE ihre Eltern erziehen, geschieht häufiger, als man das vielleicht annehmen mag. Wahrscheinlich weil sie durch ihre Erfahrung wirklich mehr wissen und ziemlich unabhängig geworden sind. Wenn Eltern einfach zuhörten, ohne zu richten; wenn sie ihre Kinder ermunterten, zu erzählen und ihre Erfahrungen zu beschreiben, könnten viel Leid und Verwirrung vermieden oder gelindert werden.

Jeder Empath wird missverstanden – ob in der Familie, in der Schule oder im Freundeskreis, überall. Bei Menschen mit einer NTE kann sich das verdoppeln: doppelt missverstanden. Diese Kinder fühlen alles – jede Emotion, jede Resonanz, jede Aktion und Reaktion. Partys und Zusammenkünfte, selbst ausgelassene Ferienfreuden können sie flüchten lassen, wenn nicht in ihr Schlafzimmer, dann draußen irgendwohin, wo sie verschwinden oder untertauchen können. Tiere als Freunde bieten Sicherheit, weil die meisten von ihnen Stimmungen auffangen und Kinder »verstehen«, die das ebenfalls tun.

Es ist nicht so, dass solche Kinder andere nicht mögen oder dass ihnen besondere Veranstaltungen oder Partys oder Abenteuer nicht gefielen. Vielmehr können die Stimmungen anderer, die sich verändernde Körpersprache und die Kakofonien lauter Stimmen sie entweder über das normale Maß hinaus ängstigen oder sie sogar physisch krank machen.

Zwar kann auch ein durchschnittliches Kind auf diese Weise in Mitleidenschaft gezogen werden. Aber es erholt sich dann schnell wieder, indem es den Unterschied zwischen »in Ordnung« und »nicht in Ordnung« erkennt. Doch für empathische Kinder mit einer NTE wird »Duck dich, und such Deckung« zur täglichen Sicherheitsroutine. Sie sind nicht imstande auszumachen, ob Grund zur Sorge besteht oder nicht. Denken Sie daran, wenn Sie das nächste Mal Ihre Lieblingsfernsehsendung sehen. Vielleicht kann das Kind an Ihrer Seite, wenn es eine NTE hatte, damit umgehen, vielleicht aber auch nicht. Bedenken Sie auch, dass ihre sofortige innere Beziehung zu Tieren und der Natur sowie zu jenen, die Schmerzen haben oder traurig sind, erstaunlich ist.

Nancy (Fall 4). »Alle waren eifrig mit dem beschäftigt, was man bei einem Picknick so macht, aber ich fühlte mich die ganze Zeit zu dem Rehkitz hingezogen. Wie schön es war! Ich begann zunächst, bedächtig zu ihm zu sprechen, sodass ich es nicht erschreckte, als ich mich ihm näherte. Es zeigte keine Angst. Ich setzte mich unter einer großen Eiche auf das Moos und redete leise weiter. Das Kitz kam stracks zu mir und ließ sich zu meiner Überraschung neben mir nieder und legte seinen Kopf auf meine Knie. Kein Scherz!«

Georgina (Fall 116). »Es gibt Positives und Negatives. Die Art, wie ich Dinge erklären kann; dass es eine Auszeichnung ist, am Leben zu sein; die explodierende spirituelle Liebe. Nein, auch wenn ich meinen Körper mühsam akzeptiert habe, bereue ich es nicht [Frühgeburt, dann Sauerstoffmangel, während sie in einen Brutkasten geschnallt wurde, Entwicklung einer Cerebralparese].

Es ist sehr kompliziert für mich, anderen gegenüber das Gefühl der Frustration und des Missverstandenwerdens zum Ausdruck zu bringen. Ich wusste bereits, dass mein Leben auf vielerlei Weise interessant und herausfordernd werden würde, und ich wusste auch, welchen Weg ich gehen würde.

Ich verstehe Tiere. Harvey, mein Hamster, ist an Krebs gestorben. Als ich eines Tages nach Hause kam, kroch er hoch und küsste mich, lief zu meinen angewinkelten Armen, kuschelte sich in meine Armbeuge, und ich streichelte sein Fell und versicherte ihm, dass er in den Haustierhimmel kommen würde. Ich tröste Tiere am Ende ihres Lebens. Es vergingen nicht viele Minuten, und Harvey starb.

Ich bin mit der Gabe gesegnet zu verstehen, wie Tiere reagieren und ihre Dankbarkeit zeigen. Sie kuscheln sich an mich und sterben friedlich.«

Cindy (Fall 60). »Meine Mutter hat mich immer als ›merkwürdiges Kind‹ bezeichnet, als ›unkonventionell und empfindsam‹ ... Ich habe mein ganzes Leben lang unter depressiven Schüben gelitten. Ich habe Briefe aus meiner Teenagerzeit gefunden, in denen ich mich bei meiner Mutter dafür entschuldige, dass ich traurig bin. Ich wollte nicht leben, hatte aber panische Angst vor dem Tod. Fühlte mich ›zwischen den Welten gefangen‹. Fragte mich, warum ich so viel dachte und fühlte ... Wusste zu der Zeit nicht, was Empathen sind.«

»Der Körper eines Empathen ist ... porös, daher nehmen wir die positiven und negativen Energien aus unserem Umfeld in unsere Muskeln, unser Gewebe und unsere Organe auf ... Im Positiven können wir Lebendigkeit, Glück und Wohlbefinden anderer in uns selbst spüren ... Allerdings können wir auch deren Beschwerden, Stress und negative Gefühle spüren ... Wenn man als Empath überleben will, ist es entscheidend wichtig, dass man lernt, Gefühle und Schmerzen anderer nicht mehr zu absorbieren ...«[39] Weise Worte von Judith Orloff, einer Psychiaterin und Empathin. Ihr Buch *Wenn dir alles unter die Haut geht*, aus dem dieses Zitat stammt, ist eine sehr geeignete Quelle, um zu erfahren, wo man – ob als Kind oder Erwachsener – anfangen muss, wenn man jemand mit dieser Sensibilität ist, und wie man verstehen kann, warum andere auf Empathen so reagieren, wie sie es tun.

Hochintelligent

Seien Sie auf weitere Zahlen gefasst, ich komme nicht darum herum. Lassen Sie uns mit der ersten, 277 Befragte umfassenden Gruppe anfangen. Ich habe mich bei ihnen mit Besonderheiten auseinandergesetzt wie Intelligenz, Lernvermögen, Schulzeugnissen, weil Akten und Schulzeugnisse leichter als andere Informationsquellen zugänglich waren. Außerdem habe ich mich möglichst ausführlich mit den Eltern unterhalten. Die aktuelle Gruppe von 120 Personen unterscheidet sich dadurch von ihnen, dass es sich bei ihnen um Erwachsene handelt, die auf ein Leben zurückblicken, das im Überprüfen von Ursache und Wirkung gelebt wurde. Sie werden möglicherweise überrascht sein, was sie über sich selbst entdeckt haben. Doch eins nach dem anderen. Hier eine Aufstellung:

- Der Verstand funktioniert anders als vorher: 84 Prozent.
- Wesentliche Steigerung des Intellekts: 68 Prozent.
- Von der Geburt bis zum fünfzehnten Lebensjahr bei den Probanden durch Tests festgestellter Intelligenzquotient von 150 bis 160: 48 Prozent.
- Untergruppe der unter Sechsjährigen mit einem IQ von 150 bis 160: 81 Prozent.

Der IQ der Probanden beginnt in der Zeit von der Geburt bis zum fünfzehnten Monat mit 180 – vor allem bei denjenigen, bei denen eine NTE mit dunklem Licht verbunden war; fast bei allen wurde der gleiche oder ein höherer IQ festgestellt, sobald sie alt genug waren, um getestet zu werden (die Angaben zur Schule sind allerdings unvollständig, weil 43 Prozent der Befragten angaben, Erinnerungen an die Schule verdrängt zu haben oder sich einfach nicht mehr erinnern zu können):

- Hingezogensein zur Mathematik, Wissenschaft, Geschichte und kompetent darin: 93 Prozent.
- Spätere Berufstätigkeit in Mathematik, Wissenschaft, Geschichte: 25 Prozent.

- ★ Schule leichter nach NTE: 34 Prozent.
- ★ Schule schwerer nach NTE: 23 Prozent.
- ★ Ablehnung von Schuldisziplin: 30 Prozent.

Auffälligerweise ist der Anstieg beim Intelligenzquotienten umso größer, je jünger das betroffene Kind ist, sobald es solche Tests machen kann, vor allem wenn es eine NTE mit dunklem oder schwarzem Licht hatte. Nur vier Kinder wiesen genetische Merkmale auf, die solch einen sprunghaften Anstieg möglicherweise erklären könnten. Bei keinem der anderen war das der Fall. Beachtenswert war auch, wie es für sie im Klassenzimmer und mit den Lehrern gewesen ist. Leicht? Nur für einige von ihnen.

Höchst überraschend für mich war jedoch diese Beobachtung: Nach ihrer Nahtoderfahrung zeigte die Lernfähigkeit der Kinder in den meisten Fällen die Tendenz, sich umzukehren. Statt weiter die normale entwicklungsgemäße Lernkurve aufzuweisen – vom konkreten Lernen (Details) zum abstrakten Lernen (Konzepte) –, kehrten sie ins Leben zurück, als seien Sie in umfassende konzeptionelle Argumentationsweisen versunken und müssten die konkrete Methode wieder von Anfang an erlernen. Die Lernkurve hatte sich umgekehrt!

Hier ein paar Beispiele dafür, wie sich diese Umkehrung tendenziell zeigte: Die betroffenen Kleinkinder lasen oft Bücher und Zeitungen im Alter von zweieinhalb oder drei Jahren, und manche hatten kurz darauf ihren eigenen Bibliotheksausweis. (Sie erinnern sich sicher, dass die Menschen vor noch nicht allzu vielen Jahren in großem Umfang Bibliotheken nutzten und Bibliotheksausweise hatten.) Für einige Vierjährige war es nicht ungewöhnlich, das *Wall Street Journal* einer anderen Lektüre vorzuziehen. Sobald sie in die Schule kamen, machten sie oft ihre Lehrer verrückt.

Bei einem der von mir untersuchten Fälle handelte es sich um einen Jungen, der etwa in der Mitte seines ersten Schuljahrs ertrank und eine Nahtoderfahrung hatte. Als er sich davon erholt hatte und wieder in der Schule war, stellte er erstaunt fest, dass sich alle noch immer seichte Komödien ansahen und entsprechende Bücher lasen, während er sich der griechischen Mythologie zugewandt hatte. Abgestoßen davon, trat er vor seinen Lehrer und wollte wissen, warum das Buch *Robinson Crusoe* eigentlich überhaupt je geschrieben worden sei (ein Beispiel für »konzeptionelles abstraktes Denken«). So etwas, und dann von einem Erstklässler? Vergessen Sie Ihre eigene Reaktion auf ihn. Stellen Sie sich die seines Lehrers vor. Er wurde sofort aus der ersten Klasse genommen und in eine Fortgeschrittenenklasse für besondere Schüler gesteckt.

Kleinkinder und noch sehr junge Kinder, die abstrakt denken können? Im Ernst: Sie können das, und sie tun es.

Die meisten von uns lernen bis zur Hochschule zu abstrahieren. Einige lernen das früher. Können Sie sich vorstellen, wie es für solche Kinder ist, wieder in einer normalen Schule zu sein? Sie sind ganz und gar zu Tode gelangweilt! Die Mehrzahl von ihnen weiß mehr als ihre Lehrer, mehr als ihre Eltern, mehr als ihre Mitschüler. Wie gehen sie damit um? Nicht gut, wie Sie vielleicht schon vermuten.

Ich werde später noch näher auf das Thema »Schule« eingehen. Aber kehren wir jetzt noch einmal zu den von mir soeben aufgeführten Zahlen zurück und werfen einen anderen Blick auf den prozentualen Anteil derer, die sich zur Mathematik, Wissenschaft und Geschichte hingezogen fühlen und kompetent darin sind, und vergleichen wir sie mit dem Anteil derer, die später in diesen Bereichen beruflich tätig sind. Das ist trostlos. Sehen Sie den Tatsachen hier ins Auge. Wie wollen Sie einen Universitätsabschluss bekommen, wenn Ihnen nicht erlaubt wird, konzeptionelle Abstraktionen zu verstehen, sich darüber zu äußern oder welche zu entwickeln und den kreativen Impulsen und dem Wissen, das Sie haben, Ausdruck zu geben? Was geschieht mit der Begabung, mit der so viele Kinder mit einer NTE zurückkommen? Die Antwort wird Ihnen nicht gefallen. Bevor wir uns damit befassen, lassen Sie uns erst einmal den Stand der Dinge bei der zweiten Gruppe betrachten.

Von den 120 waren 75 Prozent nach einer NTE hochintelligent, viele sogar genial. Das ist etwas mehr als bei der vorigen Gruppe, doch es liegt noch im Rahmen. Das Grundmuster, das ich bei der ersten Gruppe der 277 Probanden entdeckt habe (in der obigen Liste mit den Zahlenangaben), ist auch bei der zweiten Gruppe zu finden – nur dass die zweite Gruppe ein weit größeres Spektrum an kulturellen Hintergründen, Lernmöglichkeiten und familiären Herausforderungen aufweist. Was die Intelligenz und die Art anbelangt, wie sich die mächtige Veränderung durch die Nahtoderfahrung auf das Gehirn und das Nervensystem ausgewirkt hat, so gibt es nahezu keinen nennenswerten Unterschied zwischen den beiden Gruppen. Der einzige wirkliche Unterschied besteht in der Blickrichtung – im Rückblick statt im Blick nach vorn. Dieser Unterschied in der Sichtweise zwischen den beiden Gruppen offenbart weit mehr, als es sich irgendjemand bisher hat vorstellen können, mich eingeschlossen.

Penelope (Fall 87). »Mein Vater war sehr aufgeregt, weil ich ihnen Dinge erzählte, die ich eigentlich nicht wissen konnte. Mein Vater stellte mir Fragen, um mich auf die Probe zu stellen. Auch wenn ich mich nicht an alles erinnere, weiß ich noch, dass es unter anderem Fragen über die Religion, die Reinkarnation und Buddha waren. Mein Vater brachte Bücher mit nach Hause, um das, was ich sagte, zu überprüfen. Ich erinnere mich an seine

Aufregung darüber, dass ich all das wusste. Er fühlte, dass er für ein wahres Genie verantwortlich war.

Meine Mutter war nicht sonderlich überzeugt und stellte mir ebenfalls Fragen. Ich erzählte ihr etwas über Zusammenhänge, von denen ich normalerweise auf gar keinen Fall etwas hätte wissen können. Sie war eher besorgt darüber, woher ich dies alles wusste. Ich erzählte ihnen von künftigen Ereignissen und wohin dieses Wissen führen konnte. Ich erklärte ihnen, dass die Menschen an dieser Information wirklich interessiert sein würden, aber dass ich, um es ihnen zu erzählen, ihnen sagen musste, was mit mir passiert war.

Das machte sie beide sehr bestürzt, und sie konnten nicht verstehen, warum ich diesen Teil der Geschichte erzählen musste. Ich erinnere mich, dass dies wieder und wieder erörtert wurde. Schließlich bestand meine Mutter darauf, dass alles verdrängt und geleugnet wurde. Mein Vater wäre bereit gewesen, damit fortzufahren, aber meine Mutter mochte sich nicht daran beteiligen.

Eines Tages hatten wir in meiner Klasse Arithmetik. Die Lehrerin hatte uns aufgefordert, alle geraden Zahlen von eins bis fünfzig aufzureihen. Irgendwie hatte ich missverstanden, was sie gesagt hatte, und ich begann, alle Zahlen durch zwei zu teilen. Ich ging dabei von hinten nach vorn vor und begann mit fünfzig. Als ich bei den Zwanzigern angekommen war, irritierte mich, dass manche der Zahlen einen Rest aufwiesen. Ich meldete mich, und die Lehrerin kam, um sich meine Arbeit anzusehen. Sie wirkte sehr überrascht und bat mich, ihr zu zeigen, wie ich das machte. Ich führte es an ein paar Zahlen vor, und sie schien sehr angetan davon.«

Penelope versuchte zu beschreiben, woher sie ihr Wissen um Zahlen hatte und was sie mit ihnen tat, als sie um sie und manchmal auch um ihre Schwester tanzten. Ihre Zeichnung zeigt diese

Tanzerei. Man kann problemlos spüren, wie innerhalb der unermesslichen Weiten des menschlichen Geistes aus dem Spiel numerischer Rhythmen Genauigkeit erwachsen kann.

Penelope, Zahlensynästhesie

Befassen Sie sich einmal genauer mit dieser Zeichnung. Was Sie dort sehen, ist eine Form der Synästhesie, ein multiples oder vernetztes Erfassen. Das griechische Ursprungswort dieses Begriffs bedeutet wörtlich »Mitempfinden«. Synästhesie ist eine ziemlich häufige Nachwirkung von Nahtoderfahrungen, ob der oder die Betroffene nun ein Kind, ein Teenager oder ein Erwachsener ist. Als neurologische, mit dem limbischen System (dem Sitz von Gefühlen, Erinnerungen, Sinnen und Instinkten) verbundene Verfassung des Gehirns definiert, bedeutet »Synästhesie« vereinfacht gesagt eine Kopplung zweier oder mehrerer Sinne, die Miterregung eines Sinnesorgans bei Reizung eines anderen (zum Beispiel die Wahrnehmung einer Farbe bei einem akustischen Reiz).[40]

Penelope war nicht einfach gut in Mathematik. Das limbische System in ihrem Gehirn hatte sich verändert. Sie konnte auf unterschiedlichen Ebenen aktiv werden, um ihr Ziel der Lösung mathematischer Probleme in der Schule zu erreichen. Ihre Lehrerin holte einen Experten hinzu, damit er sie darüber befragte, wie sie so hervorragende Ergebnisse erzielte. Seine Anwesenheit machte sie derart verlegen und verängstigte sie so sehr, dass sie unfähig war zu beschreiben, wie sie mit den Zahlen in ihrem Kopf tanzte, um die Antworten zu erhalten, die sie benötigte.

Etwa die Hälfte der Befragten in beiden von mir untersuchten Gruppen wiesen eine Kopplung zweier oder mehrerer Sinne auf oder erzählten, solch eine zu haben. Beispiele dafür: Man kauft eine Malerei wegen ihres Klangs; man berührt einen Tisch und fühlt, woher er kommt; man sieht alle Seiten einer Schachtel mit Frühstücksmüsli einschließlich ihres Deckels und Bodens, ohne die Schachtel zu berühren; man hört Bäume und Pflanzen sprechen, wenn man an ihnen vorbeigeht; man riecht Farben und/oder sieht Musik.

Da wir beim Thema »Kopplung« sind – es gibt eine weitere, die sich im Gehirn nach einer Nahtoderfahrung herausbilden kann, vor allem bei Kindern. Sie betrifft die Art, wie sich Mathematik und Musik nach solch einem Erlebnis zu verbinden, zu mischen oder zu verschmelzen scheint. Das Zentrum für Mathematik im Gehirn liegt dicht neben seinem Zentrum für Musik. Es sei darauf hingewiesen, dass die Mehrheit der Menschen mit einer NTE, die eine Steigerung ihrer Intelligenz erleben, zugleich die Musik plötzlich zutiefst wertschätzen und sich nach ihr sehnen. Viele lernen, ein Instrument zu spielen, etwa Geige oder Klavier. Als ich diese Verbindung entdeckte, schrieb ich Artikel nach Artikel mit dem Hinweis, dass Schulbezirke, die bessere Mathematiker und vor allem Physiker hervorbringen wollten, zugleich auch Musikunterricht anbieten müssten. Glauben Sie, dass ich irgendetwas mit diesen Artikeln erreicht habe?

Zu den Nachwirkungen gehören übrigens auch Elektrosensibilität und Zeitverschiebungen. Lesen Sie, wie *Nicole (Fall 25)* ihre Sensibilität gegenüber allem Elektrischen beschreibt. »Ich bin sehr wahrnehmungsfähig gegenüber der Energie anderer (sowohl der von verstorbenen als auch der von lebenden Wesen) und habe keine persönlichen energetischen Schranken, auch wenn ich versuche, eine energetische ›Sperre‹ aufzubauen. Ich sehe häufig Funken von blauem Licht in der Luft. Ich bin außerordentlich empfindlich gegenüber elektromagnetischen Einflüssen und bekomme ständig Schläge durch Reibungselektrizität von Gegenständen, lasse Glühbirnen durchbrennen sowie Telefonakkus und Computerspeicher sich entleeren. Ich habe extrem geschärfte Sinne, vor allem gegenüber Geräuschen, Temperatur, Licht und Gerüchen. Ich kann keine synthetischen Fasern tragen und war als Kind allergieanfällig. Ich bin ein künstlerischer Mensch und habe als Kleinkind erstaunliche Bilder von der Natur mit anspruchsvollen Details gezeichnet. Ich habe mich immer mit Tieren und der Natur verbunden gefühlt und oft versucht, mit meinen Haustieren auf übersinnliche Weise zu kommunizieren. Als ich heranwuchs, wollte ich entweder Tierärztin, Astrophysikerin oder Archäologin werden.

Ich habe immer ›gewusst‹, wie es ist zu sterben. Wie die Seele den Körper verlässt (über Brust und Kopf und dann in einem 45-Grad-Winkel aufsteigend).«

Lesen Sie nun *Patricias (Fall 52)* Schilderung von Zeitverschiebungen: »Ich habe die Zeit verschoben, solange ich zurückdenken kann. Ein merkwürdiges, aber vertrautes Gefühl übermannte mich, und die Luft um mich herum schien zu gelieren oder sich zu verdicken. Dann konnte ich mich nicht bewegen, aber ich erfuhr etwas, was – meist ein paar Minuten später – geschehen würde. Ich bekam tatsächlich Probleme, weil ich das in der zweiten oder dritten Klasse in der Schule tat. Ich verschob die Zeit und hörte, wie die Lehrerin uns aufforderte, eine bestimmte Seite in unseren Büchern aufzuschlagen. Mehrere Male sah die Lehrerin, dass ich mein Buch aufschlug, *bevor* sie etwas gesagt hatte, und befragte mich deswegen. Als ich nicht erklären konnte, wie ich das gemacht hatte, wurde ich bestraft. Danach ließen die Verschiebungen etwas nach, aber sie dauerten an.«

An dieser Stelle sei angemerkt, dass das, was Patricia als »Zeitverschiebung« bezeichnet, praktisch dasselbe ist, was ich »Phasen der Zukunftserinnerung« genannt habe. Ich habe in meinem Buch *Future Memory* über dieses Phänomen geschrieben.[41]

Vor ein paar Wochen rief mich ein Mann namens Michael an – zu spät, um in diese Studie mit aufgenommen zu werden. Er ist jetzt ein 59-jähriger Kripobeamter im Ruhestand und gehört zu jenen, die beim 9/11-Terroranschlag in New York im Einsatz waren. Er gestand, dass er sich sein Leben lang anders gefühlt, nie dazugepasst hat. Kürzlich wurde er von vorgeburtlichen Erinnerungen daran überflutet, dass er in einem anderen Raum schwebte, wo er zum Engel ausgebildet wurde, der fliegen konnte, weshalb er während seiner Geburt »hineinschießen konnte wie ein Star«. Lachen Sie, wenn Sie wollen, aber dieser Mann, ein engagierter Profi, weinte wie ein Baby. Er wurde von diesen Erinnerungen überwältigt. Nein, er war nicht auf Droge, und er hatte auch keinen Alkohol getrunken. Dieser momentane Ausbruch von Erinnerungen, die er hatte, ergab durchaus einen Sinn für ihn und erklärte ihm seine Kindheit.

Während der durchschnittliche Erwachsene sieben bis zehn Jahre braucht, um seine Nahtoderfahrung einzuordnen, benötigt ein Mensch, der als Kind eine NTE hatte, dafür im Schnitt zwanzig bis vierzig Jahre, manchmal sogar mehr. Warum so lange? Lesen Sie weiter.

9

Eine Frage der Familie

Ich habe überhaupt nicht gesprochen, bis ich drei Jahre alt war. Als ich das tat, bat ich jemanden, mir das Salz zu reichen. Als ich von meiner Mutter gefragt wurde, warum ich zuvor nicht gesprochen hatte, antwortete ich ihr, dass ich zuvor nie etwas zu sagen gehabt hätte.

Dave (Fall 50)

Wenn Sie sich an eine mit liebevollem Licht erfüllte Welt erinnerten, die Sie und die Wahrheit Ihres Seins kennt, und dann plötzlich rausgeworfen werden würden, hingeworfen, eingepackt und angestarrt – auf eine Art und Weise, die sich nicht mit dem vergleichen ließe, wo Sie einst waren: Wie würden Sie sich dann fühlen?

Babys können ärgerlich werden, sobald sie entdeckt haben, dass »hier« nicht das Gleiche ist wie »dort«. Doch durch liebevolle Aufmerksamkeit seitens der anderen gelingt es den meisten, hier anzukommen, wobei viele vor ihrer Geburt wissen, wo sie hineingeraten werden.

Wie das abläuft, hängt vor allem von den elterlichen Fähigkeiten von Mutter und Vater ab. Doch welche Eltern wissen irgendetwas von unserem Thema? Man folgt den Anleitungen von Experten, der Familie und Freunde sowie seinem Instinkt. Ein Kind ist ein Kind, oder?

Wenn es irgendein Problem mit der Schwangerschaft oder der Geburt oder anschließend gegeben hat, vor allem bei einem Klein- oder noch sehr jungen Kind, sollten Sie das Offensichtliche vielleicht noch einmal überdenken. Und hier sind die Gründe, warum: Ein Kind, das eine Nahtoderfahrung gemacht hat, denkt anders und reagiert anders als alle anderen in Ihrer Familie, und in neun von zehn Fällen sieht solch ein Kind einfach durch Sie hindurch. Ja, solche Kinder brauchen Anleitung. Ja, sie brauchen Erziehung. Und ja, sie sind sonderbar. Aber wenn Sie klug sind, locken Sie sie durch Ihr Interesse an ihnen und durch Ihre Bereitschaft, ihnen *urteilsfrei* zuzuhören, aus der Reserve und ziehen sie in Unterhaltungen hinein, als wären sie schon reifer. Wenn Sie sie wie alle anderen Kinder behandeln, bekommen Sie Probleme. Oder vielleicht sollte ich besser sagen: Diese Kinder bekommen ein Problem – nämlich das, wie sie sich einfügen sollen, wenn sie das nicht können.

Was ich gerade aufgezeigt habe, ist schwierig. Weil das so ist, werden wir jetzt einen umfassenden Blick auf die vielen beteiligten Faktoren werfen. Wir beginnen mit der Familie.

Unterschiedliche Familienverbände

BJ (Fall 114). »Wir waren eine arme Familie. Dad ist viel umgezogen. Hatte drei Geschwister. Bin mit keinem von ihnen ausgekommen. Ich war nicht gewollt, bin behindert geboren worden. Hatte kaum Freunde. War fast acht Jahre alt, als ich anfing zu sprechen. Manche sagten, ich hätte die Stimme eines richtigen Engels mit Flügeln. Ich hatte spirituelle Kontakte.«

Nicki (Fall 82). »Wenn ich eine Frage stelle, kommt die Antwort in einer Windwelle aus Energie und ergießt sich in die Tiefen meiner Seele. Ich habe andere Leute beim Lügen ertappt oder etwas ausführlich beschrieben, von dem sie nicht wollten, dass irgendjemand davon Kenntnis bekam. Ich habe meine Eltern einst gefragt, ob ich adoptiert worden sei oder einen Bruder hatte, der starb. Die Antwort auf beides lautete: ›Nein.‹«

Juan (Fall 119). »Ich wusste von Anfang an, dass ich anders bin, und es störte mich nicht. Wenn wir Spiele spielten, war meine imaginäre Welt extrem lebendig. Ich redete mit allem um mich herum. Ich sprach mit meinem Kissen, meinen eigenen Körperteilen, meinen Organen, mit Tieren, Pflanzen … Ich sprach sogar mit meinen Gefühlen. Ich liebe die Geisterwelt. Alles dort ergibt Sinn. Sie ist nicht so kompliziert wie diese Welt.«

Korey (Fall 93). »Ich nahm das Universum sehr anders wahr als die Menschen um mich herum. Ich konnte die Verbindungen zwischen den Dingen sehen. Die Probleme anderer Menschen erschienen angesichts dessen, was ich sah, winzig und jämmerlich. Die Lösungen und Erklärungen erschienen so offensichtlich, dass es schon komisch war. Während sich andere in ihre Lebensdramen verwickelten, wurde ich zu einer Bastion der Logik und Vernunft. Das ist eine andere Art auszudrücken, dass niemand hören wollte, was ich zu sagen hatte.«

Sandra (Fall 28). »Meine Eltern, die mich oft zu Hause allein ließen, wenn sie arbeiteten oder an den Wochenenden tanzen gingen und tranken, kamen anschließend, um mich abzuholen und mit mir essen zu gehen. Ich befand mich auf dem Rücksitz des Autos, als ich eine Stimme sagen hörte: ›Strebe nach Liebe, Wissen, Verständnis und Weisheit.‹ Ich fragte meine Eltern, ob sie das gehört hatten, doch sie ignorierten mich. Aber es traf mein Herz, und ich schlug die Worte am nächsten Tag im Lexikon nach.«

Veronica (Fall 64). »Ich war anders. – Ich ging auf eine ausschließlich von Schwarzen besuchte Schule und versuchte, mich in eine Kultur einzufügen, die Menschen auf der Basis ihrer Hautfarbe und des Vermögensstandes ihrer Familie bewertet. Meine dunkle Haut und die Tatsache, dass wir arm waren und in einer Sozialwohnung lebten, gaben mir das Gefühl, eine Außenseiterin zu sein. Ich wurde regelmäßig von meinem Großvater geschlagen, sobald meine Großmutter weg war. Ich hatte das Gefühl, dass er mich und meine Mutter hasste und seine Wut an mir ausließ.«

Marianthi (Fall 53). »Meine Mutter, die mich liebte, neigte zu gewalttätigen und irrationalen Gewaltausbrüchen und schlug mich wegen geringer oder eingebildeter Anlässe. Ich pflegte meinen Körper zu verlassen, wenn ihre Bestrafungen zu schmerzhaft waren, und mein Bewusstsein beobachtete ihr Tun von einer Ebene nahe der Decke aus. Manchmal dachte ich, dass ich nicht existieren sollte, da mein Dasein sie so unglücklich machte.«

Kelly (Fall 84). »Im Alter von achtzehn Monaten begann mein leiblicher Vater, mich sexuell zu missbrauchen; nicht, weil er ein Sexualstraftäter war, sondern weil das der einzige Weg war, mich zu kontrollieren. Es war für ihn auch eine Möglichkeit, meine Mutter zu bestrafen, die bis zu meinem dreizehnten Lebensjahr nichts davon wusste. Er hatte mehrere Male versucht, sie und mich umzubringen, und die Gerichte räumten ihm dennoch ein beschränktes Sorgerecht ein. Im Alter von vier Jahren wurde ich von Männern vergewaltigt und anal missbraucht, an die mich mein Vater gegen Drogen und Geld verkauft hatte.«

Penelope (Fall 87). »Meine Mutter hat zu uns gesagt, dass das große alte Backsteingebäude, das von einem sehr großen Garten und einem hohen, kettenartigen Zaun umgeben ist, ein Waisenhaus sei und dass sie beschlossen habe, ein paar von uns dort hinzubringen, weil sie uns nicht mehr verkraften könne. Die Schreie, die in dem Fahrzeug ausbrachen, waren laut genug, um das Metall zu durchdringen. Es gab zahlreiche panische, flehentliche Fragen und viele Tränen. In Zeiten wie diesen konnte ich sie irgendwie mit meinen Blicken zwingen wegzusehen.«

Monica (Fall 103). »Wir teilten uns nachts stets zu viert oder zu fünft das Schlafzimmer, und nachdem sie gegangen war, bekam ich eine volle Stunde lang die grausamen Beleidigungen von meinem zutiefst wütenden Bruder zu hören, der mir versicherte, ich sei das hässlichste, abstoßendste und widerwärtigste menschliche Wesen, das je seinen Fuß auf die Erde gesetzt hat.«

Gut ein Drittel der Betroffenen in dieser Studie hatten ein glückliches Leben mit Eltern, die sie über alles liebten, und mit Geschwistern, die sie sowohl liebten als auch herausforderten. Der einzige Anhaltspunkt, den ich dafür finden konnte, was für solch einen Erfolg verantwortlich sein könnte, ist dieser: Die Eltern waren von den Abweichungen ihres Kindes von der Norm fasziniert, und zwar stark genug, um es auf unterschiedliche Weise dazu zu bringen, seine Vorstellungen zu erforschen. Auch wenn es harte Zeiten gab, erwies sich das ständig präsente »Ich bin für dich da« als entscheidender Faktor für die Entwicklung des betreffenden Kindes. Es gab einige darunter, die aussagten, sie seien nie verstanden worden, hätten nie wirklich sagen können, was sie sagen wollten, und nie teilen, was sie sahen und fühlten. Doch es gab so viel Liebe und Zuwendung in dem Familienverband, dass nichts anderes zählte und es ihnen trotzdem gut ging.

Unvermutete Reaktionen auf die Nahtoderfahrung und in ihrem Verlauf

In meiner ersten Studie habe ich über einen jungen Mann aus Neuseeland geschrieben, der zutiefst irritiert über die Weigerung seines Vaters war, ihm während der Zeit seiner größten Not zu helfen. Er war sehr jung an hohem, durch eine Lungenentzündung ausgelöstem Fieber gestorben. Von seinem Fall werde ich hier einiges wiederholen, weil ich seither auf viele ähnliche Eltern-Kind-Situationen gestoßen bin.

Der Junge hatte gegen das Verbot seiner Eltern verstoßen, draußen zu spielen, und es übertrieben, als er sich noch nicht ausreichend von einer vorangegangenen Krankheit erholt hatte. Ans Bett gebunden, allein, verängstigt und von Schuldgefühlen geplagt, verließ er seinen quälend heißen Körper und machte sich auf die Suche nach Hilfe. Er beschrieb, dass er durch das Haus »ging« und sah, wie sein Vater durch die Eingangstür eintrat. Er rannte mit ausgestreckten Armen zu seinem Vater und glaubte, dass er nun Hilfe gefunden hätte. Sein Vater blickte ihm ins Gesicht und lief dann direkt an ihm vorbei und ignorierte seine Bitten. (Der Junge war für seinen Vater unsichtbar, aber das wusste er damals nicht.)

Das Verhalten seines Vaters brach ihm das Herz, und er kam dadurch zu dem Schluss, dass er nicht gut genug war, um weiter geliebt zu werden. Er sah nie, welch panischer Schrecken seinen Vater ergriff, als der leblose Körper des Jungen entdeckt worden war, noch die heroischen Anstrengungen, die er unternahm, um ihn zu retten. Als er im Krankenhaus wiederbelebt worden war, konnte er sich nur noch daran erinnern, um Hilfe gebeten zu haben und abgewiesen worden zu sein. Er zog sich danach von seiner Familie zurück und blieb seinem Vater viele Jahre lang entfremdet. Keinerlei Therapie konnte etwas daran ändern, bis wir miteinander sprachen. Schließlich konnte er verstehen, was ihm warum widerfahren war, und seinem Vater vergeben.

Bitte beachten Sie: Die außerkörperliche Komponente einer Nahtoderfahrung ist so plastisch und real für ein Kind, dass die meisten von ihnen unfähig sind, einen Unterschied zu erkennen zwischen dem, was sie sehen, und dem, was alle anderen sehen können. Während sie heranwachsen, wundern sie sich oft, warum ihre Eltern oder Geschwister oder Freunde es versäumt haben, auf ihre Nöte zu reagieren und auf ihre Fragen zu antworten, wenn sie darum gebeten wurden. Dass sie ihre Perspektive, ihre Stufe oder ihre Bewusstseinsschwingung gewechselt und sich auf eine andere Realitätsebene begeben haben, kommt niemandem in den Sinn.

In die gleiche Richtung weist der Fall eines kleinen Mädchens, das bei sich zu Hause in der Küche fast an einer gefrorenen Leckerei erstickt wäre, die sie später als »Todeslimo« bezeichnete. Die Küchenszene besteht aus ihr selbst, ihrer Mom und ihrem Dad sowie ihrem kleinen Bruder. »Meine Mutter schrie und schüttelte das Kind, das sie kopfüber an den Fußgelenken hielt. Mein Vater beugte sich vor, um ihr zu helfen. Mein jüngerer Bruder saß auf einem Stuhl am Tisch und beobachtete alles. Ich war zutiefst erschrocken! Mann, das Kind musste wirklich frech gewesen sein. Ich wäre nie so ungezogen gewesen, um Mom dazu zu bringen, mich derart zu schütteln und so zu schreien! Sie rief gellend meinen Namen. Ich zuckte zusammen und war bestürzt darüber, dass ich möglicherweise etwas mit ihrem Zorn zu tun haben könnte.«

Das Mädchen befand sich die ganze Zeit außerhalb ihres Körpers und stand im Esszimmer, während sie beobachtete, was in der Küche geschah. Schuldgefühle angesichts der Reaktion ihrer Eltern hielten sie davon ab, »das Kind«, das sie sah, mit sich selbst zu verbinden. Der Clou hierbei ist folgender: Rechts von der Schulter ihrer Mutter befand sich noch ein Kind, das sie zweifelsfrei und mit Namen als ihren Bruder Michael identifizierte, den sie deutlich sehen konnte, auch wenn ihre Mutter darauf bestand, dass dies unmöglich war, da Michael erst im folgenden Jahr empfangen wurde.[42]

Ein weiterer dieser Fälle wirbelt die Vorstellung von Gut und Böse durcheinander, ein Thema, mit dem alle Kinder konfrontiert werden. Ein kleiner Junge und sein Bruder bekamen die Erlaubnis, in dem Swimmingpool eines Motels herumzutollen, während sich ein Cousin um eine Arbeitsstelle bewarb. Wie es viele Kinder tun, steuerten beide Jungen prompt den tiefsten Teil des Pools an. Die Folge war eine Krise, und der kleine Junge beobachtete alles von einem Punkt hoch über dem Pool aus: Sein Körper und der seines Bruders wurden von einer weißen Frau in Sicherheit gebracht, die plötzlich erschien, die beiden Kinder rettete und dann verschwand.

Sobald sie zu Hause waren, befahl seine Mutter ihm, den Mund zu halten, bevor er auch nur ein Wort sagen konnte, und schlug die beiden Jungs, weil sie das Haus verlassen hatten. Tagelang versuchte er wieder und wieder, ihr zu erzählen, was am Pool geschehen war – dass er seinen Körper verlassen und alles von oben gesehen hatte und dass eine mysteriöse weiße Frau erschienen war. Schuldgefühle und Scham begannen das Wunder seines Erlebnisses zu überlagern, aber nicht wegen des Erlebnisses selbst, sondern natürlich dadurch, wie seine Familie ihn behandelte, nachdem er nach Hause gekommen war.

Selbstverständlich hatte seine Mutter um ihre Kinder Angst, und diesbezüglich war ihre Reaktion verständlich. Aber wäre ihr Sohn anders geraten, wenn sie ihn hätte sprechen lassen? Ich stelle diese Frage, weil ihn nach der Tracht Prügel nichts mehr kümmerte. Innerhalb eines Jahres wurde er von einem positiven, lernbegierigen, glücklichen und rücksichtsvollen Kind zu einem übellaunigen Kriminellen, der sich um nichts und niemanden mehr scherte. Ein langer Katalog von Schwierigkeiten folgte, der mit einer Gefängnisstrafe im Alter von neunzehn Jahren wegen einer Verletzung der Bewährungsauflagen begann. Es würde einige Nachforschungen erfordern, um zu ermitteln, ob der Junge, ein Afroamerikaner, ein Opfer rassistischer Vorurteile war. Aber es erfordert keinerlei weitere Untersuchungen, um den Augenblick festzulegen, in dem er eine Persönlichkeitsveränderung durchmachte, die sein Leben radikal zum Schlechten wendete.

Ich habe diese Fälle hier aufgeführt, um Ihnen zu zeigen, wie schwierig sich die Liebe und Fürsorge innerhalb eines Familienverbandes gestalten kann. Vergessen Sie die Vorstellung von Schuld und Unschuld. Was wir hier vor uns haben, sind normale, wirklich wunderbare, liebevolle Menschen, die nicht die geringste Ahnung davon hatten, dass das, was sie für die richtige Maßnahme hielten, die sie ergreifen mussten, tatsächlich das Schlimmste war, was sie hatten tun können.

Beziehungspuzzle

RF (Fall 31) sagte, er habe eine gute Familie, jedoch habe er sich isoliert und allein gefühlt. *Patricia (Fall 52)* berichtete, ihre Familie habe gescherzt, sie müsse ein Wechselbalg oder eine Außerirdische sein. *Tony (Fall 2)* hatte wegen seiner sehr deprimierenden Familiensituation täglich weglaufen wollen. Sein Vater war ein ordinierter baptistischer Geistlicher und davon überzeugt, Jesus würde bald kommen. *Mimi (Fall 117)* sah ihr persönliches Leben einschließlich ihrer Zukunft als Film ablaufen. Von ihrem Vater abgelehnt, brauchte sie ein halbes Jahrhundert, um sich aus ihrem Trauma zu lösen.

Die folgenden Fälle sind typisch für die meisten Menschen mit einer NTE im Kindesalter. Ihr Blick und ihre Persönlichkeit unterscheiden sich meist von denen ihrer Geschwister. Häufig haben sie ihre eigenen Ansichten und Gewohnheiten, die sich selbst von denen ihrer Eltern unterscheiden. Unsichtbare Welten können für sie sehr lebendig sein, einschließlich unzähliger unsichtbarer Bewohner. Nur wenige können mit der Art von Trauma umgehen, über das andere Menschen lachen (in Filmen, im Fernsehen oder in der Schule). Die meisten fühlen sich zu Vögeln und anderen Tieren sowie zur Natur hingezogen; außerdem zu unterschiedlichen Formen von Musik und Kunst. Sie sind in sozialen Interaktionen, die sie nicht verstehen, schnell hilflos und verloren. Häufig lässt sich feststellen, dass sexueller Missbrauch, Schläge und Wutausbrüche (selbst von Geschwistern) im Zentrum dessen stehen, womit Kinder konfrontiert sind, die eine NTE gemacht haben.

Cindy (Fall 120). »Heranzuwachsen war schwierig. Für mich bestand meine Familie immer aus einer Gruppe von Leuten, die einander nicht kannten und die beschlossen hatten, in diesem Haus zu bleiben, weil es sie mit Essen, Kleidung und einem Obdach versorgte. Ich habe nie geweint. Ich habe auf die Seele der Menschen geblickt.«

Andrew (Fall 5). »Mein gesamtes Leben lang haben mich die spirituellen Dinge im Leben angezogen. Ich bin Transgender oder doppelt Beseelter, wie es viele indische Völker ausdrücken. Meine leibliche Familie hat mich abgelehnt. Ich bin entsetzlich missbraucht worden, darum musste ich mir ein eigenes Leben gestalten. Ich glaube, dass sie eines Tages aufkreuzen werden. Ich vergebe ihnen.«

Rita (Fall 13). »Ich hatte eine sehr traumatische Kindheit nach meiner Nahtoderfahrung im Mutterleib, und all die Erinnerungen wurden in späteren Jahren zurückgewonnen, als ich mit Helfern, in Workshops oder allein zu den Ereignissen in der Vergangenheit zurückging. Die Art, wie die Ereignisse in meiner Kindheit abliefen, verstärkte meine direkte Verbindung zu der Quelle, die im Uterus stattfand. Ich habe das nie verloren.«

Connie (Fall 104). »Ja, als Kind bin ich ein paarmal weggelaufen. Ich befand mich in einem lärmenden Haushalt voller Wut vonseiten meiner Mutter. Ich respektierte und liebte sie ungemein, aber sie hatte fünf Kinder, die alle unter sieben Jahren waren, und kein Geld, nachdem sie meinen Dad wegen paranoider Schizophrenie in eine Anstalt hatte einweisen lassen. Ein brillanter Geist. Er war gütig und herzlich, aber unzuverlässig.«

Vielleicht führt ein Weg, dies alles zu verstehen, erneut über die Zahlen. Von den 120 Befragten in dieser Studie fühlten sich 44 Prozent fremd – wie Außerirdische. 56 Prozent litten unter Depressionen, 52 Prozent zogen die Natur sozialen Beziehungen vor, 58 Prozent hatten eine starke Affinität zu Tieren, etwa zu Vögeln, 43 Prozent hatten Probleme, zwischen sich und anderen Grenzen zu ziehen, 44 Prozent hatten keine normalen Beziehungen und waren einsam, 46 Prozent wurden von ihrer Familie abgelehnt, 54 Prozent entfremdeten sich von ihren Geschwistern, und 43 Prozent mussten mit Gewalt und sexuellem Missbrauch innerhalb der Familie fertigwerden.

Die Realität des Suizids

Dieses Thema ist wichtig und beängstigend und wirklich absonderlich; absonderlich in dem Sinne, dass die Menschen, die wir hier sehen, als Kinder Nahtoderfahrung gemacht haben, die in der Mehrzahl positiv und erhebend waren. Warum sollte bei ihnen überhaupt ein Gedanke daran aufkommen, sich selbst das Leben zu nehmen?

Von der ersten Gruppe, den 277, haben 21 Prozent einen Selbstmordversuch unternommen oder hatten nach ihrer Nahtoderfahrung eine Neigung dazu. Das überraschte mich derart, dass ich andere Forscher geradezu anflehte, bei der Durchführung ihrer eigenen Untersuchungen intensiver nachzuhaken. Sicher lag ich falsch. Doch niemand antwortete mir. Daher sah ich mir das, was ich hatte, genauer an und führte mehr Interviews. Und Folgendes fand ich dabei heraus.

Kinder mit einer NTE betrachten Selbstmord nicht so wie Erwachsene. Sie haben keine Vorstellung davon, dass sie ihrer Familie wehtun oder irgendjemandem Kummer bereiten könnten. Ihre Logik ist ganz anders. Als sie nicht atmeten, befanden sie sich an einem wunderschönen Ort mit liebevollen Leuten. Jetzt, wo sie wieder atmeten, ist jener wunderschöne Ort mit den liebevollen Leuten verschwunden. Aha! Der Weg, wieder dorthin zu gelangen, führte darüber, nicht mehr zu atmen. Und genau das versuchten sie. Erst als sie älter waren, wurde ihnen klar, dass es falsch war, nicht mehr zu atmen. Um zurückzugehen, mussten sie lediglich Visualisierungstechniken erlernen, dann konnten sie dort jederzeit, wenn sie es wollten, einen Besuch abstatten. Der springende Punkt dabei besteht darin, dass man sich nicht zu oft dort aufhalten und dorthin zurückkehren darf. Wir haben eine Aufgabe zu erfüllen, und diese Aufgabe besteht darin, sein Leben, das man jetzt hat, hier auszuleben.

Von meiner zweiten Gruppe (den 120) unternahmen 74 Prozent entweder einen Suizidversuch oder hatten einen Hang zum Selbstmord. Das bedeutet, dass die meisten der in dieser gegenwärtigen Studie Befragten dem ultimativen Gespenst der Selbstverletzung gegenübergetreten waren. Diese schockierende Zahl widerspricht den Ergebnissen aller anderen Studien (wobei meine Art der Nachforschungen, ehrlich gesagt, tendenziell mehr tiefgehendes Material ans Licht zieht). Aber warum? Hier müssen einige Eventualitäten bedacht werden, weil es sich dabei um die vielfältigste Gruppe handelt, die mir je begegnet ist, und nur diejenigen, die tiefgehender betroffen waren, die Bereitschaft fühlten teilzunehmen. Und auch deshalb, weil die erste Gruppe jünger war und den Großteil ihres Lebens noch vor sich hatte, denen gegenüber die zweite Gruppe, die schon länger gelebt hat und auf ein breiteres Spektrum von Lebenserfahrungen zurückblicken kann, sehr anders mit den Nachwirkungen umgegangen ist.

Die über drei Jahre gelaufene Studie, die ich in diesem Buch ausführlich beschreibe, ist die erste dieser Art in der Nahtodforschung, die sich ausschließlich auf die allerjüngsten Kinder mit einer NTE konzentriert. Die Frage bleibt: Wie lassen sich die 74 Prozent erklären? Vielleicht gibt es da eine weitere mögliche Erklärung.

Werfen Sie einen genauen Blick auf *A. H. (Fall 65)*, die mehrere Male versucht hat, sich umzubringen. »Ich rannte weinend nach Hause und suchte in der Küche nach einem Messer. Meine Mutter fragte mich, warum ich nach einem Messer suche, und ich antwortete: ›Um mich selbst umzubringen.‹ Ich erinnere mich, dass ich mich schlecht genug fühlte, um sterben zu wollen. Später, als ich Streit mit meinem Freund hatte, ging ich in ein Motel, um Selbstmord zu begehen. Ich schluckte Tabletten und begann, eine Mitteilung an meine Mutter zu schreiben, um ihr zu sagen, dass es nicht ihre Schuld war. Ich verlor das Bewusstsein und sah ein riesiges Feld. Ich wurde mit dem Rettungswagen ins Krankenhaus gebracht. Ich verließ das Krankenhaus und erzählte nie jemandem, was ich getan hatte.«

Und auf *Almut (Fall 1)*. »Ich war sehr, sehr einsam und außerordentlich niedergeschlagen. Hatte zahlreiche Selbstmordgedanken. Albträume. Ich legte 1500 Kilometer zurück, um mit dem Mann zusammen zu sein, von dem ich glaubte, dass er mich liebte, nur um dann herauszufinden, dass er eine Freundin hatte. Ich habe mir mit einem riesigen Küchenmesser fast die Kehle durchtrennt. Ein *Baum*, ein Riesenmammutbaum in der Nähe unseres Hauses, rettete mir das Leben!«

Beide führten die Tat physisch durch. Sie sind die Einzigen von den 74 Prozent, die Ernst machten, mit fast tödlichen Ergebnissen. Der Rest ... Nun, sehen Sie selbst, zu welchen Schlussfolgerungen Sie kommen, nachdem Sie einige ihrer Geschichten gelesen haben.

Clothilde (Fall 57). »Ich erinnere mich daran, dass ich als Teenager eine Menge Tabletten mit sehr viel Alkohol geschluckt habe und später mit einer bizarren Gefühl- und Orientierungslosigkeit aufgewacht bin. Und ich erinnere mich daran, dass ich mir zu dem Zeitpunkt, als ich die Tabletten schluckte, nicht sicher war, was geschehen würde, aber dachte, dass ich sterben konnte und es dann wohl so sein sollte. Ich habe es nicht noch einmal versucht.«

Penny (Fall 33). »Ich wurde erst in meinem zweiten Highschooljahr nach vier Umzügen und dem Besuch unterschiedlicher

Schulen lebensmüde. Ich legte mir einen konkreten Plan fest, nahm die Pistole meiner Eltern und legte sie in meine Nachttischschublade. Durch ein Eingreifen, das mir noch immer geheimnisvoll erscheint, wurde mein Plan vereitelt.«

Janee (Fall 113). »Ich hatte lange genug hinreichend viele übersinnliche und seelische Qualen durchlitten, um Gott zu bitten, dass er mich zu sich nehme. Einmal sagte ich zu Gott, dass ich mich auf mein Bett legen, mich entleeren und nicht mehr kämpfen und versuchen würde, mich zu kontrollieren, und dass ›es‹ mich dann holen könne. Ich lag 45 Minuten lang da, und nichts geschah. Ich begann über mich selbst zu lachen – wie albern das alles war. Ich vermutete, dass meine Zeit noch nicht gekommen war. Daher stand ich auf und fuhr fort, mich durchzuwursteln.«

Gil (Fall 10). »Ich fühlte mich allein und wollte unbedingt heimkehren. Dort würde ich so glücklich und frei und mein reales Ich sein und all die Liebe bekommen, die ich brauchte und verdiente. Ich glaubte, wenn ich es aus dem richtigen Grund tun würde, wäre es in Ordnung. Also ging ich nachts mit heftig klopfendem Herzen an den Strand und ging ins Wasser auf die schnappenden Wellen zu. Ich hätte mich fast ertränkt, doch im letzten Moment, als ich kopfüber im Wasser hing, berührte ich mit dem Finger den Sand unter mir und schaffte es, mich zurückzustoßen. Als ich aus dem Wasser kam, fühlte ich plötzlich eine riesige Freude und begriff, dass ich so etwas nicht tun musste. Ich kann machen, was ich will, und das Leben führen, das ich möchte – und so war ich sehr glücklich und begann, mein Leben zum Besseren zu wenden. Was mich zum Weitermachen bewegte, war meine Überzeugung, dass ich für andere hier bin, um zu dienen und zu lieben.«

Warren (Fall 51). »Ich habe nicht direkt an Selbstmord gedacht, ich wollte einfach nur bei meiner Großmutter sein, damit sie nicht allein war und die gegenseitige Beziehung, die uns verband, fortbestehen konnte. Ich hatte keine Vorstellung vom Sterben, ich wusste nur, dass sie gegangen war. Der Gedanke, dass sie allein war, ging mir damals dermaßen gegen den Strich, wie es wohl bei jedem Kind in dem Alter sein würde.«

Vielleicht, *nur vielleicht,* hat der reale Umstand hier etwas mit dem Abstrakten des »Selbstmordgedankens« zu tun – das Verlangen, aber nicht die Energie zur Ausführung zu haben – sowie mit einer inneren Führung, die klarstellt: »Du bist aus gutem Grund hier. Lass das mit den überstürzten Abgängen sein. Sie laugen dich aus, aber sie bringen dich nirgendwo hin.«

Denken Sie daran, dass kleine Kinder alles als wahr empfinden.

10

Gesundheitsprobleme

Meine Augen und Ohren und meine Nase sind noch immer empfindlich. Ich war ein Schnüffelkind. Ich musste erst alles riechen, bevor ich es essen konnte. Ich trug selbst nachts eine Sonnenbrille gegen die starken Lichtstrahlen.

Sandra (Fall 28)

Die Gesundheitsprobleme und die Vorsorgemaßnahmen, die ich einst für die Eltern von Kindern mit einer NTE ausgearbeitet habe, betreffen genauso inzwischen erwachsene Menschen, die als Kind eine NTE hatten, und das ihr ganzes Leben hindurch (und auch Erwachsene mit einer NTE sollten sich damit befassen). Es folgt nun ein aktualisierter Überblick nach dieser Erkenntnis.

Besondere gesundheitliche Erfordernisse für Personen, die als Kinder eine NTE hatten

Blutdruck. Für die meisten Menschen mit einer Nahtoderfahrung ist es normal, nach ihrem Erlebnis ein Absinken des Blutdrucks zu verzeichnen, während sie noch aktiv, gesund und rüstig sind. Bei Kindern ist niedriger Blutdruck nicht unbedingt ein Alarmzeichen, aber bei Teenagern oder Erwachsenen kann er zum Problem werden, da nach dem derzeitigen Stand der medizinischen Forschung langfristig niedriger Blutdruck ein Hauptfaktor für Fälle von chronischem Erschöpfungssyndrom (CFS oder *chronic fatigue syndrome*) ist und daher medikamentös behandelt wird. Sprechen Sie mit Ihrem Arzt hierüber.

Lichtempfindlichkeit. Kinder werden nach draußen geschickt, damit sie an der frischen Luft sind, die ihrer Gesundheit förderlich ist. Aber wenn die Kinder eine Nahtoderfahrung gemacht haben und Lehrer oder Trainer oder Eltern sie dazu zwingen, täglich über einen langen Zeitraum draußen im hellen Sonnenlicht Sport zu machen oder zu spielen, können die Folgen unangenehm sein. Wegen ihrer außerordentlichen Lichtempfindlichkeit können sie allergische Reaktionen auf das helle Sonnenlicht oder ungewöhnliche Erschöpfungszustände durch eine Schwächung des Immunsystems aufweisen. Mit zunehmendem Alter kehren alle zu einem gewissen Grad von Lichtsensibilität zurück.

Geräuschempfindlichkeit. Gruppendruck lastet schwer auf Kindern, vor allem auf Teenagern. Das Hören lauter Musik, die gerade als »in« gilt, kann als Zeichen der Zugehörigkeit gelten. Beim Tanzen, bei Bällen, auf Partys und Zusammenkünften und selbst bei Schulversammlungen in der Aula dringt schmetternder Schall aus den Lautsprechern. Für Menschen mit einer NTE kann jede Art von lauter Musik oder Lärm oder lauten Tönen quälend und sogar schädlich sein. Das kann altersunabhängig das gesamte Leben lang andauern und es erforderlich machen, dass die Betroffenen lernen müssen, sich elegant aus gesellschaftlichen Zusammenkünften zurückzuziehen oder sich zu verabschieden. Die meisten bevorzugen es, in der Natur zu sein und deren Geräusche zu hören.

Elektrosensibilität. Geschichten von platzenden Glühbirnen, gelöschten Computerspeichern, schlagartig stillstehenden Uhren, plötzlich nicht mehr funktionierenden Autos, bei ausgeschaltetem Gerät auf dem Bildschirm erscheinenden Fernsehprogrammen, plötzlich rauchenden Mikrofonen oder Kassettenrekordern – nichts davon ist ein Scherz. All diese Ereignisse sind nicht nur ganz real; Elektrosensibilität hat auch einen Einfluss auf Gewitterstürme, Tornados, Erdbeben und in der Nähe befindliche Kraftwerke, Strommasten und die in jüngster Zeit aus dem Boden schießenden Mobilfunkmasten. Sie tangiert auch alle Formen von digitalen Geräten einschließlich Smartphones, Tablets, Computer et cetera.

All dies greift die Gesundheit von Menschen nach einer Nahtoderfahrung und für den Rest ihres Lebens an. Empfindlichkeiten und Gesundheitsprobleme, die sie begleiten können, nehmen mit dem Alter manchmal zu. Bestimmte Vorsorgemaßnahmen können dies erträglich machen, etwa die Verwendung von solarbetriebenen Akkus statt normaler Batterien, das Wegziehen aus der Nähe von Kraftwerken, die Teilnahme an Bürgerinitiativen zur Standortveränderung von Mobilfunkmasten, möglicherweise das Abschirmen heimischer Schaltungen.[43] Das Bewusstsein ist mächtig. Also sprechen Sie mit Ihren elektronischen »Freunden«, und würdigen Sie sie. Selbst Computer können ein wenig Liebe gebrauchen …

Verminderte Verträglichkeit von Pharmazeutika. Wenn ein Kind krank ist, wird es schnell zum Arzt oder vielleicht sogar in die Notaufnahme eines nahe gelegenen Krankenhauses gebracht, wo ihm eine Spritze verabreicht wird oder man ihm Tabletten verschreibt. Das ist das übliche Vorgehen. Aber wenn das Kind eine NTE gemacht hat und plötzlich empfindlicher, vielleicht sogar allergisch auf die Art von Medikamenten oder auf die

Dosis reagiert, die Kindern mit dem entsprechenden Gewicht und Alter normalerweise verabreicht werden, könnte solch eine Behandlung gefährlicher werden als die Krankheit selbst. Weil das so ist, glaube ich, dass alle Ärzte vorab fragen sollten, ob das Kind oder der Erwachsene je eine Nahtoderfahrung gemacht hat. Falls ja, sollten sie das Medikament auf die niedrigstmögliche Dosis reduzieren oder gänzlich zu homöopathischen Mitteln überwechseln. Wenn sie richtig eingesetzt werden, stellen homöopathische Medikamente oder vielleicht auch Kräuter oder der Einsatz von Vitaminen und Mineralien zusammen mit Sport, gesundem Essen und Aktivitäten, die ein kreatives Leben fördern, die bessere Option dar.[44] Je älter die Person mit einer NTE ist, desto mehr trifft dies zu.

Von den 120 Befragten der aktuellen Studie sind 46 Prozent hochgradig allergisch gegen Pharmazeutika geworden, 37 Prozent hatten eine durchgängig schlechte Gesundheit, 32 Prozent hatten anhaltend Probleme mit den üblichen allopathischen (schulmedizinischen) Therapien, und 67 Prozent konnten entweder nicht viel schlafen oder hatten Schlafprobleme. Dinge wie Licht, Geräusche, Elektrizität oder Gerüche wurden zu ständigen Herausforderungen.

Die Unfähigkeit zu schlafen war oft das Ergebnis eines aktiveren Traumerlebens, sich verändernder Klangfarben und/oder eines Bewusstseins, das es ermöglichte, andere Welten zu erkunden und mit ätherischen Wesen zu plaudern, und das fast jede einzelne kleine Angelegenheit in dem Leben, das die Betroffenen jetzt führen mussten, nolens volens infrage stellte. Es kann schwer sein zu schlafen, wenn die Welt um einen herum an dem einen Tag Sinn ergibt und am nächsten nicht und wenn die Menschen im persönlichen Umfeld nicht dem entsprechen, wofür man sie gehalten hat.

Eins sollten Sie sich immer wieder bewusst machen: Es gibt einen riesigen Unterschied darin, wie Kinder einerseits (besonders sehr kleine Kinder) und Erwachsene andererseits mit den Nachwirkungen einer Nahtoderfahrung umgehen.

Erwachsene haben mit anschließenden Veränderungen zu kämpfen und müssen neue Orientierungspunkte finden. Sie stehen vor der Herausforderung, sich selbst und das Leben, das sie führen, von einer anderen Perspektive aus neu zu definieren. Dabei können sie Vorher-nachher-Vergleiche ziehen.

Kinder hingegen haben mit der Seltsamkeit der Diskrepanz zwischen dem zu kämpfen, was ihnen in ihrem persönlichen Umfeld begegnet, und dem, was sie wissen und womit sie sich identifizieren. Sie sind gefordert, die Quelle ihrer Einzigartigkeit zu erkennen und die Wertigkeit dessen einzusehen, was sie durch ihre Erfahrung gewonnen haben. Das, was mit ihnen geschehen ist, bildet die Grundlage all ihres Wissens.

Erwachsene ordnen ein, Kinder gleichen aus. Hier liegt die Aufgabe eines Kindes mit einer NTE, sobald es herangewachsen und fast zum Erwachsenen geworden ist. Bedenken Sie immer, dass ein Erwachsener mit einer NTE im Schnitt sieben bis zehn Jahre braucht, um das, was ihm widerfahren ist, einzuordnen. Ein Kind mit einer NTE hingegen braucht dafür zwanzig bis vierzig Jahre, vielleicht sogar noch mehr. Die Erklärung hierfür liegt im *Warum:* Kinder brauchen so lange, um zu erkennen, dass ihre Entscheidungen im Leben nicht den Auffassungen der anderen entsprechen müssen; dass sie nichts vorgeben müssen; dass sie sich nicht mit weniger als dem Möglichen abfinden müssen.

In den nächsten beiden Kapiteln wird diese Art von Kompensation beziehungsweise Ausgleich an den Entscheidungen veranschaulicht, die Betroffene als Heranwachsende treffen mussten, und daran, wohin sie diese Entscheidungen geführt haben.

11

Schule, Dating, Sex

Ein Kind zu sein war ziemlich interessant.

Juan (Fall 119)

Sie sollten wissen, dass das typische Kind mit einer NTE schnell lernt, erstaunlich intelligent ist, sich in der Schule langweilt, eine lebhafte Vorstellungskraft hat, unglaublich kreativ ist und immer wieder unter Depressionen leidet – meist wegen Problemen zu Hause und/oder weil es in der Schule gemobbt wird.

Lesen Sie, was folgende Stimmen zu sagen haben. Lesen Sie aufmerksam. Es folgen drei mit dieser Bitte verbundene Überraschungen sowie ein paar Punkte, die Sie wissen müssen.

Marianthi (Fall 53). »Ich bin auf der Oberschule oft von den Lehrern gedemütigt worden, die mich beschuldigten, bei meiner Hausarbeit geschummelt oder die Hilfe von Erwachsenen in Anspruch genommen zu haben, wenn ich eine Geschichte verfasste oder eine Zeichnung anfertigte, die ihrer Meinung nach meinem Alter in keiner Weise entsprachen. Immer wenn sie mich im Klassenzimmer auf die Probe stellten, damit ich dort ein ähnliches Kunststück vollbrachte, gelang mir das ohne Schwierigkeiten. Ich mochte die Schule nie. Dort lernte ich nicht das, was ich wissen wollte.«

Sandra (Fall 28). »Ich konnte im Kopf Zahlen ohne Ende addieren. Das wurde zum Problem, als ich in die Mittelstufe kam und der Lehrer von mir verlangte, meine Arbeit zu erläutern. Ich konnte es nicht. Mein Kopf rechnete – Bruchrechnungen und so weiter – so schnell, dass ich nicht wusste, wie. Ich bekam einfach die richtigen Antworten. Ich lerne sehr gern, und ich lese alles, was ich zu fassen bekomme, mehrere Bücher gleichzeitig; Sachbücher. Die Schule war zu einschränkend, und die Lehrer konnten meine Fragen nicht beantworten oder mich anleiten, nach den Antworten zu suchen.«

Paul (Fall 6). »Ich habe immer ein Gefühl überlegenen Wissens gehabt, vor allem historisch und religiös, und musste in der Schule nie viel für diese Fächer lernen und war dennoch das ganze Jahr hindurch immer einer der Besten in der Klasse. Ich machte meine Lehrer wütend, weil ich mit ihnen über bestimmte Dinge stritt, bei denen ich mir sicher war, dass ich recht hatte. Und nach all diesen Jahren stelle ich fest, dass ich tatsächlich in den meisten Fällen recht hatte und sie falsch lagen. Als Kind war ich fast immer ängstlich und wurde schikaniert und oft verprügelt.«

Carmen (Fall 11). »Ich war gut in der Schule. In Sprachen wurde ich sehr vielseitig. Ich liebe die französische Sprache, aber ich kann auch Englisch, Katalanisch, Kreolisch und ein wenig Arabisch. Ich lerne gern etwas über andere Kulturen in unserer heutigen Zeit, aber auch über solche aus der Vergangenheit. Wenn ich spreche, versuche ich, mich sehr klar auszudrücken, und beschreibe das, was ich sagen will, mit unterschiedlichen Worten, nicht immer mit denselben.«

Karen (Fall 92). »Ich pflegte einige leuchtende Dreiecke zu sehen, etwa fünf oder sieben Zentimeter weiter hinten, und manchmal auch ein paar andere geometrische Formen, die in der Luft vor mir schwebten. Sie schienen eine Art Lehrmittel zu sein, und ich bekam unterschiedliche Informationen durch die Veränderungen ihrer Position und Geschwindigkeit.«

Marian (Fall 12). »Die Schule war höllisch. Ich erinnere mich, dass ich in der ersten Klasse mit auf dem Pult gefalteten Händen dasaß und dachte, dass ich nicht begreifen konnte, wie es in den Köpfen dieser Kinder aussehen musste, weil sie nicht schreiend aufstanden und diese ganze Sache für verrückt erklärten.«

Überraschung Nummer 1: Wenn man hört, was man liest, handelt es sich um eine Form der Synästhesie. Ich hoffe, dass zu den Informationen, die Sie gerade »gehört« haben, auch die Information zählt, dass diese Personen versucht haben, einen Platz in der Schule zu finden – ohne zu wissen, dass sie durch ihre Nahtoderfahrung sensorische Verknüpfungen unterschiedlicher Art erworben hatten. Ihr Wahrnehmungsvermögen hatte sich dadurch geändert. Das ist einer der Gründe dafür, warum sie sich nicht anpassen konnten. Weder die Eltern noch die Lehrer wussten dies. Und es konnte auch niemand irgendjemanden warnen.

Wie Paul spricht *Jen (Fall 72)* für die vielen anderen, wenn sie sagt, sie sei schikaniert worden. »Ich wurde entsetzlich gemobbt. Ich war anders. Es verging kein Tag, an dem ich nicht gemieden, verspottet, verhöhnt oder ausgeschlossen wurde. Ich wurde auch von den Nachbarskindern gehänselt. Ich war ein Bücherwurm und fühlte mich zu jeder Tages- oder Nachtzeit am wohlsten, wenn ich mich irgendwo zusammenkauern und lesen konnte. Als Jugendliche dachte ich oft daran fortzulaufen. Ich hatte ›für alle Fälle‹ einen mit meinen Sachen gepackten Koffer im Schrank.«

Beide von mir durchgeführte Studien ergaben, dass die Kinder mit einer NTE schon früh zu eifrigen Lesern wurden. Meist bevorzugten Sie Bücher über Geschichte, andere Kulturen, mit denen sie sich persönlich identifizierten, und Lebensweisen, die ihnen irgendwie vertraut vorkamen.

Überraschung Nummer 2: Haben Sie bemerkt, wie kreativ diese Leute als Kinder – und eigentlich auch während des größten Teils ihres übrigen Lebens – waren? Ihre Vorstellungskraft neigte dazu, sprunghaft anzusteigen, wenn sie aus dem Schulfenster starrten oder beobachteten, wie sich Probleme von selbst auflösten wie Rippelwolken. Selten war Vortäuschen im Spiel oder erforderlich. Was niemand zu dieser Zeit wusste, war, dass ihnen die *imaginalen Welten* offenstanden. Sie konnten Dinge sehen und sich an Aktivitäten beteiligen, die anderen verschlossen waren. Wenn sie irgendetwas sagten, zog das normalerweise Unannehmlichkeiten nach sich. Kinder, die häufig zum Schweigen oder in Verlegenheit gebracht werden, schrumpfen innerlich.

Überraschung Nummer 3: Haben Sie registriert, wie ihr Verstand arbeitet? Wie sie denken und über was sie nachdenken? Mindestens drei Viertel der Kinder mit einer NTE in *beiden* meiner Studien weisen die typischen Muster von begabten Kindern auf.

Die Psychologin und Leiterin des Gifted Development Center in Denver, Colorado, sowie Gründerin und Leiterin des Institute for the Study of Advanced Development in Westminster, Colorado, Linda Kreger Silverman ist auf diesem Gebiet führend. Sie hat mir zum zweiten Mal die Genehmigung gegeben aufzulisten, was sie auf Basis ihrer Forschung als typisch für diese Kinder ermittelt hat. Das erste Mal habe ich diese Liste in *The New Children and Near-Death Experiences*[45] aufgeführt.

Ich bringe sie hier erneut, weil diese Züge und Charakteristika unverändert zutreffen.

Die vorliegenden Ergebnisse lassen stark darauf schließen, dass Kinder mit einer Nahtoderfahrung, vor allem, wenn sie noch sehr jung sind, mit einem anderen »Gehirnmuster« zurück ins Leben kommen, als sie es vermutlich zuvor hatten, wenn man das zugrunde legt, was über ihre angestammte Familie, ihre Geschwister und ihre Familiengeschichte bekannt ist. Dies weist vielleicht auch auf mögliche Veränderungen der DNA hin – ein Thema, auf das ich noch später zu sprechen komme.

Charakteristika von begabten Kindern

Hinweis: Die Merkmale, die nur selten bei Kindern mit einer NTE zu finden sind, wurden in Klammern gesetzt; diejenigen, die auf keine in meinen Studien befragte Person zutreffen, wurden zusätzlich mit einem Asteriskus (*) versehen.

- Begabte Kinder haben oft einzigartige Lernstile; sie lernen auf andere Weise als andere Kinder.
- Sie lernen schneller. Probleme lösen sie zügig.
- Meist sind sie in ihrer Entwicklung weiter als Gleichaltrige. Sie lernen früher als üblich zu sprechen, zu gehen, zu lesen und so weiter.
- Sie können gesünder, körperlich stärker und besser koordiniert erscheinen als andere Gleichaltrige.
- Sie sind sehr neugierig und neigen dazu, komplexe Fragen zu stellen.
- Sie geben komplexe Antworten. Ihre detaillierten Erklärungen zeigen, dass sie von den jeweiligen Themen ein tieferes Verständnis haben als ihre Klassenkameraden.

- ★ Sie erkennen Beziehungen schnell, selbst Beziehungen, die anderen nicht auffallen.
- ★ Sie ordnen Informationen auf neue Weise und erzeugen neue Perspektiven. Häufig sehen sie viele Lösungen für ein Problem.
- ★ Ihr Denken ist abstrakter als das ihrer Klassenkameraden und schließt eher hypothetische Möglichkeiten ein als gegenwärtige Realitäten.
- ★ Sie sehen oft Mehrdeutigkeiten, wo andere faktische Informationen annehmen.
- ★ (Sie verfügen über einen großen Wortschatz und drücken sich meist gut aus.)
- ★ Sie haben ein ungewöhnlich gutes Gedächtnis.
- ★ (Sie sind natürliche Führungspersönlichkeiten. Manchmal initiieren und organisieren sie Aktivitäten für andere.)
- ★ Sie genießen es auch, unabhängig zu arbeiten. Sie vertiefen sich gern darein, es bei bestimmten Fähigkeiten zur Meisterschaft zu bringen.
- ★ (Manchmal bevorzugen sie die Gesellschaft von älteren Kindern und von Erwachsenen.)
- ★ *(Möglicherweise wollen sie die Besten in allem sein und weigern sich, an Aktivitäten teilzunehmen, bei denen sie scheitern könnten.)
- ★ *(Sie sind oft Perfektionisten und reagieren sehr bestürzt, wenn die Dinge anders laufen, als sie es erwartet haben. Manchmal machen sie große Persönlichkeiten, über die sie etwas gelesen haben, statt andere Gleichaltrige zum Maßstab für sich und ihre Leistungen.)
- ★ (Sie sind nicht unbedingt auf allen Gebieten begabt.)
- ★ Im Allgemeinen wollen sie nicht, dass ihre Begabung herausgestellt wird.

Wie oben angemerkt, stammen die Klammersetzungen in dieser Liste von mir und deuten auf Abweichungen nicht von allen, aber von den meisten von mir untersuchten Fällen hin. Und die mit Sternchen gekennzeichneten Eigenschaften habe ich bei keinem Fall gefunden. Das ist wichtig, denn es weist darauf hin, dass Kinder mit einer NTE dazu neigen, anderen in ihrem Leben Platz zu machen, und – wenn überhaupt – nur ein geringes Bedürfnis haben, die »Nummer eins« zu sein.

Das erinnert mich an einige der Gespräche mit Linda Kreger Silverman über Kazimierz Dąbrowski (1902–1980), einen polnischen Psychologen und Psychiater, und seine Theorie der emotionalen Entwicklung von sensiblen, nichtaggressiven, hochintelligenten und kreativen Menschen.[46] Auf der Basis neurologischer Untersuchungen dokumentierte er, dass begabte Personen mehr ausgeprägte Reaktionen auf unterschiedliche Arten von Reizen aufwiesen. Er bezeichnete das als »Übererregbarkeit« und setzte sie gleich mit einem Überfluss von physischer Energie, gesteigerter Sinneswahrnehmung, lebhafter Vorstellungskraft, intellektueller Neugier, intellektuellem Antrieb und einer ausgeprägten Fähigkeit, sich um andere zu kümmern. Je stärker diese Eigenschaften ausgebildet seien, desto größer sei das Potenzial für einen ethischen, von Mitgefühl geprägten Weg im Erwachsenenalter.

Ich kann nicht behaupten, dass alle in meinen beiden Studien Befragten die Zusatzenergie hatten, die Dąbrowski beschreibt. Mehrere hatten anschließend und ihr weiteres Leben lang mit fortgesetzten Gesundheitsproblemen zu kämpfen. Dennoch kann ich sagen, dass sie mit dem Herzen dabei waren, bereit und fähig, lange und auch in Überstunden das fertigzustellen, was jeweils zu tun war. Was ihnen an Muskelkraft fehlte, machten sie mehr als wett in Projekten, die anderen halfen.

Aktivitäten, die sie am Leben teilnehmen ließen, waren für die von mir Befragten wichtig. Aber großenteils war der Sinn von Verabredungen beziehungsweise Dating für sie ein riesiges Rätsel. Häufig fragten sie: »Warum soll ich mir die Mühe machen?« Sehr viele von ihnen wussten, was geschehen würde, bevor es eintrat, und sagten Nein, ehe sie einem Ja eine Chance gaben.

Alison (Fall 78). »Ich ritt viel und war von Science-Fiction (Isaac Asimov) besessen. Ich hatte Freunde, aber ich bin ungeschickt in gesellschaftlichen Situationen, weil ich immer das Gefühl habe, im Hintergrund zu stehen und nur zu beobachten, und ich habe Probleme mit Small Talk. Ich habe in der sechsten Klasse begonnen, mich zu verabreden. Am besten komme ich mit Menschen klar, die intensiv sind oder alles wieder und wieder durchdenken.«

Audy (Fall 39). »Jedes Mal, wenn ich einen Mann sah, wusste ich, ob ich mit ihm zusammen sein sollte oder nicht. Ich weiß meistens, wie lange eine Beziehung dauern wird.«

Graham (Fall 29). »Ich mochte die Schule nicht, weil ich fühlte, dass ich an eine verrückte, egoistische, korrupte Welt angepasst und indoktriniert wurde. Interessanterweise verliebte ich mich bis über beide Ohren in ein Mädchen in meiner Schulklasse, als ich etwa neun Jahre alt war, was mich aus meiner ersten beängstigenden Erfahrung mit einer Depression herausbrachte.«

Robyn (Fall 75). »Beziehungen mit Jungs waren kompliziert ... Eine Mischung aus Langeweile, weil ich wusste, was geschehen würde, und Enttäuschung, weil ich manchmal zu nett auftrat, wie ich es gegenüber jedem war. Ich glaube, die Leute dachten, dass ich nicht aufrichtig sei, weil ich ständig so positiv und glücklich war. Ich umarmte alle.«

Carol (Fall 45). »Ich wurde Cheerleader, Jahrbuchherausgeberin, Präsidentin der Studentinnenverbindung, Ballkönigin. Ich war beliebt und hatte viele Verabredungen. Ich liebte den Gegensatz, darum wurde ich zur Surferin und zum Hippie.«

Sicher haben Sie die Bandbreite an unterschiedlichen Antworten bemerkt. Hier sind noch weitere, die klar machen, warum das Thema »Dating« so schwierig ist:

Nathan (Fall 115) fühlte sich vollständig abgekoppelt von anderen. *Mimi (Fall 117)* fand Verabredungen absolut langweilig. *Joyce (Fall 110)* fühlte sich durch ihre dunkelbraune Haut und ihre braunen Augen gehandicapt und stets fehl am Platze. *Penelope (Fall 87)* fühlte sich ebenfalls unbeholfen und verwirrt und kam wie Joyce aus einer sehr armen Familie. *Mae (Fall 71)* fühlte sich wie eine Beobachterin, die das Geschehen von einer Position außerhalb ihres Körpers aus verfolgte. *Jen (Fall 72)* hatte mit so vielen nächtlichen Ängsten zu tun, dass sie sich erst im College auf Verabredungen einließ.

Wenn es ein gesamtheitliches Muster für Verabredungen, Freunde und Sozialkontakte für die jungen Jahre von Menschen gibt, die als Kinder eine NTE hatten, dann besteht es meiner Meinung nach in Folgendem: Sie neigen dazu, Einzelgänger zu sein. Und sie bevorzugen den Kontakt zu Haus- und Hoftieren und lieben Bäume, Gärten, Teiche, Parks und die gesamte Kreatur. Viele interagierten noch mit der anderen Seite und hatten kaum Interesse an Menschen, die nicht sehen konnten, was sie sahen, oder nichts davon glaubten.

Hier ein paar interessante Zahlen: 31 Prozent waren sehr kontaktfreudig und hatten viele Freunde. 33 Prozent waren froh und glücklich in der Schule und zu Hause. 44 Prozent hatten sich von Beziehungen entfremdet und waren sehr einsam. 33 Prozent taten sich im Sport hervor, 33 Prozent in der Kunst und 24 Prozent in Musik und Mathematik, als wären beide dasselbe Fachgebiet.

Sex

Freundschaften zu schließen mochte eine wirkliche Herausforderung gewesen sein, aber etwas mehr als die Hälfte in dieser Studie (61 Prozent) hatten keinerlei Probleme mit Sex.

Marianthi (Fall 53) äußert eine interessante Meinung dazu: »Ich wurde stark von der Vision und Lehre meiner eigenen Zeugung gelenkt, wo mir das sich vermischende helle Licht meiner Eltern gezeigt wurde. Das dabei gewonnene Verständnis zeigte mir, dass Menschen beim Sex viel von dem austauschen, was jeder von ihnen auf dem Grund seines Wesens ist, und wie jeder positiv wie negativ auf Weisen beeinflusst werden kann, die sie zu jenem Zeitpunkt noch nicht erkannten. Fast vergessene alte Lehren erwähnen das. Ich bin später in der Schule auf sie gestoßen und war begeistert zu erfahren, dass es Menschen gegeben hat, die Sex ohne die Repressionen von bestimmten Kulturen oder Religionen verstanden und auch nicht mit der bizarren, sprudelnden Leichtigkeit der paar jüngsten Generationen.«

Machen Sie sich das noch einmal bewusst: Marianthi war bei ihrer eigenen Empfängnis »anwesend«. Sie war nicht die Einzige. In beiden Studien berichteten mehrere von dem speziellen Glühen, das sie um ihre Eltern sahen, als diese Sex hatten und das Kind, das sie bald sein würden, tatsächlich gezeugt wurde. Diejenigen, die das Glühen sahen, vergaßen es nie mehr. Eine kleine Erinnerung: Wissenschaftler sind inzwischen in der Lage zu beweisen, und zwar wieder und wieder und jenseits aller Zweifel, dass bei der Zeugung *jedes* Lebewesens ein Lichtblitz entsteht (und ein Todesblitz, wenn ein Leben erlischt). Tun Sie also keine Geschichten ab, die Kinder darüber erzählen, dass sie gesehen haben, wie ihre eigenen Eltern beim Geschlechtsverkehr einen irdischen Körper für sie gezeugt haben.

»Ich war sexuell sehr motiviert«, sagte *Marian (Fall 12),* »aber ich konnte wegen meiner Erziehung nie viel mehr als Scham empfinden. – Also war ich in dem Versuch, ›Liebe zu finden‹, promiskuitiv.«

Mehrere Personen mit einer NTE, alles Frauen, masturbierten *vor* dem ersten Schuljahr und noch erheblich mehr während ihrer gesamten Grundschulzeit. Ich war überrascht darüber, weil es normalerweise die Jungen sind, die früh onanieren. Aber nicht in dieser Studie. Den freiesten Umgang mit Sex als Kinder pflegten die Frauen; sie gingen sogar zu Sexorgien. Wenn man die schwierigen Familienverhältnisse betrachtet, aus denen sie kamen, hat Marian möglicherweise mit ihrer Begründung recht, woran das liegt: Es war ein Versuch, »Liebe zu finden«. Ich schlage dies vor, weil sehr viele von ihren Vätern, Onkeln, Brüdern oder vertrauten Freunden der Familie vergewaltigt oder missbraucht wurden – sogar von ihren Müttern.

Es gibt jedoch auch andere Gründe. Lesen Sie, was *Monica (Fall 103)* zu sagen hat: »Ich wurde bei der Geburt zum Hippie, weil ich von meinen Schwestern im Teenageralter großgezogen wurde. Es war Sex hier und Zickzack da. Sie nahmen es übel, dass sie mich am Hals hatten, und gingen nicht sonderlich sanft mit mir um. Ich habe acht Schwestern. Diejenige von ihnen, die mir altersmäßig am nächsten steht, und ich wurden auf Rücksitze geworfen und herumgekarrt wie ein Haufen Gepäckstücke.«

In den frühen Jahren zeigten sich alle möglichen Arten von sexueller Identität wie lesbisch, homo-, bi-, trans- oder intersexuell, jungfräulich oder geschlechtslos (keine Festlegung auf ein Geschlecht).

Es gab fast mehr Jungen als Mädchen, die sich für eine Jungfräulichkeit entschieden, wobei solch eine Entscheidung meist von einer starken Identifikation mit dem Spirituellen sowie dem Gefühl gestützt wurde, Gott wolle, dass sie »rein« blieben, damit das Heilen und Helfen im Dienste anderer die Priorität ihrer Natur und ihrer Lebensführung bildete. Ich finde es faszinierend, dass die Mehrzahl der von der katholischen Kirche heiliggesprochenen Menschen in sehr jungen Jahren eine Nahtoderfahrung gemacht haben und ihre fromme Berufung so begann wie von den von mir Befragten.

Bemerkenswert ist dies: Je älter diese Kinder wurden, desto unabhängiger wurden sie. Anders als die durchschnittlichen Jugendlichen setzten sich diejenigen, die bei ihrer Geburt oder als Kleinstkinder eine Nahtoderfahrung gemacht hatten, ab, sobald sie konnten, um alles, was sich ihnen bot, zu erkunden – selbst wenn das bedeutete, dass sie Schwierigkeiten bekamen oder angeschrien oder bestraft wurden. Wenn sie sich nicht physisch aufmachen konnten, flogen sie im Geiste und spirituell fort, um andere Dimensionen des Seins zu erforschen. Fast immer dachten sie an andere, denen sie unterwegs helfen konnten. Das ist eine Eigenschaft, die sie alle aufweisen.

Und hier ist ein weiterer Charakterzug, den ich noch nicht erwähnt habe: Einer der Gründe, warum manche dieser Kinder Sex so sehr mochten, liegt darin, dass sie während des Sexualaktes ihren Körper verließen und das Ganze von der Decke oder einem hohen Punkt aus von oben beobachteten. Angenehme Gefühle wurden noch angenehmer durch das zusätzliche Vergnügen, sich beim Tun zuzusehen.

Allerdings hat Dąbrowski recht. Gesteigerte Sinneswahrnehmungen, eine lebhafte Vorstellungskraft, intellektuelle Neugier und ein intellektueller Antrieb sowie eine ausgeprägte Fähigkeit, sich um andere zu kümmern, sind Kennzeichen von Kindern mit einem größeren Potenzial für einen ethischen, von Mitgefühl geprägten Weg im Erwachsenenalter.

Erreichten sie das, als sie älter wurden? Nicht ohne Blessuren.

12

Heranwachsen, Arbeit, Heirat

Es gibt Dunkelheit im Licht und Licht in der Dunkelheit.

Carol (Fall 41)

Ein starkes Unabhängigkeitsgefühl charakterisiert Menschen mit einer Nahtoderfahrung während ihres Heranwachsens am besten – und sie folgen ihm mit oder ohne Zustimmung der Eltern.

Nancy (Fall 4) ist ein gutes Beispiel für eine frühe Unabhängigkeit. »Während meiner Schulzeit arbeitete ich als professionelles Model. Ich gewann über 32 Schönheitswettbewerbe, machte TV-Werbung, arbeitete für Magazine und so weiter. Von meinen Freunden erfuhr ich, dass Jungen Angst hatten, mich um ein Date zu bitten, weil ich ›wer‹ war. Sie dachten, dass sie nie eine Chance hätten, mit mir auszugehen, darum fragten sie mich nie – aus Angst, einen Korb zu kriegen.«

Unabhängigkeit war auch für *Tiffany (Fall 118)* ein zentrales Thema. »Ich mochte ältere Männer, aber Sport überhaupt nicht. Ich wollte reich sein und wurde mir dessen bewusst, als ich meine Teenagerjahre beendet hatte und Anfang zwanzig war. Ich bewegte mich geschickt in den Kreisen erfolgreicher Leute mit brillantem Verstand und hatte berühmte Freunde. Ich konnte in die Zukunft sehen. Meine Intuition war sehr stark ausgeprägt.

Ein Mann sagte mir: ›Du bist sehr jung, um so exzentrisch zu sein.‹ Exzentrisch? Ich dachte, jeder würde so denken und fühlen wie ich.«

Der Hang zur Unabhängigkeit ist bei beiden ausgeprägt, zeigt sich aber auf sehr unterschiedliche Weise. Doch das Heranwachsen von Betroffenen ist noch durch weitere Faktoren geprägt:

Während er im College war, vertraute *Jaidyn, Nilas Sohn (Fall 47)*, seinem »kindlichen Selbst« nicht mehr. Er glaubte, dass er sich alles eingebildet haben musste. Er entschied sich dafür, Anwalt zu werden, der alle Beweise infrage stellte, einschließlich Fakten aus dem eigenen Leben. Doch er konnte seine gelegentliche Fähigkeit, Tote zu sehen, und seine merkwürdige Lichtempfindlichkeit nicht abstellen.

Linda (Fall 95) hatte zwei ungewöhnliche Söhne. Oliver, ein Geburtler, verfügte auf allen Ebenen über ein vollständiges Wissen, hatte die volle Kontrolle über sein Leben und kannte im Alter von vierzehn Monaten die Zukunft. Daniel, ihr zweites Baby, war fast eine Kopie von Oliver, obwohl er nie eine Nahtoderfahrung gemacht hatte. Beide Jungen verfügten über die gleiche Fähigkeit, ihre Umwelt physisch zu beeinflussen, und sie hatten einander bereits *vor* ihrer Geburt gekannt. Doch sobald sie auf ihre Pubertät zusteuerten, nahmen beide dieselben Verhaltensmuster an wie normale Kinder ihrer Umgebung.

Während Jaidyn versuchte, sich dessen zu entledigen, was ihn einmalig machte, vollzog sich bei Lindas Söhnen in der Pubertät wie auf ein Stichwort hin eine unerwartete Wandlung. Andere Betroffene entwickelten sich in Richtungen, die Sie möglicherweise unbehaglich finden. Nichts von dem, was nun folgt, ist auch nur an irgendeinem Punkt übertrieben dargestellt.

Drogenmissbrauch

Ein ganzes Drittel der 120 von mir für diese Studie befragten Personen liefen in noch recht jungen Jahren fort, um nie wieder nach Hause zurückzukehren. Sie waren genug geschlagen, ignoriert, malträtiert oder missverstanden worden. Die anderen experimentierten damit, wie sie dort, wo sie waren, existieren konnten, indem sie für sich etwas schufen, was einer »Zeitschleife« ähnelte, in der jeder Haushalt, jede Arbeit, jeder Liebespartner und jede Ehe, der oder die zu dem betreffenden Zeitpunkt als die beste Wahl erschien – oder von ihnen erwartet wurde –, in Ordnung war. Ob offensichtlich oder verdeckt, die Ergebnisse führten zu irgendeiner Art von Rebellion. Es war, als würden sie im Wortsinne einen Pfropfen wegsprengen: 45 Prozent wandten sich dem Alkohol- und 46 dem Drogenmissbrauch zu.

In meiner vorigen Studie tranken 33 Prozent der Befragten zu viel Alkohol – *beginnend mit der ersten Klasse!* Der wichtigste hierfür angegebene Grund: Sie konnten den ständigen Schmerz oder die permanente Beschämung nicht ertragen, immer wieder von Freunden und der Familie ausgelacht oder ignoriert zu werden, sobald sie über ihre »besondere« Erfahrung sprachen sowie darüber, was dadurch noch immer in ihrem Leben geschah. Das Sehen von Geistern, Dämonen und/oder Toten und eine hochgradige Empfindlichkeit oder Übersinnlichkeit schlugen schließlich vom Spielerischen in etwas um, was vor allem Unannehmlichkeiten erzeugte oder sogar unheimlich war. Wie ließ sich das beenden? Die jungen Betroffenen griffen zu jedwedem betäubenden Mittel, dessen sie habhaft werden konnten – so wie es ihre Eltern taten, wenn sie ihre Sorgen »ertränken« wollten (Kinder ahmen nach, was sie sehen). Meine jüngste Studie entspricht der vorherigen in dieser Hinsicht, nur dass der Prozentsatz derjenigen, die verbargen, was sie wirklich fühlten, und die zur Verdrängung zum Drogenmissbrauch griffen, erheblich höher ist. Hier zwei Beispiele:

Dorothy (Fall 83). »Ich war eine rebellierende Jugendliche, rauchte mit dreizehn Jahren Zigaretten und war, während ich noch auf die Highschool ging, ziemlich verrückt nach Alkohol und Marihuana. Ich trieb mich mit der wildesten Gruppe von Freunden herum, die ich finden konnte – vor allem als Protest gegen die strenge katholische Erziehung, auf der mein Vater bestand.«

Audy (Fall 39). »Ich war eine unersättliche Alkoholikerin. Mein Körper war physisch wie psychisch ausgelaugt. Mein Zorn steckte noch immer in mir, und ich wusste nicht, wie ich ihm Ausdruck verleihen sollte, weil ich ihn so lange zurückgehalten hatte. Ich hatte die Handlungen von jemand anderem mein Leben bestimmen lassen, und ich hasste mich dafür.«

Dämonen

Die Leute sind überrascht, wenn ich erwähne, dass Kinder mit einer NTE Dämonen sehen, mit ihnen sprechen und eine Beziehung zu ihnen haben. Sie denken, ich scherze. Nein. Es passiert.

Marcella (Fall 27). »Dort, im Eingang, stand ein aus ›Finsternis‹ erschaffenes Wesen. Es hatte die 3-D-Gestalt eines menschlichen Körpers, aber alles war Schwärze, innerlich und äußerlich. So wie wir aus Muskeln, Knochen und Haut bestehen, bestand es aus Finsternis. Nur seine Augen waren rot. Es bewegte sich nicht und gab keinen Mucks von sich. Als ich zu ihm hinüberblickte, begann unser Familienhund zu knurren und fletschte seine Zähne in Richtung dieses Wesens. Ein Traum? Nicht beim Hund.«

Monica (Fall 103). »Ich bin häufig von Dämonen gequält und terrorisiert worden. In meiner Suche nach Heilung habe ich Exorzisten besucht und Erlösungsgebete für mich sprechen lassen – wodurch ich sogar noch mehr Schwierigkeiten bekam. Dazu gehörte auch, dass ich mehrere Jahre lang ständig bei Tag und Nacht physisch von Dämonen angefallen wurde. Schließlich wurde ich durch einen interessanten Besuch bei einem berühmten französischen Priester, einem Exorzisten, von meinen Qualen befreit. Er stellte fest, dass ich ein Medium war. Er brachte mir bei, wie man die ›offenen Türen‹ schließt, die den negativen Energien den Zugriff auf mich ermöglichten. All die physischen und mentalen Angriffe einschließlich meiner Selbstmordgedanken und -neigungen hörten danach auf.«

Karen (Fall 92) ließ sich im Sommerlager von einer vorgeblichen Hexe täuschen. »Sie richtete die Feder auf mich und begann, mit einer schleppenden, rachsüchtigen Stimme Verschiedenes zu sagen. Eine Prophezeiung, an die ich mich erinnere, war: ›Du wirst grundlos an Gewicht zulegen, und du wirst dicker und dicker werden, bis du so fett bist wie ein Schwein, und du wirst nie imstande sein abzunehmen, wie sehr du dich auch anstrengst. Und die Jungs werden sich nie mit dir verabreden wollen, weil du so fett bist, und niemand wird dich mögen.‹«

Das Hexenmädchen bekam es selbst mit der Angst zu tun, als sie all das sagte, und meinte dann, sie hätte das nie tun dürfen, und ihre Großmutter könne als Einzige den Fluch aufheben. Die Prophezeiung trat ein, aber nicht wegen irgendeines Fluchs. Bei Karen war, *bevor* sie ins Sommerlager gefahren war, plötzlich eine Störung der Schilddrüsenfunktion aufgetreten, die zu einer irreversiblen Gewichtszunahme führen sollte. Dieser Vorfall lässt an eine Koinzidenz denken – die Vorstellung, dass sich Ursache und Wirkung entweder in ihrer Abfolge umkehren oder als ein Ereignis zusammenfallen. (Koinzidenzen werden übrigens bei den Menschen allen Alters, die eine Nahtoderfahrung gemacht haben, zur alltäglichen Erscheinung.)

Drei der in dieser Studie Befragten wurden in Familien hineingeboren, in denen Voodoo praktiziert wurde (eine lebte in den Flusslandschaften von Louisiana). Was sie bei ihrer Nahtoderfahrung erlebten, passte nicht zu den Überzeugungen und Ritualen, die von den Familienmitgliedern und besonders ihren Müttern vertreten wurden. Die Kinder passten nie dazu, und es gab kein Entkommen für sie. Alle drei trieb es vom Voodoo weg, und sie wandten sich zunächst der Magick,[47] dann helleren, liebevolleren Realitäten der spirituellen Welt zu.

Als Kinder und junge Erwachsene durchlitten sie zahlreiche Arten des Missbrauchs – auch sexuellen – und die Folgen extremer Armut. Niedergeschlagenheit gehörte ebenso zu ihrem Alltag wie Schlafmangel. Doch immer blieb die Wahrheit der Liebe und der Engel sowie Gottes, der Vergebung und Fürsorge eine stetige Orientierungshilfe.

Wer ist hier der Dämon? In neun Fällen in meiner Studie versuchte die *Mutter,* ihr Kind nach dessen Nahtoderfahrung *zu töten,* weil sie Angst vor ihm hatte ... Diesen Müttern machte Angst, wie ungewöhnlich ihr Kind war, wie absonderlich mit den unzähligen Fähigkeiten und Begabungen, die es hatte und die alle so gar nicht zu den Eigenschaften aller anderen Familienmitglieder passten. Sie überforderten selbst die Mutter und ihre Fähigkeit, damit klarzukommen, sie zu verstehen und sie anzuerkennen.

Bei all unseren Bemühungen zu verstehen, was mit den Kindern geschieht, sollten wir vielleicht auch versuchen, den Schock der Eltern – und ebenso den Schock von allen anderen in der Familie – zu verstehen, die auf all dies nicht vorbereitet sind.

Therapiemöglichkeiten

Carol (Fall 41) entdeckte nach einer langen Phase der Rebellion die Einzeltherapie, Frauengruppen und die Paartherapie. Dann stieß sie auf die Meditation und das buddhistische Prinzip des Karma mit Blick darauf, wie die Menschen einander behandeln und warum, und befasste sich mit dem Gedanken, der hinter dem Spruch »Man erntet, was man gesät hat« liegt. Dies ermöglichte es ihr, sich ein sinnvolles Leben aufzubauen, indem sie Licht an dunkle Orte brachte, eine Fähigkeit, die dazu führte, dass sie heute als »heilige Aktivistin« und Lehrerin gilt. Sie arbeitet mit Menschen im Hospiz, in Gefängnissen und auf den Straßen. Sie hat das Gefühl, zu ihrem Ausgangspunkt zurückgekehrt zu sein.

Nicht jeder hat wie Carol positive Therapieerfahrungen gemacht. Dazu folgende Zahlen: 50 Prozent suchten Berater oder Therapeuten auf, 24 Prozent sagten, es sei Zeitverschwendung gewesen, das zu tun, und ganze 69 Prozent brachen ihre Therapie ab – für immer. Von diesen sagte die Mehrheit aus, dass sie von Hellsehern mehr Hilfe bekamen als von Psychiatern oder Psychologen. Sie sprachen begeistert über ihren Einsatz von Kristallen, Räucherwerk, Klangschalen, Glocken und Wasserspielen – oder was auch immer den Geist beruhigte und ihnen eine Perspektive gab. Weit verbreitet waren auch Erfolgsgeschichten von denen, die sich der Meditation, dem Yoga und der Achtsamkeit zuwandten und an Kursen zur Zentriertheit, Selbstliebe, Heilung und Vergebung teilnahmen.

Ich will hier denjenigen meine Anerkennung aussprechen, die auf Farmen und Ranchen aufwuchsen und sich ein neues Leben geschaffen haben, das keinen Bezug zu all dem aufwies, was sie bis dahin kannten. Und ich will diejenigen würdigen, die loszogen und von Land zu Land reisten, fast als würden sie immer weiter voranstürmen auf der Suche nach irgendeiner Gruppe, Arbeit, Wohltätigkeitsorganisation oder Krise, wo sie ein Bedürfnis stillen oder ein »Zuhause« finden konnten. – Selten begaben sie sich in den Ländern ihrer Vorfahren auf die Suche, sondern meist taten sie das »woanders«.

Wieder und wieder sah ich dies – bei beiden Untersuchungen –: das Bedürfnis, das Verlangen, den tiefen, leidenschaftlichen und manchmal einsamen Drang, ein *Zuhause* zu finden, selbst wenn das bedeutete, in der Welt herumzureisen, um einen »Ort« zu finden oder dort zu bleiben, wo sie waren, und zu lernen, wie sie hineinpassen konnten – irgendwie. Kinder mit einer Nahtoderfahrung legen ungewöhnlich lange Strecken zurück, um ein Zuhause zu finden, eins zu kaufen, es zu bewahren, als würden sie unbewusst noch immer versuchen, dorthin zurückzukehren, wo sie hergekommen sind: nicht als Babys, sondern als diejenigen, die aus dem Himmel hinausgeworfen wurden und noch immer dorthin zurückwollen. Die Einsamkeit und Sehnsucht, die sie fühlen, gilt »einem anderen Ort« jenseits dessen, was sie finden können.

Ich habe den Eindruck, dass die meisten bei Beratern oder Therapeuten nicht die Hilfe finden können, die sie benötigen, weil diese heutzutage mehrheitlich nicht transpersonal ausgebildet sind, also dafür, spirituelle Realitäten zu erkennen und zu akzeptieren. Es ist, als würden Menschen mit einer NTE ohne die Würdigung positiver, erhebender Betrachtungsweisen aushungern. Das ist, wie ich vermute, der wahre Grund für die ständige Auflehnung und das Bedürfnis, die eigenen Gefühle zu betäuben. Jene Wahrheit – die Wahrheit, die sie kannten, bevor sie überhaupt geboren wurden – bleibt als Hunger, den sie auf die eine oder andere Art stillen werden, ob sie nun erkennen, worum es sich dabei handelt, oder nicht.

Die transpersonale Therapie als Weg, neuen Arten von Klienten zu helfen, erhält inzwischen allerdings wieder zunehmend Anerkennung unter den Therapeuten. Eine Gruppe, die sich gebildet hat, um diesem Bedürfnis zu entsprechen, ist das American Center for the Integration of Spiritually Transformative Experiences (ACISTE). Es gibt ein Moderatorenprogramm für Peergroups mit Zertifizierung und Mentorenschaft sowie jährliche Konferenzen, um alle auf dem Laufenden zu halten. Was diese Gruppe so einmalig hilfreich für Betroffene in Not macht, ist die Tatsache, dass sie von Liebe und einem tiefen Verständnis gegenüber jenen getragen wird, denen sie dienen möchte. Sie vertritt mit ihren Werten und Zielen eine Grassroot-Philosophie: Viele ihrer Moderatoren hatten selbst eine Nahtoderfahrung und sind nun dafür ausgebildet, anderen zu helfen.

Beratung

Fast allen Berichten zufolge verfügen Menschen, die eine NTE gemacht haben, über einen »inneren Wissenden«, eine Stimme, ein Gespür oder Gefühl dafür, dass da jemand ist, der sich um einen kümmert, und dass es, wie hart auch alles verlaufen mag, Alternativen gibt – bessere Möglichkeiten. Was sie tun müssen, um eine Wendung zum Besseren zu erreichen? Fragen, zuhören, handeln. Es ist jedoch das Handeln, das vielen Probleme bereitet. Weitere Störimpulse? Ungeduld oder zögerliches Verhalten.

Betrachten wir diese Situation einmal auf unterschiedliche Weisen. Zunächst einmal haben 76 Prozent das unerschütterliche Wissen, dass alles Leben, ihres eingeschlossen, grundsätzlich spirituell ist. Sie sind im Besitz eines höheren Bewusstseins von einer größeren Realität als der physischen Welt, die sie wahrnehmen. Der Rest sieht es ziemlich ähnlich, zumindest in dem Sinne, dass sie einen einmaligen Rhythmus oder eine Schwingung von etwas Größerem spüren, vielleicht von einer Präsenz oder einer Macht, die nicht von dieser Welt ist. Manche nennen das »Gott«. Andere fühlen sich mit solch einem Verständnis unbehaglich und finden andere Wege, das Gefühl von »Größe« auszudrücken. Diese Leute sind keine Kirchgänger. Nur wenige finden einen religiösen Weg oder verfolgen ihn beständig. Das ist eine ziemlich kleine Anzahl angesichts ihres allumfassenden Sinns für spirituelle Werte. Und sie bevorzugen die Stille oder einen Aufenthalt in der Natur, statt in irgendwelchen sakralen oder ähnlichen Gebäuden zu verweilen. Dennoch sagte die Hälfte der in dieser Studie Befragten, dass sie wirklich Jesus gesehen hätten!

Bitte nehmen Sie auch zur Kenntnis: Nicht alle, die Jesus gesehen zu haben angaben, waren Christen.

Und: Unabhängig vom jeweiligen Hintergrund oder Land wussten sie, dass Jesus Jesus war, wenn sie ihn sahen, und sie kannten ihn beim Namen.

Ich weiß ja nicht, wie Sie das beurteilen, aber ich finde das erstaunlich. Nachfolgend einige Äußerungen von Betroffenen:

Tiffany (Fall 118). »Ich war stets an Gott interessiert. Ich liebte Geschichten von Mädchen, die zu Heiligen wurden. Ich betete die ganz Zeit zu Gott. Hatte imaginäre Hunde, zwölf oder dreizehn. In der Kirche bestand ich darauf, dass sich niemand neben mich setzte. Ich musste Platz für meine Hunde lassen.«

Deborah A. (Fall 79). »Ich entdeckte, dass ich an einen Zufluchtsort in mir selbst gehen konnte, wann immer ich das wünschte.

Es war ein besonderer Ort, der stets gleich erschien und sich gleich anfühlte. Er war mit hohem Gras bewachsen, und Gänseblümchen bewegten sich in einer sanften Brise. Und er war hell und durch das Sonnenlicht erwärmt. Hier wurde ich ganz und gar geliebt, fühlte ich mich absolut sicher und tanzte und spielte in dem Wissen, dass mich niemand an diesem heiligen, geschützten Ort berühren konnte. Wenn ich mich in diesen besonderen Bereich begeben hatte, wachte ich am nächsten Morgen immer mit einem großen Glücks- und Sicherheitsgefühl auf und wusste, dass alles gut war.«

Cindy (Fall 120). »Ich bin spanischer Abstammung, in eine spanischstämmige Familie hineingeboren, und ich bin in der dritten Generation hier. Ich erinnere mich daran, dass die Nonnen in den katholischen Schulen Terrortaktiken einsetzten und viel herumschrien. Eines Tages lernten wir die Zehn Gebote – es ging ums Fegefeuer. Ich erwähnte ruhig, dass Gott nicht so sei. Die Nonne schrie mich an. Ich sah, wie ihre Farben [ihre Aura] in alle Richtungen entschwanden, also schwieg ich. Fast blind geboren, bin ich mein gesamtes Leben von einer Gruppe von Engeln beschützt worden.«

Marcella (Fall 27). »Es gab nichts, was nicht göttlich war, und es gab keine ›Dinge‹. Das ›Ich‹, das ich gewesen war, existierte nicht mehr. Es gab nur noch ein ›Selbst‹ in diesem göttlichen ewigen Licht und der Liebe – und das ist alles, was es dort gibt. Jede Form ist göttliches Licht, es gibt keine abgetrennten Universen, keine separaten Welten, keine abgesonderten Staaten, keine unabhängigen Menschen.«

Georgia (Fall 8). »Ich habe entdeckt, dass man in einem ziemlich anspruchsvollen Raum leben kann, wenn man lernt, wirklich auf Gottes Gnade zu vertrauen, wie es die Jünger taten. Das ist nicht nur eine religiöse Auffassung, sondern ebenso eine Möglichkeit zu lernen, einer anderen Stimme als der weltlichen zuzuhören und ihr zu vertrauen.«

Was ist die beste Art und Weise, auf die spirituelle Führung übermittelt wurde und wird? Träume. Menschen, die als Kind eine NTE hatten, achten auf ihre Träume – oft mehr als auf alles andere. Träume werden zu einer Art spirituellem Pfad, einer Tür zum Wahren. 28 Prozent wurden durch sie inspiriert, zu Heilern zu werden. Ein paar banden sich an eine spirituelle Gemeinschaft und betrachteten sie als ihr Zuhause. Die überwiegende Mehrzahl blieb aber ohne derartige Ambitionen.

Arbeit

Seien Sie auf eine Überraschung gefasst: 74 Prozent der Menschen mit einer NTE haben später sehr erfolgreiche Karrieren durchlaufen – manche in der Wirtschaft, manche in der Politik, manche auf Farmen und in Kirchen und manche, indem sie zur richtigen Zeit kluge Schritte unternahmen, als seien sie »geleitet« worden. Einige wurden sogar zu berühmten Führungspersönlichkeiten.

Wie man sich vorstellen kann, strebten viele danach, Geistliche zu werden. Einer erreichte als Zugführer einer beliebten Vorortbahn eine Spitzenposition bei der Gewerkschaft. Ein anderer wurde einst für den Friedensnobelpreis nominiert, weil er vielen Menschen in Not geholfen hatte. Dann ging er in die Raumfahrtindustrie und zeichnete sich dort aus. Er gab an, dass er nie in seinem Leben niedergeschlagen gewesen sei. Viele wurden Lehrer, Autoren, Therapeuten, klinische Psychologen oder Sozialarbeiter. Im Folgenden einige konkrete Fälle:

- ★ *Nancy (Fall 4)* wurde eine erstklassige Chemikerin.
- ★ *Schwester Rosemarie (Fall 37)* wusste von Anfang an, dass sie Nonne werden würde.
- ★ *Zoh (Fall 86)* wurde eine ganzheitlich orientierte Ärztin, außerdem Rundfunkredakteurin, Autorin und Fernsehproduzentin.
- ★ *Kelly (Fall 84)* wurde zur ersten gewählten Landrätin in ihrem Staat.
- ★ *Connie (Fall 104)* erwies sich als Talent im Umgang mit Immobilienanlagen und Vermietungen und verdiente im Laufe der Zeit sehr viel Geld.
- ★ *Liliana (Fall 40)* betrieb einen sehr beliebten Dating-Service (sie »wusste« einfach, wer als Paar am besten zusammenpasste).

Hier ein paar Erzählungen von Betroffenen:

Reneé (Fall 80). »Nachdem ich vierzehn Jahre lang hinter dem Gefängniszaun gearbeitet hatte und eine Gefängnisrevolte durchstehen musste, wechselte ich nach Washington, D. C., als Assistentin des Verantwortlichen für Bildung und Erziehung in der Hauptverwaltung. Als Team beaufsichtigten wir 114 bundesstaatliche Gefängnisschulen, wo Entwicklung der Allgemeinbildung, Berufsausbildung, Englisch als Zweitsprache, juristisches Bibliothekswesen, Elternausbildung sowie Kompetenzen am Arbeitsplatz unterrichtet wurden. Ich war fast 21 Jahre lang in der bundesstaatlichen Gefängnisbehörde beschäftigt.«

Dial (Fall 18). »Ich erwies mich als sehr erfolgreiche Geschäftsfrau bei DuPont, wo ich fünfzehn Jahre war. Jetzt leite ich meine Farm, die Turtle Mountain Farm, mit Kühen, Eseln, Ziegen und Enten. Ich habe ein wunderbares Leben.«

Lilian (Fall 56). »Ich habe zusammen mit meinem Partner in China ein Unternehmen gegründet, in einer der Provinzen – zum kommerziellen Anbau von Nutzhanf. Wir halfen bei einer Neudefinition der Legalität von Nutzhanf kontra Marihuana und erhielten die Zustimmung und die Erlaubnis von der Zentralregierung. Derzeit bauen über eine Million chinesische Bauern Nutzhanf an. Ihr verfügbares Einkommen stieg dadurch von 40 US-Dollar auf 100 US-Dollar pro Ernte. Jetzt wendet sich mein Herz dem medizinischen Cannabis zu. Ich fühle mich stark angeleitet, diese segensreiche, göttliche Pflanze als Arznei und Heilmittel in unsere Welt zu bringen.«

Joshua (Fall 69). »... also gründete ich meine eigene Fliesenfirma. Ich musste den hinteren Teil eines viertürigen Chevy Corsica nutzen: für eine Nasssäge und all meine Werkzeuge. Das tat ich rund ein Jahr lang, bevor ich mir einen Transporter leisten konnte. Nachdem ich meinen ersten Transporter hatte, erlebte ich durch eigene Erfahrung, wie praktisch er ist und wie viel leichter es ist, damit Fliesen zu transportieren. Mein erster Transporter war ein Dodge Caravan, bei dem ich die hinteren Sitze entfernte. Nach zwei Jahren anstrengender Auftragssuche vollzog sich eine Trendwende, und ich kam mit zwei guten Bauunternehmern ins Geschäft, die mich bis zum heutigen Tag mit sehr viel Arbeit eindecken und mich gut bezahlen. Ich habe immer positiv gedacht. Wir ernten, was wir gesät haben.«

Karen (Fall 92) will Erfinderin sein und hat an Erfindergruppen teilgenommen. Viele haben gesagt, dass ihre Ideen gut sind. Obwohl ihr das Geld fehlt, ihre Projekte voranzutreiben, versucht sie es weiterhin. Man trifft diesen Erfindergeist, der etwas Neues ausprobieren will, um anderen zu helfen, bei zahlreichen Menschen an, die als Kind eine NTE gemacht haben. Um welches

Projekt es sich auch handelt, sie gehen voran, bis sie, wie Josh, ihr Ziel erreichen oder ein anderes finden, mit dessen Realisierung sie mehr Erfolg haben. Es gibt ein Wissen in ihnen, das sie weiter vorantreibt.

Die Prozentzahlen in dieser Studie sind denen in meiner ersten Studie sehr ähnlich. Obwohl 80 Prozent gern arbeiteten, zielte ihr Werdegang eindeutig nicht auf ein hohes Einkommen. Es reizte sie vielmehr, etwas zustande zu bringen – Gutes zu tun.

In beiden Gruppen hatten einige ernste Geldprobleme und lebten in Armut. Dennoch zeigten sie eine aufbauende Haltung und einen Sinn für Humor. Von den Teilnehmern dieser Studie hatte eine kaum genug Geld, um die Briefmarken zu kaufen, die sie benötigte, um mir ihr Material zu schicken (sie erwähnte dies erst anschließend). Sie tat es, um dafür zu sorgen, dass ihre Stimme gehört wurde. Das wurde sie. Ein anderer Teilnehmer verlor alles, was er besaß, nachdem er durch das Befolgen einer Anleitung einen Geldregen erhalten hatte. Der Grund, den er für diese Katastrophe ausmachte? Er sagte, er habe über die Stränge geschlagen und vergessen, wie das Leben wirklich funktioniert. Er wollte, dass ich das wusste, damit ich andere davor warnen konnte, so dumm zu sein. Das habe ich.

Ehe

Lassen Sie uns mit Nancy, Nathan, Jeannie, Chester und Jackie beginnen:

Nancy (Fall 4). »Eines Tages kam ein neuer Student an unsere Fakultät, der zuvor die Hargrave Military Academy in Chatham, Virginia, besucht hatte. Sobald ich ihn erblickt hatte, verliebte ich mich augenblicklich in ihn. Eine Woche später forderte er mich während einer Tanzveranstaltung unseres Instituts zum Tanzen auf, und auch er verliebte sich sofort in mich. Seit jenem Tanz waren wir über fünfzig Jahre lang zusammen, bis er 2012 starb. Es war eine glückliche Ehe!«

Nathan (Fall 19). »Bevor ich meiner Frau begegnete, hatte ich sie Jahre vorher in einem Traum gesehen. Als ich sie dann tatsächlich traf, wusste ich also, dass wir ein Paar werden und einige Zeit miteinander verbringen und eine eigene Familie haben würden. Ich suchte sogar den Namen unserer Tochter aus, bevor wir heirateten.«

Jeannie (Fall 23). »Liebe, Sex, Beziehungen waren durchschnittlich, bis ich meinem Mann begegnete. Ich bin seit meinem 24. Lebensjahr mit ihm zusammen. Er war ein Mann, der mich als das, was und wer ich war, akzeptieren konnte. Ich habe nie an irgendeiner Art von Therapie teilgenommen.«

Chester (Fall 54). »Sobald ich mein Zuhause verlassen hatte, hat mich das Seminar stark verändert. Ich habe dort Disziplin und Rücksichtnahme gelernt. Ich sah, wie chaotisch mein Zuhause gewesen war. Ich war etwa sieben Jahre lang im Seminar. Ich verließ es, als ich 23 Jahre alt war, und im nächsten Jahr heiratete ich meine Frau. Wir haben jetzt vier Kinder und acht Enkel.«

Jackie (Fall 62). »Ich war auf bestem Wege, eine Nonne zu werden. Ich bin physisch spät gereift, darum hatte ich während meiner Collegezeit keine wirklichen Dates. Ich bin seit 36 Jahren verheiratet. Es ist eine gute Ehe. Auch wenn mein Mann keinen sonderlichen Bezug zu meiner spirituellen Seite hat, unterstützt er mich sehr. Er hat auch ein ausgeprägtes spirituelles Ich. Es entspricht nur mehr den allgemeinen Auffassungen als meins. Ich habe zwei erwachsene Söhne, gut geratene junge Männer mit guten Ehefrauen.«

Die folgenden Zahlen sind kompliziert, also seien Sie etwas nachsichtig mit mir.

Lassen Sie uns mit dem Eindeutigen beginnen: Lange haltende Ehen führten in der ersten Gruppe 57 Prozent, in der zweiten 52 Prozent der Befragten. Scheidungen gab es in der ersten Gruppe bei 23 Prozent, in der zweiten bei 21 Prozent. Nie verheiratet waren in der ersten Gruppe 20 Prozent, in der zweiten Gruppe 25 Prozent. Die Unterschiede sind nicht groß genug, um Gewicht zu haben, und die Zahlen zeigen, dass das Eheglück unabhängig vom Alter durchweg beständig war.

Wirklich?

Alle zu den 57 Prozent in der jüngeren Gruppe Gehörenden bejahten das entschieden, ohne Ausnahme. Doch die Älteren bekannten im Rückblick etwas anderes. Nur 31 Prozent ihrer Ehen waren tatsächlich glücklich. Klagen darüber, ignoriert oder ständig missverstanden zu werden, waren die Hauptgründe, die für die Unterscheidung angegeben wurden. 18 Prozent bezogen sich auch auf sexuellen Missbrauch. Das Verstreichen vieler Jahrzehnte machte einen großen Unterschied aus: Was großartig begann, endete nicht immer großartig.

Ich sagte, dass die Zahlen hier kompliziert sind. Der Grund dafür ist folgender: Erwachsene, die eine Nahtoderfahrung hatten, weisen eine sehr hohe Scheidungsrate auf: 77 bis 80 Prozent trennen sich innerhalb von fünf bis zehn Jahren nach ihrem Erlebnis. Das hat alle verblüfft. Ich behauptete in meiner ersten Studie über die Jüngeren vollmundig, dass Menschen, die als Kinder eine NTE hatten, genau das Gegenteil tun würden, wenn sie erwachsen seien. Ihre Ehe würde Bestand haben, weil sie nicht mit den Angewohnheiten und dem Ballast von Erwachsenen zu kämpfen hätten. Ha, ich lag gründlich daneben. Nun gut, mehr oder weniger.

Diese Studie belegt, dass das gesamte Spektrum von Nachwirkungen – physischen, geistigen, emotionalen, spirituellen – sowohl auf Kinder als auch auf Erwachsene weit größere Auswirkungen hat, als irgendjemand bisher angenommen hat oder irgendwelche Forschungsergebnisse bisher aufgezeigt haben.

Mögliche Auswirkungen auf die Familie

Beispiel »Übersinnliche Fähigkeiten und inneres Wissen erweitern sich oft lebenslang«: *Liliana (Fall 40).* »Als meine älteste Tochter sieben war, hatte ich einen Traum, dass ich wusste, was geschehen würde. Unser Stiefvater arbeitete im kolumbianischen Dschungel für die Texas Petroleum Company. In meinem Traum sah ich, wie der Hubschrauber, in den er steigen würde, in einem dichten Wald abstürzte. In meinem Traum wurde niemand verletzt, aber sie wurden von den Stechmücken fast bei lebendigem Leibe gefressen. Also rief ich bei dem Unternehmen an, um mit meinem Stiefvater telefonieren zu können. Sie verbanden mich per Funk mit ihm. Ich bat ihn, an jenem Tag nicht mit dem Hubschrauber zu fliegen, und er tat es auch nicht. Und tatsächlich stürzte der Helikopter ab. Einen Tag später fanden sie die Leute lebend im Hubschrauber, aber sie waren von vielen Mücken zerstochen worden.«

Beispiel »Die besten Absichten können sich als Bumerang erweisen«: *Warren (Fall 51)* erkannte irgendwann schließlich, dass er seit seiner Nahtoderfahrung im Alter von 21 Monaten alles in seiner Macht Stehende getan hatte, um anderen zu helfen. Lehrer zu werden brachte ihn in die Position, direkt gegen den Rassismus anzugehen und mit denen zu arbeiten, die Lernprobleme hatten. Er war stets respektvoll und verbrachte schließlich mehr Zeit anderswo, vor allem in kroatischen Waisenhäusern und mit Mexikanern, als in seinen eigenen vier Wänden.

Viel von seiner Stärke erhielt er durch Gebete: »Jeder Gottesdienst in jeder Kirche war mir heilig.« Er wurde später zum Bahai. Durch die Notwendigkeit getrieben, zusätzlich Geld zu verdienen, gründete er zwischendurch ein Unternehmen, dann nahm er für einen höheren Abschluss das Studium wieder auf. Erschöpfung und ein guter Psychologe halfen ihm aufzuwachen: Trotz eines vollgepackten Terminplans verbrachte er mehr Zeit damit, anderen als seinen eigenen Kindern, vor allem seinem Sohn, zu helfen. »Ich war nachlässig«, sagte er. Diese Erkenntnis war für ihn sowohl beschämend als auch sehr bedrückend und schwer einzugestehen. Warren behob das Problem schließlich, indem er seine Ausflüge zur Unterstützung anderer so plante, dass er erst die Bedürfnisse seiner Frau und seiner Kinder sowie sein eigenes Bedürfnis, Zeit im Gebet zu verbringen, befriedigte.

Warrens Auskünfte für diese Studie waren übrigens die ausführlichsten, die ich erhielt. Es war eigentlich ein Buch über seine Lebensgeschichte und enthielt auch Familienfotos. Während seines langen Lebens hatte er nie einen Moment gehabt, seine tiefsten Gedanken mit jemandem zu teilen. Sobald er die Möglichkeit dazu hatte, strömte es nur so aus ihm heraus.

Beispiel »Die Nachwirkungen von Nahtoderfahrungen können die Betroffenen verfolgen«: *Leonard (Fall 49)* starb im Alter von drei Jahren, nachdem er hinter seinem Onkel hergelaufen und von einem Auto angefahren worden war. Er »kam zurück« und starrte gelähmt auf das Fahrgestell des Autos, das ihn angefahren hatte. »Ich versuchte fieberhaft, meinen Körper zu bewegen, aber er funktionierte einfach nicht. Plötzlich hörte ich eine vernehmliche Stimme ›*Lass es sein*‹ sagen. Ich kämpfte noch immer darum, mich zu bewegen. Aber wieder hörte ich: ›*Lass es sein.*‹ Als ich schließlich aufhörte, darum zu kämpfen, mich zu bewegen, fühlte ich sofort etwas, was ich nur als ein Kribbeln beschreiben kann – eine Art pulsierendes, vibrierendes Gefühl. Dieses Pulsieren lief von meinen Füßen bis zu meinem Scheitel, erst langsam, dann schneller und schneller, ein sich selbst wiederholender Kreislauf. Es wurde von einem ›Wuu-wuu‹-Geräusch begleitet.

Dann merkte ich, dass ich aufstand. Ich konnte Gebäude und Häuser sehen, aber keine Autos. Es gab einen wesentlichen Unterschied: Alles sah aus wie das Negativ eines Fotos – schwarz oder grau und weiß. Eine Gestalt auf der anderen Straßenseite forderte mich auf, zu ihr zu kommen. Ich erinnere mich, dass ich ein wenig Angst davor hatte, die Straße zu überqueren, weil ich wieder von einem Auto angefahren werden konnte, aber sie versicherte mir (nicht verbal, eher mental), dass mir nichts passieren würde.

Ich ging einfach hinüber und sah ein Bild von mir selbst und zwei meiner drei Brüder (der dritte war noch nicht geboren worden). Dann sah ich noch ein Bild und noch eins, bis lauter Bilder so schnell an mir vorbeizogen, dass es unangenehm wurde. Nun trat eine Pause ein. Ich betrachtete jetzt ein Bild von einem jungen Mann. Er sah aus wie ein erwachsen werdender Teenager oder wie jemand Anfang zwanzig. Er hatte seinen Arm um ein Mädchen gelegt, das im gleichen Alter wie er zu sein schien. Während ich dieses Bild betrachtete, erkannte ich schlagartig, dass ich meinen Sohn ansah. Was? Das war mein Sohn? Ich konnte nicht glauben, dass das mein Sohn war. Ich war erst drei Jahre alt! Ich erinnere mich, dass ich, nachdem es vorbei war, in eine dunkle Höhle oder einen dunklen Raum ging. Ich weiß noch, dass ich das Gefühl hatte: ›Ich sollte nicht hier sein.‹ Dann fühlte ich einen sanften Lufthauch und einen *unglaublichen Frieden!*«

Während er noch immer die Hand der Frau hielt, drehte sich Leonard um und blickte erstaunt zum Schauplatz des Geschehens hinüber: Der Mann, der ihn angefahren hatte, beugte sich über seinen gelähmten Körper. Die Leute waren außer sich. Jemand rief: »Bewegen Sie ihn nicht!«

»Ich erinnere mich, dass ich die Frau fragte, weshalb alle so beunruhigt waren. Mich beschäftigten die Gefühle derer, die um mich herumstanden, mehr als mein Körper, der dort lag. Eine Brise umstrich mich. Ich würde sagen, dass sich mein Intellekt danach in den eines Zehn- oder Fünfzehnjährigen verwandelte.«

Es geschah noch viel mehr mit ihm. Während er schließlich eilig ins Krankenhaus gebracht wurde, begann er zu weinen, als seine Mutter das tat. Nachdem er sich wieder vollständig erholt hatte, verdrängte er die merkwürdige außerkörperliche Szene, die Frau, die dunkle Höhle und die Zeitunterschiede. Als er älter war und im Internet herumstöberte, entdeckte er ein Video über eine Nahtoderfahrung, das ihm half zu erkennen, dass ihm etwas Ähnliches widerfahren war. »Ich wurde augenblicklich von jemandem, der diese Leute infrage stellte, zu einem dieser Leute.«

Vor einer heiklen Aneurysma-Operation betete er, dass alles weggehen möge. Als die Ärzte ihn für die Operation vorbereiteten, nahm die Situation eine überraschende Wendung. Da war kein Aneurysma. Es war verschwunden. Er ging geheilt von dannen.

Erneut durchsuchte er das Internet, diesmal nach einer alten Freundin. Sie hatte ihm, kurz bevor er und seine Eltern weggezogen waren, erzählt, dass sie möglicherweise schwanger war.

Er dachte darüber nach, obwohl inzwischen viele Jahre vergangen waren. Er ermittelte einen jungen Mann mit dem Nachnamen der Frau in derselben Stadt, in der er einst gelebt hatte. Nachdem er ihn kontaktiert hatte, erfuhr er, dass die Mutter des jungen Mannes tatsächlich Leonards frühere Freundin war. Sie war gestorben, als der Junge erst zehn Jahre alt gewesen war. Er schickte drei Fotos. Das dritte war *genau dasselbe,* das Leonard im Alter von drei Jahren gesehen hatte, als er von einem Auto angefahren und fast getötet worden war.

Die Kinder der Betroffenen

Die erste Gruppe bestand mehrheitlich entweder aus Kindern kurz nach ihrer Nahtoderfahrung oder aus jungen Erwachsenen; ein paar waren mittleren Alters. Es gibt keine statistischen Daten über sie – zumindest keine verwertbaren. Die Mehrheit der zweiten Gruppe hatte tatsächlich Kinder, im Schnitt jeweils zwei pro Person. Ein paar hatten große Familien und sogar eine noch größere Anzahl von Enkeln. 42 Prozent hatten keine Kinder. Soweit ich es beurteilen kann, haben die meisten Eltern ihre Kinder gut großgezogen. In den Fällen, in denen ich auf Konflikte und sogar auf Feindseligkeiten und Wut und auf Geschwister gestoßen bin, die sich nicht verstanden, handelte es sich um Haushalte, in denen die Eltern selbst nicht miteinander auskamen oder die Person mit einer NTE (meist Frauen) den Dingen einfach ihren Lauf ließ.

Absolut überraschend ist jedoch der Beweis für die Richtigkeit des Lamarckismus. Ich habe das vorher schon bemerkt – an erwachsenen Kindern von Personen, die als Erwachsene, *und* solchen, die als Kinder eine NTE hatten: Es macht den Eindruck, als ob die zweite Generation mit denselben Eigenschaften geboren wurde, die ihre Eltern *erworben* hatten. – Also nicht über die DNA ererbt, sondern *erworben.* Wovon rede ich? Hier kommt's:

Ende des 18., Anfang des 19. Jahrhunderts machte der französische Biologe Jean-Baptiste de Lamarck eine interessante Entdeckung: Ein Organismus kann Eigenschaften, die er im Laufe seines Lebens erworben hat, an seine Nachkommen weitergeben. Während er zu Lebzeiten heftig kritisiert wurde, zeigen überzeugende Beweise heute, dass Lamarck wusste, wovon er sprach.[48] Das bedeutet, dass *Erinnerungen und Fähigkeiten, die eine Person während einer Nahtoderfahrung erworben hat,* von ihr bei der Zeugung *an ihre Kinder weitergegeben werden können.* Diese erworbenen, transgenerational weitergegebenen Eigenschaften werden inzwischen ernst genommen.

Lassen Sie mich dies ein wenig aktualisieren. Bei meiner eigenen Arbeit habe ich festgestellt, dass, je intensiver die Nahtoderfahrung war, die Wahrscheinlichkeit steigt, dass sich dadurch erworbene Eigenschaften in der nächsten Generation zeigen – und in der danach.

Das ist von großer Bedeutung! Es bestätigt nicht nur, dass Folgewirkungen von Nahtoderfahrungen das Leben eines Menschen erheblich verändern können; es verweist auch darauf, dass nachfolgende Generationen ebenfalls verändert werden können – durch das, was mit einem Elternteil geschehen ist.

Beachten Sie die folgenden Äußerungen:

Sandra (Fall 28). »Meine Kinder sind erstaunlich. Alle sind vielfältig begabt, und bei den ersten beiden wurde bei psychologischen Tests an der Schule festgestellt, dass bei ihnen beide Gehirnhälften die gleiche Dominanz aufweisen. Sie sind beide an allen Bereichen interessiert und erweisen sich auch als überall fähig. Die Älteste begann mit fünfzehn Jahren ein Universitätsstudium und machte nach vier Jahren einen Abschluss in Musikpädagogik. Die zweite ging mit vierzehn an die Universität und machte mit neunzehn ihr Examen als Chemieingenieurin. Beide arbeiteten in mehreren Stellen in ihrem Bereich und trieben zugleich Sport. Sie waren alle zu Hause unterrichtet worden. Die jüngsten beiden wurden nicht auf ihren IQ-Typ getestet wie ihre Schwestern zuvor. Ich nahm sie von der Schule. Alle sind jetzt erstaunliche Erwachsene und haben Kinder.«

Jackie (Fall 82). »Als mein zweiter Sohn kaum drei Jahre alt war, fragte ich ihn, an was er sich von dem Augenblick erinnere, in dem er geboren wurde. Er antwortete: ›Es war eng.‹ Im Alter von vier Jahren erwähnte er auch, dass er und Jesus zusammen im Garten gespielt hätten. Als ich ihn fragte, was sie gemacht hätten, sagte er: ›Bloß gegraben.‹ Bei einer anderen Gelegenheit erwachte ich und hörte wunderschöne Engel singen. Es waren keine konkreten Worte, nur ein lieblicher Klang. Ich stand auf, um in den anderen Raum zu gehen, und kam am Bett meines Sohnes vorbei. Er (vier oder fünf Jahre alt) schoss hoch und fragte mich: ›Mom, hast du die Engel singen gehört?‹«

Vicky (Fall 24). »Mein Sohn begann als Kleinkind, übersinnliche Fähigkeiten zu zeigen, und von seinem vierten bis zu seinem siebten Lebensjahr war er imstande, die früheren Besitzer unseres Hauses zu sehen und zu hören, einen Mann und eine Frau über achtzig, die zu ihm sprachen.«

Cara (Fall 14). »Meine Söhne sind immer sehr bewusst gewesen. Mein jüngerer Sohn sah im Alter von vier Jahren einen toten Vogel auf der Straße und fragte mich, wo ›der andere Teil‹ des Vogels sei. Wir drei waren in der Lage, ohne Worte miteinander zu kommunizieren. Mein jüngerer Sohn weiß, wenn ihn jemand anlügt. Wir hatten viele schwierige Schuljahre, weil er den meisten Lehrern oder Aufsichtspersonen nicht traute und nicht zuhörte. Ich musste ihm sagen, dass er mich jederzeit anrufen könne und ich ihn dann aus der Schule holen würde, ohne Fragen zu stellen. Wir sprachen über solche Situationen und suchten nach der besten Lösung.

In jungen Jahren verstanden meine Söhne das große Ganze, ohne dass es ihnen erläutert worden wäre. Sie beobachteten, was um sie herum geschah, und fällten dann oft möglichst objektive Entscheidungen. Beide Jungen hatten von klein auf eine große innere Stärke, wenn es darum ging, anderen und Tieren zu helfen, selbst wenn sie von Erwachsenen drangsaliert wurden, und sie ergriffen die Initiative. Sie brachten auch Kinder ins Haus, die es schwer in ihrem Leben hatten, und ließen sie bei mir. Sie hatten eine für Kinder erstaunliche Art, die Fassung zu bewahren, und lernten, in ihre persönliche Kraft hineinzuwachsen.«

13

Posttraumatische Belastung und NTE

Ich habe und hatte stets das Gefühl,
anders als andere Menschen zu sein.
Ich habe mich sogar bei meiner erwachsenen Tochter
dafür entschuldigt, dass es mir leidtue,
offenbar kein »normaler« Dad sein zu können.

Tony (Fall 2)

In der ersten von mir untersuchten Gruppe äußerten sich 34 Prozent positiv darüber, eine NTE gehabt zu haben, 61 Prozent eher negativ.

Wie kann das sein?

Nahezu einhellig lautete die Erklärung, die sie hierfür gaben, folgendermaßen: Aufzuwachsen und ihren Platz im Leben zu finden sei einfach *zu schwierig* gewesen. Die zweite Gruppe unterschied sich nur darin, dass sie zusätzlich Jahre brauchte, um das alles zu verstehen.

Ford (Fall 30) ist einer der sehr wenigen Betroffenen, denen ich begegnet bin, die, ob Kind oder Erwachsener, Jahre nach ihrem Erlebnis eingestanden haben: »Ich hatte Angst vor dem Tod und dachte, er sei das Ende von allem, was ich kannte – *für immer!*«

Vielleicht liegt der Grund für solch eine Düsternis darin, dass er sich kurz nach seiner NTE in einem Nebel aus Drogen und Alkohol verlor, um die starken Nachwirkungen zu dämpfen, die er durchmachte.

Wer gibt so etwas zu? Kinder tun das.

Das, was wir über das Nahtodphänomen zu wissen glauben, wird von den Allerjüngsten ernsthaft infrage gestellt. In diesem Kapitel packen wir endlich direkt an, was nur sehr wenige Menschen je erwähnen. Die Kombination stimmt: Kinder mit einer NTE zeigen tatsächlich einige Aspekte einer posttraumatischen Belastungsstörung oder PTSD *(post-traumatic stress disorder).* Lesen Sie einmal dies:

Mimi (Fall 117). »Mein Leben mit meinen Eltern war ein einziger Horror. Es kostete mich ein halbes Jahrhundert, um da herauszukommen. Mein Vater dachte, ich wäre vom Teufel besessen (als Ergebnis der NTE!). Ich begann zu schreien, wenn er in der Nähe war. Jeden Tag, die ganze Zeit. Er wollte mich in eine fromme Christin verwandeln. Indem er brüllte, wie schlecht ich sei, dass ich in der Hölle brennen solle, dass ich wertlos sei, dass ich nicht sein Kind, sondern das Kind des Teufels sei … Ich verlor Stück für Stück. Nach meinem neunten Geburtstag war mein Wille mehr oder weniger gebrochen.«

Damon (Fall 112). »Ich fühlte mich viele Jahre lang einsam und verlassen. Am Strand starrte ich zum Horizont und wollte ›da draußen‹ sein. Ich wollte wirklich nicht hier sein und will es immer noch nicht. Es ist nicht mein Zuhause. Ich fühlte mich auch nicht mit anderen Kindern verbunden. Von jungen Jahren an trug ich das Gewicht der Welt auf meinen Schultern, ganz im Ernst.«

Veronica (Fall 64). »Heranzuwachsen war schwierig. Ich wurde von einem erwachsenen Cousin, der auch bei meinen Großeltern wohnte, sexuell belästigt. Meine Mutter kam plötzlich, um mich von meinen Großeltern wegzuholen und mich mit zu sich zu nehmen – oft mitten in der Nacht. Normalerweise wurde rumgeschrien, und manchmal brachte meine Mutter den Sheriff mit, wenn sie kam, um mich zu holen. Es war sehr belastend. Dadurch, dass mein Schlaf auf solch eine Weise unterbrochen wurde, entwickelte ich mich zur Schlafwandlerin.«

Sie haben bereits ähnliche Geschichten wie diese gelesen, die im Wesentlichen besagen, dass es auf diesem Planeten zuweilen recht ruppig zugeht.

Der Arzt Bruce Greyson, einer der langjährigen Forscher auf diesem Gebiet und einer der Beiträger des Buches *The Science of Near-Death Experiences* weist darauf hin, dass Menschen mit einer NTE mehr Symptome einer PTSD aufweisen als Überlebende von Beinahezusammenstößen mit dem Tod, die nie eine Nahtoderfahrung hatten, aber nicht so viele wie jene, die unter einer klinischen PTSD litten.

Er führt aus: »Manche der phänomenologischen Merkmale von NTEen sind bezüglich unseres derzeitigen Verständnisses von psychologischen oder physiologischen Prozessen schwer zu erklären. Beispielsweise berichten Betroffene manchmal, dass sie ihren Körper von einem anderen Punkt im Raum aus gesehen hätten und imstande seien, genau zu beschreiben, was um sie herum vorging, während sie scheinbar bewusstlos waren, oder dass sie bestätigte Ereignisse wahrgenommen hätten, die sich in einer Entfernung ereigneten, die außerhalb der Reichweite ihrer Sinnesorgane lag. Dazu gehören auch blinde Personen, die präzise visuelle Wahrnehmungen beschreiben, die sie während ihrer NTE hatten.«[49]

Es sei noch darauf hingewiesen, dass sich Bruce Greysons Bemerkungen altersübergreifend anwenden lassen.

Derzeit leidet eins von acht Kindern in den Vereinigten Staaten an einem Trauma und/oder einer Depression. Oprah Winfrey hat in ihrem News Special »60 Minutes« auf CBS TV eine neue Art von Organisation für traumatisierte Kinder vorgestellt: SaintA.[50] Schon bemerkenswert! Kinder mit einer Nahtoderfahrung passen aber nicht recht zu den angegebenen Kriterien. Wie Bruce Greyson bemerkte, treffen einige der PTSD-Symptome zwar zu, aber nicht in der klinischen Ausprägung.

Wenn die Rede von PTSD ist, sollten Sie wissen, dass es viele Symptome gibt, die eine betroffene Person aufweisen kann. Dank eines von Hal Taylor verfassten Artikels mit dem Titel »Emerging from PTSD«[51] liegt uns eine kurze Liste über das vor, was er in seinem eigenen Fall festgestellt hat. Sie ermöglicht uns einen umfassenden Blick auf das Thema:

- Angst, die selten je erlischt,
- Unfähigkeit, sich für eine längere Zeit zu konzentrieren, ohne einzuschlafen,
- Gereiztheit an der Grenze zur Gewaltbereitschaft,
- Unfähigkeit zu differenzieren,
- Selbstvorwürfe, wenn Ziele nicht erreicht werden oder etwas nicht perfekt ausgeführt werden kann, und
- Unfähigkeit zum Mitgefühl.

Sherry (Fall 66) fragte sich, ob sie unter einer PTSD litt, und machte sich daran zu überprüfen, ob irgendeins der Merkmale auf sie zutraf. Sie las das Buch *Posttraumatische Belastungsstörung* von Pete Walker,[52] der wie Hal Taylor einen ausgiebigen Blick auf das werfen wollte, was ihm als Kind widerfahren war, sowie darauf, was er tun konnte, um sich selbst zu heilen.

Sherry sagte zu ihrer Lektüre: »Ich war getroffen von der ›todesähnlichen‹ Erfahrung, die viele Kinder erleiden, und davon, wie nahe das meinem eigenen Fall kam. Als kluges, kreatives, sensibles Kind habe ich immer versucht, alles zu verstehen, den Sinn zu erfassen, es zu ordnen, mich zu ordnen, damit ich mich einfügen konnte und nicht als Außenseiterin zum Angriffsziel wurde. Aber nichts funktionierte. Im Laufe der Zeit begann ich zu erkennen, dass es nie behoben sein würde und ich dazu verurteilt war, als Sündenbock und schwarzes Schaf der Familie zu fungieren, obgleich ich unschuldig, freundlich und scheu war. Meine Versuche, es zu beheben und mich perfekt zu machen, würden nie funktionieren. Ich brauchte sogar noch mehr Zeit (47 Jahre, um genau zu sein), um sie gänzlich aufzugeben und aufzuhören, es zu versuchen. Ich habe nun den Sachverhalt, den zu begreifen ich eine Weile brauchte, erkannt: Sie waren einfach boshafte Menschen und werden sich nie ändern.«

Unter den professionellen Therapeuten auf diesem speziellen Gebiet werden Sie kaum jemanden finden, der qualifizierter als Steven R. Vazquez ist, um über die Arbeit mit Menschen zu sprechen, die als Kind eine Nahtoderfahrung hatten. Er ist amtlich zugelassener professioneller Berater und Ehe- sowie Familientherapeut, der sich auf eine neue, von ihm selbst entwickelte psychotherapeutische Methode namens »Emotional Transformation Therapy (ETT)«[53] spezialisiert hat. Er hatte schon zahlreiche Klienten und erläutert, dass einige Menschen mit einer frühen NTE Schwierigkeiten haben, eine Sprache für ihre Erfahrungen zu finden. Also bedienen sie sich unterschiedlicher Quellen, um sie zu erklären. Wenn die Sprache zum Zeitpunkt des Ereignisses noch nicht vorhanden war, müssen sie für ihre Schilderung die Sprache verwenden, die sie in ihrem späteren Leben gelernt haben, wobei andere es offenbar recht klar zu beschreiben vermögen und es untermauert werden kann.

Dazu *Gayatri (Fall 88)*, die zu seinen Klienten zählte: »Der Haken besteht buchstäblich darin, wie man all jene Realität runterholt und in das kleine, begrenzte System der dreidimensionalen menschlichen Käfigrealität dieses irdischen Überzeugungssystems reinpackt, das kein Fundament in der höheren göttlichen Wahrheit hat. Mit anderen Worten: Selbst wenn die NTE als Kind nicht traumatisch ist, so ist es der Wiedereintritt in das menschliche 3-D-System. Und in einem sehr frühen Alter werden zahlreiche ›Überlebensmechanismen zur Bewältigung‹ aufgebaut, nur um hier auf Mutter Gaia mitschwingen zu können.«

Noch etwas anderes – ein tieferer Sinn, ein tieferes Wissen oder Bewusstsein – ist bei Menschen mit einer NTE stets gegenwärtig, und diese stärkere Tiefgründigkeit passt nicht zur Diagnose einer klinischen PTSD und unterscheidet sie von den Folgen einer NTE.

Satwant K. Pasricha äußerte sich in dem Buch *Making Sense of Near-Death Experiences* dazu. Sie war früher Professorin und Vorsitzende des National Institute of Mental Health and Neurosciences in Bangalore, Indien, und verfügt über die erforderliche Erfahrung, um ihre folgenden Worte zu untermauern: »Der zentrale Unterschied zu einer PTSD besteht darin, dass Menschen mit einer NTE nicht versuchen, häufige Erinnerungen an die NTE zu vermeiden, und die positive Auswirkung verringert die Wahrscheinlichkeit des Auftretens nachfolgender Stresssymptome.«[54]

Verbindungen zu einer PTSD kehren sich um, sobald wir erneut einen Blick auf das gesamte Spektrum dessen werfen, womit wir es hier zu tun haben. Erinnern Sie sich daran, wenn wir wieder auf *Tony (Fall 2)* zurückkommen, dessen Äußerung dieses Kapitel eröffnete. Nachdem er sich mit dem Trauma, »anders« zu sein, auseinandergesetzt hatte, gestand er: »Ich wollte jeden Tag weglaufen, fliehen. Und ja, ich habe in Gedanken Szenarien über Möglichkeiten entwickelt, mich selbst umzubringen, ohne es wie einen Selbstmord aussehen zu lassen. Ich habe sogar einen Baum ausgesucht, um meinen schönen Jaguar, so schnell ich konnte, dagegenfahren zu lassen. Er befindet sich geradeaus an einer Kurve, sodass ich ihn treffen würde, wenn ich einfach weiter geradeaus führe. Aber das war in der Vergangenheit, wenn ich am Tiefpunkt war. Ich habe derartige Gedanken nicht mehr so stark. Doch ich würde noch immer gern vor alldem fliehen und einen langen, wunderbaren Urlaub in den Tropen machen. – Und eines Tages werde ich das auch.«

Klingt er jetzt nicht ziemlich vernünftig für jemanden, der fast zerschmettert worden wäre, weil er als Heranwachsender »so anders« war?

Constance (Fall 63) hatte eine Erfahrung mit schwarzem Licht. Das geschah, nachdem sie mit drei Jahren an der Beerdigung ihrer siebzehn Monate alten Schwester teilgenommen hatte, von der sie damals wusste, dass sie ihre Zwillingsseele war. Ihr Trauma, solch eine Gefährtin zu verlieren, war so groß, dass sie zusammenbrach, in einen Schockzustand verfiel und ein ganzes Jahr lang verstummte und völlig verloren war. »Es war schwierig für mich, weil ich auf der anderen Seite meine Schwester und Liebe, aber auf der Erde meinen Körper hatte. An irgendeinem Punkt beschloss ich zurückzukommen, weil ich fühlte, dass ich eine Aufgabe hatte: die Menschen wissen zu lassen, dass die Liebe Gottes real ist; eine Stimme für Gottes Liebe zu sein.«

Dial (Fall 18) berichtete: »Als Indianerin entdeckte ich den Roten Weg und wusste, dass ich meine Wahrheit gefunden hatte. Ich war nach Hause zurückgekehrt. Mutter Erde und die Tiere wurden zu meinen Lehrern. Ich dachte über all das im Alter von 28 Jahren nach. Ich fand zu jener Zeit in meinem Leben heraus, dass ich mich durch meinen Willen sterben lassen konnte. Ich wurde hochgehoben und von einer Stimme gefragt: ›Blick zurück, und versichere dich, dass dies das ist, was du willst.‹ Ich blickte zurück, sah mich um und auf Hunderte von Menschen, von denen ich viele kannte. Während ich mich umblickte, wurde mir klar, dass ich keine Liebe entdecken konnte. In diesem Moment wurde ich gefragt: ›Willst du zurückgehen und Liebe lehren?‹ Ich war dazu bereit.«

Lassen Sie mich wiederholen, was *Sandra (Fall 28)* weiter vorne in diesem Buch sagte: »Ich habe eine Vision, ein intensives Gefühl in meiner Erinnerung, dass ich Gott als kleines Kind anflehte, mich auf die Erde kommen zu lassen. Ich habe eine Vorstellung von mir selbst, nicht von Gott. Er ist einfach da! Ich flehte und flehte ihn an, mich herkommen zu lassen. Ich sagte: ›Ich weiß, dass ich ihnen zeigen kann, dich zu lieben. Ich werde sie lieben, und sie werden dich kennen. Sie brauchen mich.‹ Nun, hier bin ich, und es war tatsächlich einfach, mein Versprechen zu lieben einzuhalten, trotz vieler fehlgeschlagener Versuche, Menschen zu ›retten‹.«

Was ist hier »normal«? Bruce H. Lipton und Steve Bhaerman, die Autoren des Buchs *Spontane Evolution*, glauben, dazu eine gute Idee zu haben: Wir sollten die ernüchternde Tatsache bedenken, dass die meisten Ansichten über uns selbst und die Welt während der ersten sechs Lebensjahre sehr passiv herausgebildet und in unser Unbewusstes übernommen werden und dem entsprechen, was wir erleben und beobachten – und das, bevor wir die Fähigkeit zum kritischen Denken entwickelt haben, die es uns erlauben würde, selbstzerstörerische Vorstellungen zu verwerfen, bevor wir sie als Überzeugungen übernehmen, die dann unser Denken und Handeln und die Art von Leben, das wir führen, prägen.[55]

Na gut, da ist etwas dran, aber … Was wäre, wenn die Welt um uns herum nicht dem entspricht, was wir sehen, hören, berühren, fühlen, wissen? Viele der Personen in dieser Studie, die als Kinder eine NTE hatten, konnten zum Zeitpunkt ihres Erlebnisses noch nicht sprechen. Doch sie hatten *keinerlei* Probleme damit zu begreifen, was geschah und warum. Viele der Betroffenen in dieser Studie abstrahierten, bevor sie überhaupt zur Schule gingen. Doch sie mussten in der Schule und zu Hause mit einer Umkehrung des Erlernten umgehen. Viele in dieser Studie wussten oder verstanden nie, was ein menschliches Wesen ist oder wie sie eins sein konnten. Sie taumelten mit Schuldgefühlen oder dem Eindruck, preisgegeben worden zu sein, durchs Leben – wobei *nichts* von beidem irgendetwas mit ihrer Familie, ihrem Zuhause, ihrer Schule, ihrer Arbeit, ihrem Heranwachsen, Sex oder dem Fehlen von Sex, Beziehungen, Ehe, ihren eigenen Kindern oder dem Älterwerden zu tun hatte.

All dies verschleiert den eigentlichen Sachverhalt: *Es dreht sich alles ums Zuhause!* Schuldgefühle, weil man zurückmöchte. Das Gefühl, preisgegeben worden zu sein, weil man offensichtlich hinausgeworfen wurde. Helfen Sie ihnen, dies zu verstehen, und die Heilung, die sie benötigen, wird folgen. Symptome und die Diagnose einer PTSD bieten keinerlei Weg, dies zu verstehen oder anzugehen. Betrachten Sie diese Zahlen: 76 Prozent wurden anschließend spiritueller, 27 Prozent wandten sich einer Religion zu, und 28 Prozent wurden Heiler.

Hier eine Liste mit den Punkten, die für die Mehrheit derjenigen, die als Kind eine NTE hatten, *normal* ist:

- ★ das Gefühl, geführt zu werden,
- ★ unsichtbare Wesen, die manchmal sichtbar sind,
- ★ gelegentliches Wissen um die Zukunft,
- ★ überdurchschnittliche Intelligenz,
- ★ Sehen von Lösungen für Probleme, auf die andere nicht kommen,
- ★ eine stärkere übersinnliche Wahrnehmung als der Durchschnitt,
- ★ mögliche außerkörperliche Reisen,
- ★ Weisheit, die normalerweise mit den Jahren zunimmt,
- ★ Geschicklichkeit,
- ★ Ideenreichtum,
- ★ das Bedürfnis, Kranken bei der Genesung zu helfen,
- ★ Beteiligung an sozialen Projekten, wenn sie selbst im Hintergrund bleiben können,
- ★ die Fähigkeit, oft zu sehen, was andere nicht sehen,
- ★ ein schwer verständliches Einsamkeitsgefühl und
- ★ eine etwas zu ausgeprägte Großzügigkeit.

Bei 73 Prozent der Betroffenen nahmen die Nachwirkungen mit der Zeit zu. Beachten Sie, dass diese ständige Steigerung unabhängig vom Alter vorhanden ist – selbst bei denjenigen, die bereits ihr 86. Lebensjahr erreicht hatten.

Ich erlaube mir, hier das zu teilen, was ich durchgehend bemerkt habe: Die Gehirne der allerjüngsten Betroffenen sind eindeutig anders. Das gilt zwar für Betroffene jeden Alters, aber bei den Allerjüngsten trifft das sogar noch mehr zu!

Erinnern Sie sich, dass die entscheidende Verschaltung im Gehirn von der Geburt bis zum fünfzehnten Lebensmonat stattfindet und sich die Ausbildung der Synapsen dann verzwanzigfacht, was doppelt so viel Energie verbraucht wie die Gehirnfunktion eines Erwachsenen. Vom dritten bis zum fünften Lebensjahr prägt sich der Temporallappen aus. In dieser Zeit erkunden und probieren Kinder mögliche Rollen, künftige Muster und die Kontinuität der Umwelt aus.

Wie gut das passt: Den überzeugendsten Beweis für Genialität bei als Kinder Betroffenen habe ich bei denen gefunden, die ihr Erlebnis während oder um die Geburt herum bis zu einem Alter von fünfzehn Monaten hatten. Und die meisten Sichtungen von Außerirdischen, Feen und Monstern ereignen sich typischerweise im Schnitt im Alter von drei bis fünf Jahren – das ist genau der Zeitraum, in dem sich die meisten Nahtoderfahrungen bei Kindern ereignen. Gleiches gilt für verblüffende spirituelle und religiöse Visionen und Erinnerungen an frühere Leben und andere Welten.

Ich möchte erneut darauf hinweisen, dass all dies vor der ersten Klasse geschieht. Das ist auch der Grund, weshalb ich Fälle vom sechsten Lebensjahr an für diese Studie gemieden habe. In meiner früheren Arbeit habe ich jedoch Fälle bis zum fünfzehnten Lebensjahr untersucht, und trotzdem entspricht der Großteil meiner Erkenntnisse denen dieser Studie.

Ich glaube, dass all dies – vor allem das oben Erörterte – der Grund dafür ist, warum kleine Kinder Nahtoderfahrungen anders einordnen als ältere Kinder, Teenager und Erwachsene. Sie gleichen aus, passen an und ignorieren. Und nach allem, was ich gesehen habe, beginnen sie mit dem Einordnungsprozess erst ab einem Alter um die zwanzig bis vierzig. Ja, viele von ihnen werden auf die andere Seite geprägt oder binden sich an sie. Aber, und es ist ein großes Aber, die Aufgabe jedes Kindes in jeder Gesellschaft besteht darin, zu lernen und heranzuwachsen. Alles, was dieser Aufgabe im Wege steht, wird weggeräumt, ignoriert oder vergessen. Manchmal lassen sich Menschen mit einer NTE als Kind nur an dem Muster von Nachwirkungen erkennen, die sie aufweisen – ohne zu wissen, warum.

Erwachsene verfügen über mehr Unabhängigkeit und Einfluss. Sie können die Art von Entscheidungen treffen, die ein durchschnittliches Kind nicht treffen kann. Etwa ein Viertel der erwachsenen Betroffenen, mit denen ich Gespräche geführt habe, tun das Ganze als seltsame Vorstellung, als Halluzination oder als Traum ab und gehen dann fröhlich ihres Weges, wobei sie jeden Hinweis darauf ignorieren, dass es Nachwirkungen geben könnte oder dass sie vielleicht dem, was geschehen ist, etwas mehr Aufmerksamkeit widmen sollten.

Für ein Kind ist jedes Ereignis ein großes Ereignis, etwas Wichtiges im Jetzt. Es dauert nicht lange, bis sie unabhängig vom Alter viel an Gefühlen und Energie investiert haben, um sich mit allem Geschehen auseinanderzusetzen – ungeachtet dessen, ob es real oder vorgestellt ist und ob es sich um eine innere oder um eine äußere Realität handelt. Kinder lernen schnell, was in ihrem Umfeld zulässig ist und was nicht, was bei ihnen toleriert wird und was nicht. Ihre Verteidigung besteht im Ausweichen. Sie sehen, was passieren kann, wenn sie etwas »Seltsames« sagen. Jedes Kind testet Sie, um herauszufinden, wie Sie reagieren, *bevor* es bestimmte Dinge tut.

Jeder Berater, Therapeut oder Psychologe muss diese Dinge durchdenken, bevor er oder sie einen Fall angeht, in dem ein Klient oder eine Klientin in sehr jungen Jahren eine Nahtoderfahrung hatte. Diejenigen, die eine Ausbildung in transpersonalen Techniken hatten, fahren weit besser. Wie erwähnt, sagten Befragte aus, mehr Hilfe von Hellsehern als von Psychiatern oder Psychologen erhalten zu haben. Doch manche Psychiater und Psychologen haben bereits den Sprung zu ganzheitlicheren Ansätzen gemacht. Einer von ihnen ist der Psychiater Robert

W. Alcorn, Verfasser des Buches *Healing Stories,*[56] der nun schamanische spirituelle Verfahren in seiner Praxis einsetzt, einschließlich Seelenrückholung, der alten schamanischen Kunst des »Flickens« jedes Schadens der Seele einer Person und der Wiedervereinigung von Teilen der Seele, die möglicherweise »verloren gegangen« sind. Manche Hellseher lassen sich inzwischen ausbilden, um ihre Intuition als zugelassener Therapeut oder medizinischer Hellseher einzusetzen. Winter Robinson, Autorin von *Hidden Order,*[57] gibt Workshops, in denen sie solche Fähigkeiten vermittelt und über die Bedeutung der Ethik diskutiert. Sie hat sich einen hervorragenden Ruf als Therapeutin und als Intuitive erworben.

Manche als Kind Betroffene haben großen Erfolg mit dem Ausprobieren anderer Methoden. *Rita (Fall 13)* ist eine von ihnen. »Als ich die ersten Jahre meines Lebens als Kleinkind erneut erlebte – dies geschah nach einer sexuellen Kundalini-Erfahrung –, erfuhr ich, wie ich mit der Cranio-Sakral-Flüssigkeit arbeitete, um mich selbst als Neugeborene zu trösten, da ich von meiner Mutter keine liebevolle Zuwendung, Berührung oder Widerspiegelung bekam. Sie befand sich in einem zerbrochenen inneren Raum voller Wut und tiefem Schmerz durch äußere Erfahrungen.«

Meditation und Achtsamkeit machen einen riesigen Unterschied für diejenigen, die bereit sind, solche Praktiken in ihr Leben einzubinden. Doch am häufigsten haben mir Betroffene von der spirituellen Praxis des Gebets erzählt. Dank Andrew Newberg und Mark Robert Waldman, den Autoren des Buchs *Der Fingerabdruck Gottes,*[58] wissen wir inzwischen auch anhand wissenschaftlicher Belege, wie kraftvoll Gebete und spirituelle Praktiken wirklich sind – für jeden von uns.

Noch eine kurze Nebenbemerkung: Wissenschaftler, die mit psychedelischen Drogen arbeiten, haben festgestellt, dass diese

Drogen tendenziell das Wachstum neuer Hirnzellen fördern, vor allem solcher, die Verbindungen mit anderen Hirnzellen herstellen. (Die durch gezielte Lern- und Erfahrungsprozesse stimulierbare Fähigkeit des Gehirns, sich nutzungsabhängig in seiner Funktion und Anatomie zu verändern, bezeichnet man als »neuronale Plastizität«.) Das Ergebnis ist nicht nur bewusstseinserweiternd, sondern auch emotional erhebend. Das Ziel besteht in diesem Zusammenhang darin, neue und bessere Wege zur Behandlung von Depressionen und PTSD zu finden. Was mich dabei fasziniert, ist der Umstand, dass Nahtoderfahrungen in der Wirkung und der Reichweite psychedelischen Drogen ähneln, da beide zu einer Erweiterung des Gehirns führen. Der Unterschied besteht jedoch darin, dass die Wirkungen von Nahtoderfahrungen lebenslang anhalten und keinerlei derartige Drogen zum Einsatz kommen müssen.

Jetzt möchte ich darauf zu sprechen kommen, wie wir statt all dessen besser mit den Folgeerscheinungen von Nahtoderfahrungen umgehen können.

14 Lösungen

In der Bibelschule sangen wir als Kinder: »Mit Freuden erzähle ich die Geschichten über die unsichtbaren Dinge da oben.« Ja! Das ist mein Lied! Ich weiß, dass das wahr ist!

Ann (Fall 91)

Den Anfang dieses Buchs bildet eine kraftvolle Aussage von *Cara (Fall 14).* Die letzten drei Sätze des Zitats sind hier sehr passend, weswegen ich sie an dieser Stelle wiederholen möchte: »Das physische Leben ist sehr unbedeutend für mich, aber mein inneres Leben ist umfangreich und weitläufig. Es ist faszinierend und schwierig. Jemand, der als Kind eine Nahtoderfahrung gemacht hat, kann viel weitergeben, wenn er aus einer anderen Perspektive betrachtet wird.«

Diese andere Perspektive, dieser »andere Blick«, der sich etwa darauf richtet, was mit Ann geschah, als sie sich an ein Lieblingslied aus Kindertagen erinnerte, kommt früher oder später in Form eines Weckrufs, der es den Puzzleteilen ermöglicht, sich zusammenzufügen. Die meisten der Betroffenen in dieser Studie packten das Problem des »Wie geht es weiter?« an, um zu einem umfassenderen Verständnis dessen zu gelangen, was ihnen widerfahren war. Sie gingen mit einer hartnäckigen Entschlossenheit voran, um nicht nur die Fragen nach dem Warum ihrer Erfahrung und ihres Lebens umzudeuten, sondern auch buchstäblich in tiefere Bereiche durchzubrechen, um herauszufinden, was real ist und was nicht und worin die Wahrheit wirklich besteht.

Einfache Lösungen erwiesen sich als nicht so einfach, wie Sie bald erfahren werden. Doch das, was sie entdeckten, belegt, dass Nahtoderfahrungen und alles, was mit ihnen zu tun hat, eine oberflächliche Betrachtung verbieten. Ein großer Teil dieses Kapitels stammt von Betroffenen. Einiges von dem, was sie sagen, wird Sie begeistern, schockieren, verblüffen, infrage stellen und/oder nochmals die Bedeutung des Lebens und seiner Realisierung bestätigen. Ihre Beiträge unterstreichen die Tatsache, dass unabhängig von den jeweiligen Bedingungen, seien sie positiv oder negativ, eine bessere Lebensweise gefunden werden kann und auch gefunden wird.

Als Einstieg hier ein paar Erkenntnisse von Betroffenen. Keine davon ist eindeutig und mit scharfen Konturen, was Sie möglicherweise überrascht. Die Kursivsetzungen stammen von mir und dienen der Hervorhebung.

Marilyn D. (Fall 76) fand heraus, dass ihr Geistführer in Wahrheit ihr künftiges Selbst war. »Ich merkte, dass eine ältere Frau zu mir gekommen war und mir versicherte, dass mein Leben wieder mit Freude erfüllt sein würde. Das war kein Traum. Ich war hellwach. Ich konnte sie vor meinem geistigen Auge sehen. Plötzlich kam mir in den Sinn, dass sie mein künftiges Selbst als ältere Frau war. Meine Niedergeschlagenheit schwand danach. Jahrzehnte später in einer Meditation in meinen Fünfzigern stellte ich fest, dass ich während jener Zeitphase, in der ich depressiv war, zu mir selbst gesprochen hatte. Ich erkannte, dass dies das ›Ich‹ war, das damals zu mir gesprochen hatte, und es war, als sei ich einfach in der Zeit zurückgegangen.«

Tamera (Fall 17). »Ich heftete meinen Blick allein auf das Leben, und ich überlebte. Ich beschreibe jene Zeit in meinem Leben so: Auf der einen Seite war ich sehr dankbar, dass ich das Leben erfahren durfte (es wurde mir – während der NTE – erklärt, dass es nicht ohne Schwierigkeiten daherkomme, mit denen ich einfach ›fertigwerden‹ müsste). Ich legte ein schwarzes Tuch über mich (zog mich zurück) und versteckte mich vor der gesamten Umgebung meiner Kindheit – bis zur Heilung, Erneuerung, der Rückkehr der liebevollen Zeiten im Leben. Im Wesentlichen fühlt es sich für mich als Erwachsene nun so an, *dass ich wegen meiner eigenen Eltern absichtlich in die Dunkelheit ging und sie mit ihnen erlebte* – mitfühlend, geduldig, *damit ich meine Perspektive der Liebe beibehalten konnte* und nicht dem Druck meines Umfelds erlag und hasste, rachsüchtig wurde oder gar vollkommen aufgab.«

Audy (Fall 39). »Ich habe damit begonnen, Energiearbeit zu machen, und lernte, wie ich mit dem klarkommen konnte, was in mir vorging. Statt meine Gefühle zu ignorieren, richtete ich meinen Blick auf ihren Rohzustand und fühlte jede Emotion vollständig. Wenn ich das tat, stellte ich fest, dass sie mich schneller dadurch verließen, dass ich sie anerkannte. Ob man das absichtlich oder unabsichtlich macht, spielt keine Rolle. Wir wissen nicht, worunter andere leiden. Die Erfahrungen von jedem von uns sind unterschiedlich. Wenn man sich an dem Hass und der Wut aus der Vergangenheit festklammert, erzeugt das mehr Leid als Gutes.

Es war nicht einfach, loszulassen und zu vergeben, aber als ich das tat, geschah meine wirkliche Heilung. Ich habe so viele wertvolle Lehren aus meinem Ertrinken und dem Weg gezogen, den ich wählte. Ich bin aufrichtig dankbar für sie. Ohne sie würde ich mich oder das Leben nicht so verstehen, wie ich es heute tue. Ich werde weiter lernen und dieses schöne Leben wahrnehmen, das mir gegeben wurde. Aus der Asche werde ich mich mit Feuer in meinem Herzen und mit Leidenschaft in meiner Seele erheben.«

Steve (Fall 38). »Ich hatte im Alter von 21 Jahren familiäre Probleme, die mich zur Verzweiflung trieben. Dann machte es plötzlich ›Wumm!‹. Ich fand mich mitten im Zentrum jenes Lichts wieder, das ich sechzehn Jahre zuvor gesehen hatte. Ich glaube jetzt, dass Religion Blödsinn ist. Ich habe die Bibel aus dem Griechischen übersetzt, und es ist für mich klar, dass wir angelogen wurden. *Unsere menschlichen Überzeugungen halten uns auf.* Mein Erlebnis im Licht war eindeutig real. Wir werden in den kommenden Jahren eine Menge in der Welt geschehen sehen.«

Rebecca (Fall 43). »Mir passieren Dinge, die anderen Leuten nicht zu passieren scheinen, oder wenn sie das tun, bemerken sie sie nicht. Mein erwachsener Sohn fragte mich: ›Mom, muss jede Anekdote damit enden, dass du über Superkräfte verfügst?‹ Das mag so sein, wenn Sie Infrarot und Ultraviolett wahrnehmen; hören, wie sich die Erde bewegt (während ich hier sitze, kann ich den Transponder hören, der die Elektrizität liefert, damit sie sich dreht und dreht; wenn er ausgeht, wie vor ein paar Jahren, ist es unerträglich laut); Rot durch Ihre Hand sehen, wenn ein Vogel stirbt, wie ich das tue; deutliche Vorahnungen in Träumen haben; Synästhesie aufweisen; wissen, wenn jemand lügt; fühlen, wie ich, dass die Großmutter stirbt, und zu ihrem Haus fahren, um sie (wie ihr Arzt sagte) fünf Minuten vor ihrem Tod vorzufinden. Ich hatte in mehreren Fällen, bevor sie anriefen, das Wissen, dass die Schule anrufen würde, um mir zu sagen, dass mein Kind krank sei, und kam dort an, bevor sie den Telefonhörer aufnahmen (ich brachte eine Ausrede vor wie die, dass ich gerade ›in der Gegend‹ gewesen sei, um nicht als seltsam zu erscheinen). Und nach jeder NTE [Rebecca hatte mehrere] platzten Glühbirnen, wenn ich in ihre Nähe kam, mein Computer stürzte ab, die Telefonverbindungen erstarben, selbst der Motor meines Autos funktionierte nicht mehr.

Nach meiner Erfahrung mit Sulfonamid konnte ich im Wortsinne Gespräche in anderen Räumen hören, und niemand glaubte mir. Ich hörte, wie eine Schwester in der Notaufnahme einer anderen erzählte, dass sie eine Beförderung annehmen werde, und dann in einen anderen Raum ging und jemand anderem gestand, dass sie deswegen ein schlechtes Gewissen habe, weil sie dann in ihr Heimatland zurückkehren werde. Ich berichtete das meinem Arzt, und er glaubte mir noch immer nicht. Er hätte das überprüfen können – in der Notaufnahme. Ich identifizierte einen Computer, dessen Festplatte bald ihren Geist aufgab, weil der Lärm zu belastend für mich war. Er war sehr laut, und die Schwester sagte, ja, er stehe auf der Liste, um ersetzt zu werden, und noch immer glaubte mir niemand.

Ich schätze, dass zu viele Dinge, die mir passieren, den Eindruck erwecken, dass ich Superkräfte habe. Auch wenn ich mich noch so sehr bemühe, es wird immer schwieriger, sie zu verbergen. Je älter ich werde, desto weniger will ich das. Während ich hier sitze und das hier tippe, bin ich fest in eine Familien-Patchworkdecke – welche die Tatsache repräsentiert, dass es auf alles ankommt – eingewickelt. Für alles, was in unserem Leben geschieht, gibt es eine Struktur und einen Grund; für jede Person, jeden Kontakt, jedes ›Wo‹ im Laufe der Zeit. Wir sind alle wichtig. Achten sie auf das, was Sie sagen, was Sie tun und wie Sie Liebe zeigen. *Es dreht sich alles um die Liebe.*«

Dieser Mut, dieses absolute Wissen, dass es für jedes Problem eine Lösung gibt, trifft auf fast 99 Prozent der Befragten in dieser

Studie zu. Ähnliches gilt auch für die Befragten der ersten Studie. Den Ausweg finden sie »innen«. Wie extrem, niederschmetternd oder auch nur eigenartig es sein mag – diese Leute folgen einer Stimme, einem Drang oder einem Licht, das einfach nicht verschwindet. Man sieht das auch bei als Erwachsene Betroffenen, aber nicht in demselben Ausmaß wie bei Menschen, die als Kind eine Nahtoderfahrung hatten. Kinder benötigen länger, um mit der Spannung zwischen dem fertigzuwerden, was sie eindeutig wissen, und dem, was in der Welt der sie umgebenden Menschen existiert, die sich nicht im Geringsten für ihr Wissen zu interessieren scheinen. Viele Menschen mit einer NTE haben den Eindruck, dass dies der Grund ist, warum Kinder länger als Erwachsene brauchen, ihre Erlebnisse einzuordnen. – Sie benötigen diese zusätzliche Zeit, um zu lernen, die Dinge zu verstehen, und dann den Mut aufzubringen, nach vorn zu treten und ihre eigene Art von geistiger Gesundheit in einer Welt geltend zu machen, die sie kaum wahrnimmt oder anerkennt.

In mehreren von mir untersuchten Fällen wird jegliches Realitätsempfinden zunichtegemacht. Dazu gehören satanistische Kulte, Folter, Besessenheit von Dämonen und wiederholte Vergewaltigungen – von Kleinkindern und Babys. Dass die Opfer das überlebten, ist unglaublich genug. Doch dass es ihnen gelungen ist, zu vergeben und auf eine positive, liebevolle Weise weiterzuleben, ist eine Lektion für uns alle. Im Laufe dieses Buches haben Sie bereits von einigen solcher Fälle erfahren. Die dramatischste Geschichte habe ich zurückgehalten, weil ich ihr viel Raum geben wollte. Vermittelt zu bekommen, was die Betroffene durchgemacht hat und was es ihr abverlangte, Lösungen zu finden und ihre Verletzungen zu heilen, ist für uns alle hilfreich.

Zunächst aber berichten wir über ein anderes Opfer der schwarzen Magie und die in solchen Ritualen angewandte Folter. Die

Person, mit der Steven R. Vazquez arbeitete, hatte mehrere Nahtoderfahrungen, wie er mir persönlich mitteilte: »Ich habe die Akte zu dieser Frau durchgesehen. Sie hatte eine Nahtoderfahrung mit vier und eine mit sieben. Es heißt, diese ›Tode‹ hätten sich durch ein Ritual der ›schwarzen Magie‹ ereignet, in denen das Kind getötet worden sei. Es ist unklar, wie nah dies an einen tatsächlichen physischen Tod herankam, aber sie ist überzeugt davon, dass sich etwas ereignet hat, das dem Tod nahekam. Sie hat möglicherweise auch eine Nahtoderfahrung um die Zeit ihrer Geburt herum erwähnt, aber ich habe das nicht in meinen Notizen hinterlegt. Ich habe im Laufe der Jahre mit mehreren ähnlichen Fällen von rituellem Missbrauch zu tun gehabt. Folter wird häufig eingesetzt, und es kommt oft zu einem wahrgenommenen Tod oder Todesdrohungen. Niemand weiß mit Sicherheit, was in all den einzelnen Fällen tatsächlich geschehen ist, aber es gibt einige Beweise, dass so etwas in manchen Fällen tatsächlich passiert. Die Erinnerungen von Überlebenden haben sich als fragwürdig erwiesen, aber diejenigen, die das durchgemacht haben, sind oft sehr überzeugt von deren Richtigkeit.«

Denken Sie an diese Worte, wenn ich Ihnen nun *Judy (Fall 35)* vorstelle. Sie durchlebte siebzehn Nahtoderfahrungen, die sich alle in verschiedenen Zeiten ihrer Kindheit ereigneten. Die erste hatte sie im Alter von sechs Wochen. Vieles, was sie durchgemacht hat, lässt sich belegen. Der Rest kam Stück für Stück ans Tageslicht, als sie sich mit ihrem Alkoholismus auseinandersetzte. Den Urgrund ihrer Sucht zu erkunden bedeutete, den dunklen Geheimnissen ihres Lebens ins Gesicht zu blicken.

Hier ihre eigenen Worte: »Ich wurde in eine Familie hineingeboren, die seit Generationen einem Kult angehört, den sie selbst als ›Satanskult‹ bezeichnen. Wie dem auch sei, er gründet auf

Gier, illegalem Drogenhandel, Menschenhandel und wirklich allem, was sie tun können, um zu mehr Macht, Geld und Einfluss zu gelangen. Dies geschieht auf allen Ebenen unserer Regierung, der Religion, den Unternehmen und der Wirtschaft. Das ist keine Verschwörungstheorie. Meine biologische Familie, zu der ich keinen Kontakt mehr habe, seit ich mich erinnerte, was in meiner Kindheit passiert ist, war mein bester Lehrmeister.

Ich bin jetzt 61 Jahre alt, seit vierzig Jahren mit einem unglaublichen Mann verheiratet und habe drei erwachsene Kinder sowie drei Enkel, die alle das Licht und der Quell meines Lebens sind. Es ist wirklich ziemlich erstaunlich, wie der Geist und der Körper ein Trauma abschirmen, bis wir emotional bereit sind, das Trauma an die Oberfläche kommen zu lassen und geheilt zu werden. Ich war 31 Jahre alt, als ich in ein Therapieprogramm kam, nachdem ich drei Monate lang nüchtern und drogenfrei gewesen war. Ich begann, mich blitzartig zu erinnern. Zunächst an sexuellen Missbrauch, dann an kulturellen Missbrauch.

Ich habe mit dreizehn Jahren angefangen, Drogen zu nehmen. Ich wusste damals nicht, dass meine Mutter mich unter Drogen gesetzt hatte, damit ich die Rituale aus der Kindheit vergaß. Das, was ich für meine erste Drogenerfahrung hielt, war das Rauchen von Marihuana. Am nächsten Tag – es war mein erster Tag an der Highschool – nahm ich LSD. Unmittelbar darauf erfolgte eine Steigerung mit anderen Drogen und eine totale Befreiung. Eine Befreiung von etwas, wovon ich keinerlei Ahnung hatte. Ich setzte meinen Konsum von Drogen und Alkohol fort, bis ich zu den Anonymen Alkoholikern kam. Ich weiß jetzt, dass mir der Drogenkonsum möglicherweise das Leben gerettet hat. Ich befand mich die meiste Zeit in einem Zustand der Gefühllosigkeit. Während ich älter wurde, hielt der Drogenkonsum die Qualen in Schach, bis ich bereit war.

Wundersamerweise war ich während all meiner Schwangerschaften und während ich meine Kinder großzog, imstande, den Drogenkonsum einzustellen. Ich war so weit runtergekommen, dass ich nur noch gelegentlich Marihuana rauchte und etwas trank.

Meine Kinder waren acht, sechs und drei, als ich mit der Therapie begann. Meine größte Motivation und meine stärksten Schuldgefühle bezogen sich auf meine Kinder. Erfreulicherweise, und wieder ist dies ein Wunder, werden sie Ihnen erzählen, dass sie eine gute Kindheit hatten. Sie gehen ihrer eigenen Wege in diesem Leben. Ich respektiere das ganz und gar. Wir sind uns als Familie alle sehr nahe. Während der Jahre meiner Genesung ermunterte ich jeden von ihnen, ebenfalls in Therapie zu gehen. Das haben sie im Erwachsenenalter getan, und sie sind erstaunliche menschliche Wesen. Alle meine Kinder sind mitfühlend, liebevoll und freundlich. Sie arbeiten in Dienstleistungsbereichen. Sie lieben es, anderen von Nutzen zu sein. Natürlich waren sie auf ihrem Weg mit Herausforderungen konfrontiert, die schließlich akzeptiert und umgewandelt wurden. Wir verfügen über unglaubliche Kommunikationsfähigkeiten.

Als ich drei Monate lang nüchtern war, begannen die Flashbacks. Von diesem Moment an dauerte es fünfzehn Jahre mit unterschiedlichen Arten von Therapien, etwa Hypnose und Gestalttherapie. Was und wen auch immer ich brauchte, tauchte auf die eine oder andere Weise auf, um mir zu helfen, gesund zu werden.

Angesichts des gewalttätigen Charakters des Missbrauchs und der Tatsache, dass er durchgängig Tag für Tag stattfand, ist der Geist wahrhaft gnädig, das auf diese Art abzuschirmen. An einem bestimmten Punkt war ich so ausgelaugt von den ununterbrochenen Flashbacks und den so schnell aufblitzenden Erinnerungen, von denen ich geheilt werden musste, dass ich beschloss, das zu stoppen. Ich war völlig erschöpft und dieser Erinnerungen müde, die meinem Eindruck nach mein gesamtes Leben verschlangen. Ich zog drei junge Kinder auf und arbeitete Vollzeit; irgendetwas musste sich ändern. Aber das war nicht, die Therapie abzubrechen. Innerhalb von sechs Monaten hatte ich einen Zusammenbruch, war drei Tage im Krankenhaus und beschloss, die Therapie fortzusetzen. Seither habe ich nie mit ihr aufgehört.

Meine Mutter ist eine Hohepriesterin. Obwohl sie Ende achtzig ist, hat sie kein Gewissen, sondern verbirgt es außerordentlich gut. Um ein paar Hintergrundinformationen zu geben, warum ich siebzehn NTEen hatte und wie die NTEen zu einer Ruhepause für mich wurden, um zu überleben, dies: Man ließ mich mehrfach zu Tode hungern und schlug mich tot; ich wurde vergiftet, geschwängert, einer Abtreibung unterzogen, als achtjähriges Kind acht Monate lang in einem Keller gehalten, lebendig begraben und unzähligen anderen Ritualen unterworfen, die kein Ende nahmen, letztlich, um mich durch die ständigen Todesdrohungen zu zerbrechen. Meine Mutter beendete einige ihrer Schwangerschaften durch Abtreibung. Sie machten das als Teil ihrer Rituale. Darum weiß ich, dass sie mich ebenfalls abzutreiben versucht hat.

Als ich sechs Wochen alt war, schlug mich mein Vater, damit ich aufhörte zu schreien, so hart, dass mir der Atem wegblieb und ich in vollständiger Liebe und unumschränktem Frieden über meinem leblosen Körper schwebte. Ich trieb in einem Schoß voller Schwärze, die sich wie reines Licht anfühlte. Was mir beim Schreiben dieser Zeilen die Tränen in die Augen treibt, ist der Umstand, dass ich nicht angstvoll oder wütend auf ihn war, sondern eine schrankenlose Liebe und Mitgefühl empfand, weil sich mein Vater in solchen Qualen befand. Ich konnte seine Pein fühlen. Ich begann von selbst wieder zu atmen und kam in meinen Körper zurück. Mein Vater beging Selbstmord, als ich zehn Jahre alt war.

Während ich genas und mich durch die Erinnerungen arbeitete, fragte ich mich ständig, wie ich in diesem Leben habe überleben können. Ich weiß jetzt, dass ich in dieses Leben gekommen bin, um das Bewusstsein meiner biologischen Familie und der Mitglieder des Kults zu verändern. Mir wurde gezeigt, dass ich mich in einer schützenden Blase befand, während sie die Rituale vollzogen, und ich konnte sehen, dass ihr Herz-Chakra[59] entzündet war, wenn sie sich in meiner Nähe befanden. Was zuvor dunkel war, entzündete nun die ewige Flamme ihres Herzens und ihre Verbindung mit der göttlichen Quelle. Eine Erinnerung; ob dies etwas daran ändert, dass sie taten, was sie taten, weiß ich nicht.

Ich erfuhr auch die Gnade zu verstehen, dass sie sich in so viel Dunkelheit wirklich nicht mehr erinnern konnten, wer sie eigentlich waren. Sie brauchten mein Mitgefühl, und das Mitgefühl floss von mir in jenen Augenblick der Erkenntnis. Wahrlich ein Geschenk, das ich, als menschliches Wesen, wirklich nicht selbst vollbringen konnte. Ich hatte die Erfahrung des Einsseins. Unsere scheinbare Trennung in sie als die Täter und mich als ihr Opfer wurden in jenem Augenblick der Wahrheit offenbar. Ich war kein Opfer. Diese Erfahrungen erfüllten einen Zweck. Ich bin inzwischen imstande, dieses Bewusstsein in meine Heilungsarbeit und zu den Klienten zu bringen, die mich aufsuchen. Dies war meine großartigste Wahrnehmung und Lehre. Ich war imstande, die Liebe zu verstehen, selbst in der Dunkelheit.

Lassen Sie mich klarstellen, dass dies nicht bedeutet, dass ich eine Beziehung zu ihnen habe. Ich billige nicht, was sie tun. Ich würde sie nie mehr wiedersehen wollen. Aber ich kenne die Tiefe ihrer Qual und kann Mitgefühl haben. Gott hat mir diese Wahrheit jedes Mal gezeigt, wenn ich mit jeder NTE ›heimgegangen‹ bin. Ich habe ihre Qual gespürt. Ich urteile nicht über das, was sie mir angetan haben. Mir wurde die Gnade zuteil, Liebe durch mich hindurchfließen zu fühlen, als mir die Wahrheit offenbart wurde. Ich kann nicht mit Worten beschreiben oder darstellen, wie sich das anfühlte, aber jenes Wissen blieb mir erhalten. Ich habe überlebt, um die Wahrheit zu sehen. Es gibt keine größere Freiheit. Ich verschwende keine Zeit mehr auf Groll oder Selbstmitleid. Solche Gefühle waren auch wertvoll, aber jetzt nicht mehr erforderlich. Ich war bereit für die Wahrheit.

Jedes meiner Enkelkinder wurde hellwach geboren. Sie sind erstaunliche Wesen aus reiner Liebe. Jedes ist auf eine außergewöhnliche Weise freundlich und liebevoll. Es ist äußerst bemerkenswert. Mein Mann und ich haben uns durch so viel hindurchgearbeitet und sind heute die besten Freunde. Er hat mir am meisten geholfen, indem er mich geliebt hat, wie ich bin, mit all den Höhen und Tiefen. Ich bin auf ewig dankbar für ihn. Er ist mein Fels in der Brandung.

Ich führe heute ein unglaubliches Leben, bin bestrebt, offen zu sein, und höre darauf, wie ich von größtem Nutzen sein kann. Manchmal berühren mich noch Dinge aus meiner Kindheit, aber ich betrachte das als weitere Möglichkeit, auf einer sogar noch bedeutenderen Ebene zu heilen. Durch meine NTEen habe ich keine Angst zu sterben. Ich kenne mich, und ich kenne die Unterstützung und Gnade, die ich von all meinen Führern, Engeln und Wesen erhalten habe, die diesen Weg mit mir gehen. Ich bin dankbar für dieses Leben und würde nichts daran ändern. Es liegt eine Freiheit in dem Wissen, dass es keine Opfer gibt. Ich bin in keiner Weise ein Opfer meines Lebens, unabhängig von der ›Erfahrung‹.

Heute weiß ich auch, dass es keine Fehler gibt. Ich musste alles, was ich erlebt habe, durchleben, um die zu sein, die ich heute bin. Manchmal empfinde ich noch eine Beklemmung hinsichtlich meines spezifischen Beitrags zu dem größeren Unbekannten, weil ich nicht weiß, wofür all das ist; ein weiterer Prüfstein, der mich darauf hinweist, dass ich tiefer nach der Quelle forschen und erkunden muss, was diese Beklemmung verdeckt und das geheilt werden muss. – Man muss es jedem Gefühl ermöglichen, sich auszudrücken.

Es war ein schönes Zusammenwachsen meines menschlichen und meines göttlichen Selbst. Das ist es, was wir in der unglaublichen Zeit und der intensiven Energie der Transformation tun. Ich bin wirklich dankbar, zu diesem Zeitpunkt zu leben, und ich weiß, dass mein Dasein ebenso wie das Dasein von jedem von uns wichtig ist, sonst wären wir nicht hier. Mit 61 Jahren liebe ich mein Leben. Ich weiß, dass wir als kollektives Bewusstsein genau das tun, was wir tun sollen. Dies ist meine Freiheit. Dies ist Liebe. Dies ist Wahrheit.«

Judy versicherte außerdem: »All meine Erfahrungen in diesem Leben, ob sie dunkel oder licht erschienen, sind ein Ausdruck der Liebe. Ich bin mit einem Vorsatz in dieses Leben gekommen. Das erfuhr ich erst viel später; sonst hätte ich die Erfahrungen, wie sie in dem Augenblick waren, nicht wirklich verstehen können. Was ich heute weiß, hat alles an seinen Ausgangspunkt zurückgebracht und den Kreis geschlossen.«

Drei weitere Betroffene haben darüber berichtet, welchen Prozess sie bei ihrer Suche nach Lösungen vollzogen haben:

Monica (Fall 103), die noch immer intensiv mit der Verarbeitung des Erlebten beschäftigt ist, öffnete ihr Herz: »Ich habe mich oft gefragt, wie es kommt, dass ein Geschöpf wie ich, von Gnade und Licht erfüllt, auf die Begrenztheit dieser erniedrigenden menschlichen Form beschränkt sein sollte. In der Zeit gefangen, habe ich lediglich meine Sinne, meine Vorstellungskraft und meinen Intellekt, um herumzustreifen. Das Leid und die Freuden des Lebens werfen mich wieder und wieder in Spiralen der Dunkelheit. Darum habe ich die Parameter der menschlichen Möglichkeiten ausgesucht, und so lerne ich, sehr langsam, *die Bedeutung des Gleichgewichts und des Maßhaltens auf der Suche nach Frieden.*«

Alma (Fall 55) hat mit einer zweiten Nahtoderfahrung später in ihrem Leben zu kämpfen. »Es ist so schwierig, im gegenwärtigen Augenblick zu leben, dachte ich heute und gestern und vorgestern. Ich empfinde so viel seit meinem jüngsten Erlebnis und tue das seit der NTE in meiner frühen Kindheit. Wie Sie wissen, *liegt der Grund dafür, warum wir so leicht unser Licht verlieren, darin, dass wir größtenteils von jenen aufgezogen werden, die das ihre verloren haben,* von noch einer weiteren Generation, der nicht beigebracht wurde, sich selbst zu lieben wie Gott, wie uns, und in uns zu leben. Unsere heutigen Kinder, denen erlaubt wird, ihr Licht erstrahlen zu lassen, werden diejenigen sein, die erneut das Gesetz des höchsten Gottes lehren werden: Wir sind göttlich und alle Liebe und alles Licht im Universum.

Mein Licht war verdunkelt wie das von Millionen. Wir suchen das Licht in Drogen, in Beziehungen, in allem, das nicht mit Leid verbunden ist. Oder wir ertränken uns in Alkohol und anderen Lastern, um die Größe unseres Lichts weiter zu mindern. *Es ist eine große Verantwortung, das Licht Gottes zu sein.* Aber das ist unsere Bestimmung, und der Ursprung allen Seins begeht *niemals* Fehler. Wir werden fortfahren, bis alle sehen, dass wir das manifestierte Licht Gottes sind. Jahrelang habe ich mein Licht verdunkelt, um zu jenen zu passen, die bereits geknechtet sind. Nach meiner neueren Nahtoderfahrung werde ich mein Licht leben und meine Seele und das Wesen des Liebe- und Lichtseins ausdehnen.«

Joshua (Fall 69) erlitt gegen Ende seines fünften Lebensjahrs eine schwere Kopfwunde. Während seiner NTE begab er sich an einen dunklen Ort, der einem Strudel glich und eine Schwingung hatte, die zur Ergebung aufrief. Sobald er sich ergab, dehnte sich alles aus und wurde größer, und viele Dinge geschahen. Er war als Linkshänder geboren worden, aber durch seine Kopfverletzung wurde er zum Rechtshänder und hat einen sehr hohen IQ. Ich sprach mit seiner Mutter, und sie erinnerte sich an alles, als sei es gestern gewesen. Josh ist jetzt im Baugeschäft tätig und teilt alles, was er durch sein Erlebnis gelernt hat, mit jedem, der ihm zuhört. *Für ihn ist alles ein Geschenk: Etwas Neues ersetzt alles, was verloren gegangen ist.* Sandra Champlain,[60] Moderatorin der Radioshow »We Don't Die«, war derart beeindruckt von dem, was er durch sein Erlebnis gelernt hatte, dass sie ihn bat, für ihre 137. Sendung ihr Studiogast zu werden. Sein Verständnis vom Leben erweitert und entwickelt sich ständig. »Behandele jeden, als wäre er du, denn das könnte zutreffen«, sagte er lachend.

Wenn Sie sich mit der menschlichen DNA beschäftigen, entdecken Sie alle möglichen intelligenten Sachen. Durch diverse wissenschaftliche Tests wissen wir, dass wir sie über Gedanken und mit Absicht aufwickeln und abwickeln können. Betrachten Sie die Einzelheiten von Joshs Heilung, und Sie sehen seine Entschlossenheit, nicht nur seine DNA zu heilen, sondern auch über alles, was existiert, alles zu lernen – und zwar über die menschliche Seele und darüber, wer wir sind und warum wir hier sind. Sandra gab ihm die Möglichkeit, hierüber in ihrer Radiosendung zu sprechen. Was er sagte, unterscheidet sich nicht viel von dem, was andere in dieser Studie über ihren Lernprozess aussagen. Doch Josh erhielt die Möglichkeit, hierüber in einer Rundfunksendung zu sprechen.[61]

Ich habe es bereits früher zu denen gesagt, die eine Nahtoderfahrung gemacht haben, und ich sage es erneut: »Schreiben Sie Ihr eigenes Buch!« Gleichgültig, ob Kind oder Erwachsener, Betroffene ziehen auf geradezu unglaubliche Weise Nutzen daraus, wenn sie ihre Geschichte aufschreiben und so zu Papier bringen. – Nicht unbedingt, um es zu publizieren, sondern für sich selbst als ihr Buch, ihre Geschichte.

Nehmen Sie einen dicken Stapel Papier, stanzen Sie in den linken Rand Löcher, durch die Sie Garn oder eine Schnur hindurchziehen – etwas, das Ihr Werk zusammenhält. Die erste Seite ist der Buchdeckel. Benennen Sie Ihr Buch, geben Sie ihm einen Titel, und schreiben Sie auch Ihren Namen als Autor*in darauf. Lassen Sie nun auf den folgenden Seiten Ihre Geschichte aus Ihrer Feder fließen. Schreiben Sie jedes einzelne Detail auf. Wenn Sie Nachrichtenausschnitte haben, dann kleben Sie sie auf Seiten in Ihrem Buch. Schreiben Sie weiter. Erzählen Sie jede kleine oder große Begebenheit. Zitieren Sie, falls möglich, andere, die bestimmte Dinge bezeugen können. Schreiben Sie weiter und weiter. Fügen Sie Bilder oder Zeichnungen, Gedichte, Fragen, Ideen oder was auch immer Ihnen in den Sinn kommt, hinzu. Verdichten Sie es. Dies ist Ihr Buch. Es handelt von Ihrer Nahtoderfahrung. Wenn Sie mehr als eine hatten, dann erweitern Sie Ihr Buch entweder, oder Sie schreiben zwei Bücher – oder wie viele Sie möglicherweise benötigen.

Niemand außer Ihnen selbst kann Ihre Erfahrungen bewerten. Dies ist der beste Weg dorthin, den ich kenne. Viele publizieren ihre Erfahrungen. Das ist schön. Aber denken Sie einfach daran: Ihr Buch gehört Ihnen. Machen Sie es zu Ihrem Buch. Die es gemacht haben und die ich kenne, sagen, dass das Verfassen, das anschließende Lesen und die Möglichkeit, es einfach in ihrer Nähe zu haben und ab und zu nachschlagen zu können, ihr Leben fast so verändert haben wie die ursprüngliche Nahtoderfahrung selbst.

Man hört häufig, dass sich Betroffene nach ihrer NTE einem dem Heilen gewidmeten Leben zuwenden, besonders auf Basis der Naturheilkunde oder anderer ganzheitlicher Methoden. Manche werden Therapeuten oder Bodyworker, andere wenden sich einem geistlichen Amt zu oder beraten als Hellseher oder Medien. Das Thema »Dienen« oder »Dienstleistung« herrscht vor, selbst wenn sie Erfinder werden, wissenschaftliche Entdeckungen machen oder in die Wirtschaft oder Landwirtschaft gehen.

Clothilde (Fall 57) schrieb mir kürzlich folgende Mitteilung: »Ich wollte Sie wissen lassen, dass ich wegen meiner schon von jungen Jahren an gemachten Erfahrungen mit dem Tod, auch in meiner Familie, eine Ausbildung zur Thanadoula[62] absolviere, um Menschen zu helfen, einen friedlichen Übergang aus ihrem derzeitigen Leben zu vollziehen.«

Respekt vor der Seele

Jede erfolgreiche Lösung basiert auf Respekt vor der Seele und auf ihrer Anerkennung. Die meisten Menschen mit einer NTE definieren die Seele als das »größere und höhere Selbst« eines Menschen. »Gott«, »Allah«, »Göttin« – oder wie auch immer man jene Macht nennen mag – an erster Stelle, die Seele an zweiter.

Die Allerjüngsten kommen noch in ungetrübter Harmonie mit ihrer Seele zurück. Für sie ist ihre Seele ganz und gar *real*. Sie ist nicht irgendein Anhängsel, eine spukhafte Gestalt oder ein Trick der Psyche. Die eigene Identität verbindet sich mit der Seele, Punkt. Wenn sie älter werden, treten sie vielleicht ein wenig zurück und beanspruchen die Seele als Guide, Beschützer, Freund; doch die Vorstellung, dass die Seele eine persönliche Verbindung zu »da oben« darstellt, bleibt. Erst wenn sie wiederholt in der Schule verspottet oder gemobbt wurden, wird die Seele zu einer Art Raunen von anno dazumal. Obwohl manche die Wirklichkeit jener Verbindung nie verlieren, unterwerfen sich die meisten den Forderungen der Gesellschaft an Heranwachsende. Wie Sie auf diesen Seiten gelesen haben, verringert sich die Verbindung zur Seele, ihrer Seele, nie wirklich. Manche dachten nur, es wäre so. Und die Wiedererlangung des eigenen Platzes in einem größeren systemischen Zusammenhang der Dinge ist ein wirkungsvoller Teil des Heilungsprozesses.

Ungeachtet dessen, was die Seele wirklich ist, erfordern die Themen »Abtreibung«, »Tot-« und »Fehlgeburt« einen zweiten Blick im Lichte dessen, was wir inzwischen wissen. Menschen, die als Kinder eine NTE hatten, machen klare Aussagen darüber, dass der Uterus noch von einer früheren Schwangerschaft bewohnt sein kann. Möglicherweise ist der Uterus selbst nie vollständig »gereinigt« worden, oder das »Wesen« des vorherigen Bewohners verweilt dort noch immer. Niemand berichtete, dies als wirkliches Problem empfunden zu haben, aber mehrere gaben an, es sei eine Zeit lang unangenehm oder »juckend« gewesen.

Bei Zwillingen kann man fast darauf wetten, dass der frühzeitig gestorbene Zwilling noch eine Weile präsent bleibt. Das kann zu Dissonanzen zwischen den beiden führen, aber meist ist die Beziehung zwischen dem noch lebenden und dem gestorbenen Zwilling eine gute Freundschaft, die sogar noch nach der Geburt fortdauern kann. Wie bereits erwähnt, ist Elvis Presley hierfür ein gutes Beispiel. Er fühlte sich für immer mit seinem tot geborenen Bruder verbunden, als wäre der ein Seelenfreund oder Beschützer.

Andere Kulturen haben eine andere Vorstellung von der Seele, dem Geburtsprozess und allem, was mit einer Nahtoderfahrung verbunden ist. So gibt es in unserer wunderbaren Welt Lehren, die besagen, dass ein tot geborenes Baby zur Leitfigur und zum Beschützer seiner Familie wird und sich diese Aufgabe mit den Eltern teilt. Und Episodenteile der Nahtoderfahrungen von Menschen aus asiatischen Kulturen sind mit der Erde verbunden, die von Menschen aus westlichen Kulturen hingegen mit dem Himmel.

Die Vorstellung, dass jeder in der Familie das gleiche Recht hat dazuzugehören, setzt sich nicht nur im Rahmen unterschiedlicher Therapieprozesse durch, sondern beginnt auch zum Mantra für den Umgang mit Abtreibungen und der Frage zu werden, bis zu welchem Grad Frauen das Recht haben, sich dafür zu entscheiden. Die bekannteste Therapieform, die in diese neue Richtung weist, ist die Familienaufstellung nach Hellinger.[63]

Das Recht der Frauen, sich zwischen Abtreibung und Schwangerschaft zu entscheiden, lässt die Rechte der Seele außer Acht. Was durch Hellingers Familienaufstellung und durch andere Formen der Familientherapie sowie durch die Aussagen von Menschen mit einer NTE – vor allem, wenn sie dabei zu den Jüngsten gehörten – hervortritt, ist die unbestreitbare Realität und Echtheit der menschlichen Seele.

Von den Betroffenen kommt dieser Vorschlag: Die Frauen sollten dazu angehalten werden, zuerst zur Seele des ungeborenen Kindes Kontakt aufzunehmen, das sie in sich tragen. Das kann durch ein Gebet erfolgen, einen hypnotischen Zustand oder in Form einer Träumerei. Das Ziel besteht hierbei darin, die beiden Seelen (die der Frau und die des Ungeborenen) dazu zu bringen, ihr Bewusstsein miteinander zu verbinden, sodass sich die ankommende Seele selbst äußern kann. Will diese Seele unter den gegenwärtigen Bedingungen geboren werden, oder ist sie bereit, irgendwo anders hinzugehen? Wenn man das tut und beide Seelen in solch eine wichtige Entscheidung einbezieht, kann das Zweifel und Schuldgefühle mildern oder ganz beseitigen.

Sie erinnern sich sicher, was ich bei meiner vorherigen Studie über Kinder mit einer NTE herausgefunden habe: Ein Drittel sagte aus, sie hätten rund sieben Monate lang im Uterus sehen, hören, denken und verstehen können. Ich finde das deswegen besonders interessant, weil die medizinische Forschung herausgefunden hat, dass Ungeborene während desselben Zeitraums ein voll ausgeprägtes Schmerzempfinden zeigen. Die zweite Studie entspricht dem nicht nur; das von diesen Personen behauptete Bewusstsein begann vor der Geburt und war während der gesamten Zeit im Uterus und bei der Geburt vorhanden.

Ich möchte hier erneut einen Fall aus meiner früheren Studie anführen. Eine Tochter beschuldigte, sobald sie geboren war und sprechen konnte, ihre Mutter, dass sie versucht habe, sie umzubringen. Sie hatte die Gedanken ihrer Mutter während der Zeit »gehört«, in der diese über eine Abtreibung nachgedacht hatte. Die Mutter war daraufhin voller Schuldgefühle und erklärte, sie habe nur deshalb über eine Abtreibung nachgedacht, weil sie bereits mehrere Kinder gehabt habe und sich nicht noch ein weiteres habe leisten können. Allerdings hatte sie ihren Gedanken nicht in die Tat umgesetzt. Die Tochter im Uterus hatte die Überlegung ihrer Mutter, sie abzutreiben, »gehört« und war in Panik geraten, weil sie sich vor dem, was sie gehört hatte, fürchtete. Als sie alt genug war, um gehen und sprechen zu können, zog sie am Rock ihrer Mutter und fragte sie: »Warum hast du versucht, mich zu töten, als ich in deinem Bauch war?« Dieser Vorfall wurde von beiden Seiten im vollen Umfang bestätigt.

Lösungen erfordern, dass wir erstens uns selbst – wer wir sind und warum wir so sind – anerkennen. Zweitens müssen wir uns unserer Seele gegenüber dazu verpflichten, dass wir gegenüber der Wahrheit wach werden, was auch immer wir über unsere Vergangenheit und dieses Leben sowie vielleicht auch vorherige Leben herausfinden, und dann allen vergeben, uns eingeschlossen. Wir feiern die großartige Vorstellung von Identität, wenn wir die ungestüme und wunderbare Wirklichkeit des Lebens und all dessen feiern, was mit ihm verbunden ist.

15

Historische Fälle

Ich habe immer gewusst, dass ich eine geheimnisvolle Bestimmung habe, die zu erfüllen ich hier bin.

Nicki (Fall 82)

Was für Auswirkungen mögen Nahtoderfahrungen auf den Verlauf der Geschichte gehabt haben? Haben irgendwelche Personen, die als Kind eine NTE hatten, sobald sie erwachsen waren, einen wichtigen Einfluss auf die Gesellschaft ausgeübt? Ich glaube, dass die Antwort ein ganz klares und deutliches *Ja* ist. Sicher wurde von der Geschichtsschreibung kein derartiges Phänomen registriert, doch die vorhandenen Aufzeichnungen bieten auffällige Hinweise, dass viele der von uns verehrten historischen Persönlichkeiten durchaus Nahtoderfahrungen in ihrer Kindheit als Vorboten ihrer Größe gehabt haben könnten.[64]

Sie haben bereits einen guten Eindruck von den Eigenschaften gewonnen, die Personen mit einer NTE als Kind häufig aufweisen. Suchen Sie bei der Beschäftigung mit historischen Stoffen nach diesen zusätzlichen Anhaltspunkten:

★ *Eine ernste Krankheit oder ein schwerer Unfall* in der Zeit von der Geburt bis zum fünften, vielleicht auch bis zum fünfzehnten Lebensjahr mit der Folge, dass die betreffende Person fast ihr Leben verloren hätte. Achten Sie auf jeden

Bericht über eine als höchst ungewöhnlich betrachtete jenseitige Vision oder einen jenseitigen Traum in Verbindung mit dem Erlebnis sowie darauf, ob er oder sie in einer »primitiven« Kultur lebte, welche die Existenz von Geistern anerkannte. Wie Menschen mit den Dingen umgehen, hängt oft von den Traditionen ihrer Kultur ab. Achten Sie ganz besonders auf alles, was mit der Schwangerschaft der Mutter und damit verbundenen Problemen, mit Schwierigkeiten bei der Entbindung oder einem Geburtstrauma zu tun hat.

- *Deutliche anschließende Verhaltensänderungen.* Das betroffene Kind kann Gleichaltrigen in seiner Entwicklung voraus oder anders als sie in jener Entwicklungsphase sein, was sich im Laufe der Jahre immer deutlicher ausprägt und in einer unkonventionellen oder nonkonformistischen Haltung zeigt. Er oder sie kann eine Anziehungskraft oder Ausstrahlung haben, die Mensch und Tier ansprechen. Er oder sie kann in der Jugend als sozial unterentwickelt gelten, doch ungewöhnlich kreativ und kühn, todesmutig und hochgradig intuitiv sein und um künftige Dinge wissen.
- *Vorliegen einer Kaskade von Nachwirkungen.* Auch wenn es schwierig ist, Aufzeichnungen zu finden, in denen solche Eigenschaften festgehalten sind, können persönliche Briefe, Tagebücher und sogar Gedichte eine ganze Menge verraten. Elektrosensibilität lässt sich selten nachweisen, aber oft liegt eine ungewöhnliche Empfindlichkeit gegenüber Sonnenlicht, Geräuschen und/oder den Arten von Medikamenten vor, die zu der jeweiligen Zeit eingesetzt wurden. Lenken Sie Ihre Aufmerksamkeit auf alle übermäßigen Klagen über Magenverstimmungen, häufige Erkältungen oder schwere Grippeerkrankungen. Obwohl Menschen mit einer NTE im Schnitt mit einer robusten Gesundheit gesegnet sind, können erhöhte Empfindlichkeiten, Allergien

und gelegentliche Anfälle von Depression Gesundheitsprobleme zum Thema machen.

* *Ein geradezu besessener Drang, eine bestimmte Aufgabe zu erfüllen oder ein bestimmtes Projekt zu realisieren.* Die meisten werden Workaholics gewesen sein ohne ein Gefühl für Zeit oder Geld, doch mit dem Hang zum Besitz oder einer Vorliebe für unverwechselbare Orte oder Gruppen, ob sie nun je geheiratet haben oder nicht.

Wenn man auf diese Kennzeichen achtet, kann man Personen in der Geschichte finden, welche die Merkmale von Nachwirkungen so deutlich aufweisen, dass man sehr wahrscheinlich ein Ereignis in ihrer Kindheit findet, das zu einer Nahtoderfahrung geführt haben kann. Bei Edward de Vere (dem siebzehnten Grafen von Oxford), Albert Einstein, Abraham Lincoln, Nicholas Black Elk und Walter Russell lassen sich so genaue Übereinstimmungen finden, dass es schon unheimlich ist. Ich kann hier keine vollständigen Geschichten wiedergeben. Im Folgenden konzentriere ich mich vielmehr auf bestimmte Aspekte der erwähnten Personen, die ich wegen der Seltsamkeit ihrer Chroniken ausgewählt habe. Auch andere werden erwähnt, und alle sind gleichermaßen faszinierend und wichtig.

Betroffene aus früheren Zeiten

Mary Anning (1799–1847). Als Mary Anning fünfzehn Monate alt war, wurde sie von einer Nachbarin im Arm gehalten, die mit zwei anderen Frauen unter einer Ulme stand. Von dort aus beobachteten sie eine Vorführung von durchreisenden Reitern, als ein Blitz in den Baum einschlug und alle drei Frauen tötete. Andere Zuschauer liefen mit dem Kleinkind nach Hause, wo es in einem Bad mit heißem Wasser wieder zu sich kam. Ein örtlicher Arzt erklärte, ihr Überleben sei ein Wunder.

Ihre Familie gab an, sie sei vorher kränklich gewesen, anschließend aber regelrecht aufgeblüht. Ihre Neugier, ihre Intelligenz und ihre Lebhaftigkeit seien sprunghaft angestiegen. Sie verbrachte ihr gesamtes Leben in Lyme Regis im Dorset County an der Jura-Küste, einer reichhaltigen Fossilienfundstätte entlang des südenglischen Ärmelkanals. Während der Hangrutsche im Winter sammelte sie Fossilien und verdiente sich so ein Einkommen. Mit einer nur rudimentären Bildung und als Anhängerin des Kongregationalismus von vielen geschnitten, begann sie, über das, was sie an den Fossilien entdeckte, Artikel zu schreiben. Diese mussten von Männern veröffentlicht werden, die ihr für ihre Gedanken kaum je Anerkennung zollten. Es wird angenommen, dass Charles Darwin ihre Artikel las. Sie tat sich in Geologie, Paläontologie und im Sammeln von Fossilien hervor. Zu ihren zahlreichen Entdeckungen gehören berühmte oder erstmalig entdeckte Skelette von Fischen.

Im Jahr 2010 reihte die englische Royal Society Mary Anning unter den zehn britischen Frauen ein, welche die Wissenschaftsgeschichte am stärksten beeinflusst haben. Heute wird sie als inzwischen namhafte Wissenschaftlerin betrachtet.[65]

Edward de Vere, 17. Graf von Oxford (1550–1604). In eine der ältesten englischen Adelsfamilien hineingeboren, die ihre Herkunft bis zu William dem Eroberer zurückverfolgen konnte, war Edward de Veres Vater John, der 16. Graf, bereits alt, als seine zweite Frau einen Sohn gebar. Edward war ein ungewöhnlich aufgewecktes Kind und während der Regentschaft von Edward VI. der Siebte in der Thronfolgerlinie.

Aufzeichnungen zufolge könnte er drei Nahtoderfahrungen im Laufe seines Lebens gehabt haben – die erste im Alter von zwölf Jahren. Sein Vater brach plötzlich zusammen und starb; gleichzeitig erkrankte der junge Edward (möglicherweise, weil er aus demselben Becher wie sein Vater getrunken hatte, in dem sich vielleicht Gift befand, was sich jedoch nicht beweisen lässt) so schwer, dass er mehrere Wochen lang dem Tode nahe war. Während dieser Zeit machte ihn der Hof zum Mündel von Königin Elizabeth I. in London. Als er sich erholt hatte, wurde er von wiederkehrenden Träumen und Visionen über den Tod seines Vaters heimgesucht, in denen ihm dieser mitteilte, dass er ermordet worden sei. Doch niemand glaubte dem Jungen seine geisterhaften Erscheinungen. Innerhalb von zwei Monaten heiratete seine Mutter erneut. In zu jungen Jahren musste er seine eigene Nahtoderfahrung sowie die Korruption und die politischen Manöver des Hofes der Königin verkraften, von der Wiederverheiratung seiner Mutter gar nicht zu reden, und verfiel in eine tiefe Depression. Folgendes geschah im Laufe der nächsten Jahre:

- Im Alter von zwölf Jahren begann er plötzlich, eine Komposition nach der anderen zu schreiben, und publizierte unter einem Pseudonym *Romeo und Julia*. Da Adelige seines Ranges niemals publizierten, wurde er schwer gezüchtigt.
- Mit vierzehn Jahren verließ er das College mit einem Bachelor-Abschluss, wobei sich seine Dekane über den sprunghaften Anstieg seiner Intelligenz wunderten.
- Ebenfalls in seinem vierzehnten Lebensjahr wurde sein erstes Stück, eine Tragikomödie, am Hof aufgeführt. Königin Elizabeth verführte ihn, und er gab in seinem Gedicht »Venus and Adonis« seine Version der Affäre wieder. Er verliebte sich in die Königin, und zusammen mit ihr schrieb er den Text und die Musik zu »When I Was Fair and Young« (»Als ich schön und jung war«).

- ★ Mit fünfzehn erfuhr er, dass auch Leicester ein Liebhaber der Königin war. Diese Tatsache übermannte ihn. Er zog sich in sein Arbeitszimmer zurück und wurde weiter von Träumen und Visionen über seinen toten Vater heimgesucht. In *Hamlet* wurde Leicester dann zu Claudius, Elizabeth zu Gertrude und Burghley zu Polonius.
- ★ Mit sechzehn machte er einen Master-Abschluss und veröffentlichte eine Anzahl von Studentenstücken unter Namen, die sein Vormund Burghley nicht billigte. Dann schrieb er sich an der juristischen Fakultät ein.
- ★ Ebenfalls im Alter von sechzehn Jahren steigerte sich seine Lernfähigkeit erneut. Er las mehrere Dutzend Bücher in fünf Sprachen pro Woche. Ihm selbst gehörten Hunderte von Büchern, unter anderem die Geneva-Bibel, aus der »Shakespeare« zitierte.
- ★ Mit siebzehn war er noch immer der Liebhaber der Königin, aber nun akzeptierte er, dass ihr Mythos von der »jungfräulichen Königin«, wie heimlich von ihr verlangt, aufrechterhalten wurde. Er begann, an Turnierkämpfen teilzunehmen, und blieb unbesiegt. Und er erwarb sich den Ruf, völlig angstfrei zu sein und sich weder vor seinem Tod zu fürchten noch auf seine Sicherheit zu achten.
- ★ Mit siebzehn publizierte er weiter ständig und schrieb Dutzende von Stücken, während er im Gray's Inn war. (Dazu gehörte ein erster Entwurf für *Hamlet* sowie die Tetralogie über Robin Hood zu Ehren seines Vorfahren. König John taucht im zweiten Band der Reihe auf.) Unbeabsichtigt tötete er einen Mann, der von seinem Vormund losgeschickt worden war, um ihn auszuspionieren, indem er ihn durch einen Vorhang hindurch erstach. (Die Szene taucht in *Hamlet* auf, als Hamlet Polonius durch einen Vorhang hindurch ersticht.) Am Hof wurde er für unschuldig befunden.

★ Mit neunzehn wurde er von Walsingham für Elizabeth' Spionagenetzwerk angeworben und wurde zum Geheimagenten.

Falls Sie es sich nicht schon gedacht haben: Mehrere Wissenschaftler halten Edward de Vere für den tatsächlichen Shakespeare, denn alle Figuren in Shakespeares Stücken sind Personen aus Edwards Leben. Er schrieb, was er erlebte. *Hamlet* ist in allen Punkten seine Autobiografie.[66]

Übrigens nimmt man an, dass auch Königin Elizabeth I. (1553–1603) als Kind eine Nahtoderfahrung hatte und in jungen Jahren an hohem Fieber starb. Anschließend wies sie plötzlich all die inzwischen bekannten Muster an Nachwirkungen auf. Bei ihr führte der Intelligenzsprung dazu, dass sie jeden Lehrer fertigmachte, den man für ihre Erziehung herbeiholte. Nur Edward konnte sich mit ihrer Intelligenz messen, was möglicherweise der Grund ist, warum sie zu engen Freunden und zum Liebespaar wurden – so lange wie möglich.

Abraham Lincoln (1809–1865). Als fünfjähriges Kind fiel Lincoln in einen durch Regen angeschwollenen Bach und ertrank. Sein älterer Freund, Austin Gollaher, packte seinen Körper und schlug, sobald er am Ufer war, nach Kräften auf ihn ein. Als er so ins Bewusstsein zurückgeprügelt wurde, ergoss sich das Wasser aus Lincolns Mund. Auch wenn es keinen Bericht darüber gibt, dass der Junge irgendjemandem eine jenseitige Reise anvertraut hatte, gibt es reichlich viele Äußerungen von Freunden und Verwandten, die anschließend einen plötzlichen Bildungshunger an ihm bemerkten. Er bestand darauf, Lesen zu lernen, und scheute keine Mühen, um jedes irgendwie greifbare Buch zu verschlingen.

Fünf Jahre später, unmittelbar nach dem Tod seiner Mutter und bevor sein Vater erneut heiratete, saß er auf einem Pferdefuhrwerk und hielt die Zügel, und als er »Los mit dir!« brüllte, schlug das Pferd aus und traf seinen Kopf. In der Nacht war er dem Tode nahe. Seine Schwester Sarah umsorgte ihn. Nachdem er sich erholt hatte, ergänzte er die an das Pferd gerichtete Beschimpfung: »... du altes Luder.« Über den Vorfall ist wenig überliefert, bis Lincoln als Erwachsener sagte, wobei er sich auf sich selbst in der dritten Person bezieht: »Ein Rätsel des menschlichen Geistes. In seinem zehnten Lebensjahr wurde er von einem ausschlagenden Pferd getroffen und anscheinend für eine Zeit lang getötet.«

Zu den Eigenschaften, die Lincoln zu zeigen begann, gehörten: der Verlust der Angst vor dem Tod; eine Liebe zur Musik und zur Einsamkeit; eine ungewöhnliche Empfindlichkeit gegenüber Lärm, Licht und Nahrungsmitteln; ein vielfaches Aufnahmevermögen; außerordentlich ergiebige übersinnliche Fähigkeiten; eine Bevorzugung des Mystizismus gegenüber der Religion; die Neigung, sich in etwas zu versenken (mit ihm zu verschmelzen); Distanzierung; eine Anfälligkeit für Schwermut und Launenhaftigkeit; eine verstärkte Neigung zu Allergien; regelmäßige Zukunftserinnerungen; quälend genaue Visionen; die Fähigkeit zur Abstraktion und zur intensiven Konzentration; clusterartiges Denken; Charisma; moralischer Auftrieb; ein brillanter Verstand; Durchhaltevermögen bei Problemen und Hindernissen und eine antreibende Leidenschaft zur Erfüllung seiner Bestimmung.

Sicherlich kann man einwenden, dass Lincolns viele Eigenheiten das Ergebnis extremer Armut in der Jugend waren, gepaart mit einer unerbittlichen Entschlossenheit, Erfolg zu haben. Doch nichts wies in seinen frühen Jahren auf Genialität hin. All seine ungewöhnlichen Talente zeigten sich erst, *nachdem* er zwei nahe Begegnungen mit dem Tod überlebt hatte. Als Erwachsener wäre er erneut beinah gestorben, und wieder zeigte er Anzeichen, dass er möglicherweise eine weitere Nahtoderfahrung hatte – mit zusätzlichen Nachwirkungen.

Albert Einstein (1879–1955). Im Alter von fünf Jahren wäre Einstein fast an einer schweren Krankheit gestorben. Während er noch krank im Bett lag, zeigte sein Vater ihm einen Taschenkompass. Die Tatsache, dass die eiserne Nadel immer in dieselbe Richtung zeigte, wie sehr man den Kompass auch drehte, beeindruckte ihn, und er kam auf den Gedanken, dass dies durch etwas beeinflusst sein musste, das im leeren Raum existierte. Obwohl er erst mit etwa zehn Jahren fließend sprechen konnte (möglicherweise aufgrund einer Dyslexie), erinnerten sich Familienmitglieder daran, wie intensiv er nachdachte, bevor er auf irgendeine Frage antwortete – eine Eigenschaft, die ihn als minderbegabt erscheinen ließ.

Interessanterweise lernte er mit sechs Jahren Geige spielen (später erfreute er sich an der mathematischen Struktur von Musik), brachte sich mit vierzehn selbst die Infinitesimalrechnung bei und schrieb sich mit fünfzehn an der Universität Zürich ein. Wie Lincoln litt er unter Nervosität und Magenproblemen und wäre als Erwachsener beinah an diesen Leiden gestorben. Ebenso wie bei Lincoln lassen sich seine ungewöhnlichen Eigenschaften bis zu seinem fünften Lebensjahr zurückverfolgen.

Der ebenfalls zu Nahtoderfahrungen forschende J. Timothy Green hat eine faszinierende Idee, wie Einstein möglicherweise dazu inspiriert wurde, die Relativitätstheorie zu entwickeln. Er bemerkt, dass Einstein siebzehn war, als er bei Jacob Albert Heim (1849–1937) studierte, einem bedeutenden Professor für Geologie und nebenbei Kynologe. Heim war einst beim Bergsteigen in dem Alpen abgestürzt und beschrieb eine höchst merkwürdige Nahtoderfahrung. Nach diesem Vorfall sammelte er 25 Jahre lang ähnliche Berichte von anderen, die abgestürzt waren oder vergleichbare Unfälle gehabt hatten. Er stellte das Fazit seiner Recherchen 1892 vor und publizierte seine Ergebnisse im selben Jahr. Dadurch wurde Heim die erste Person in der modernen Geschichte, die eine Sammlung von später als Nahtoderfahrungen bezeichneten Erlebnissen veröffentlichte. Laut Green studierte Einstein in den Jahren unmittelbar nach der Veröffentlichung dieser Schrift bei Heim und kannte Bemerkungen von Menschen, die, wenn sie aus einer großen Höhe herabgestürzt waren, häufig berichteten, dass sich die Zeit währenddessen zu verlangsamen oder vollständig stillzustehen schien, weil sie sich ausdehnte.

Jahre später wurde Einstein in einem Interview gefragt, wie er dazu kam, an der Relativitätstheorie zu arbeiten. »Er hatte den Anstoß bekommen, indem er sah, wie ein Mann von einem Berliner Hausdach stürzte. Der Mann hatte mit geringfügigen Verletzungen überlebt. Einstein war von seinem Haus hingerannt. Der Mann sagte, dass er die Wirkung der Schwerkraft nicht gespürt habe – eine Äußerung, die zu einer neuen Ansicht über das Universum führte.«[67]

Für mich und für Green (der dies mir gegenüber erklärte) gibt es gute Gründe für die Annahme, dass die Nahtoderfahrung des Professors und seine nachfolgende Schrift zum Thema eine tief greifende Wirkung auf seinen wissbegierigen Studenten ausübte und die Grundlage für Einsteins berühmte Theorie bildete. Und vielleicht fühlte Einstein dadurch sogar bestätigt, was ihm als fünfjähriger Junge widerfahren war. Es ist auch allgemein bekannt, dass Einstein während seines gesamten Lebens in veränderte Bewusstseinszustände eintrat, um Dinge zu überdenken. Er sprach von »Gedankenexperimenten« und sagte, manchmal würde ein Sturm in seinem Gehirn losbrechen, während er über Ideen, Alternativen und Lösungen nachdachte.

Black Elk (1863–1950). Black Elk erlebte die Schlacht am Little Bighorn (25.6.1876) und das Massaker von Wounded Knee (29.12.1890). Aber wir kennen ihn nicht aus diesem Grund. Berühmt machte ihn ein US-amerikanischer Dichter, Indianerforscher und Autor namens John Neihardt (1881–1973), der ihn 1930 und 1931 interviewte und seine Visionen für immer festhielt in dem Buch *Schwarzer Hirsch: Ich rufe mein Volk*, einem Dokument, das zum triumphalen Erfolg wurde.[68]

Dies ist seine Geschichte: Black Elk, ein Oglala-Lakota-Indianer, begann mit fünf Jahren, Stimmen zu hören und Geistwesen zu sehen, die aus den Wolken kamen. Aber dies irritierte ihn und führte zu zahlreichen Schwierigkeiten. Mit neun Jahren erkrankte er schwer. Seine Arme und Beine sowie sein Gesicht schwollen an, und eine körperlose Stimme sagte zu ihm: »Es ist jetzt Zeit, sie rufen dich.« Zwei Männer erschienen aus den Wolken. Sie hielten Speere, aus denen Blitze schossen. »Beeil dich«, hörte er. »Die Ahnen verlangen nach dir.« Damit ließ er seinen Körper hinter sich und flog in die Wolkenreiche, begleitet von den Männern, von denen er »wusste«, dass es Donnerwesen waren.

Diese voll entfaltete jenseitige Nahtoderfahrung mit ihrer plastischen Symbolik gehört zu dem Eindrucksvollsten, auf das ich je gestoßen bin: fliegende Pferde, lodernde Pfeile, Wälder, Berggipfel, Wolkenreiche, explodierende Farben, unterschiedlichste Arten von Wesen. Zu seinem Szenario gehören auch Ahnen (große Mächte), die ihn vieles lehrten und ihm seine Zukunft zeigten. Dazu zählten schwere Zeiten für sein Volk und spezielle Kräfte, die ihm gegeben werden würden, damit er ihm helfen konnte. Dann wurde ihm seine Aufgabe offenbart: Er solle die Welt retten – ein ziemlich großer Auftrag für einen Neunjährigen. Hoch oben von den Gipfeln der Berge aus und auf einem rotbraunen Pferd sitzend, starrte er auf die Welt hinab, die er retten sollte, und sah mehr, als er erzählen, und wusste mehr, als er je in Worte fassen konnte. Er war im Besitz allen Wissens. Wesen, die er als »Reiter der vier Himmelsrichtungen« kannte, kamen zu ihm, und er sah auf eine heilige Weise die Geistformen aller Dinge und wusste, dass alle Menschen als ein Volk zusammenleben mussten.

Nach seinen Worten sah er, dass der heilige Reifen seines Volkes einer von vielen Reifen war, die einen Kreis bildeten, so weit reichend wie das Tageslicht und das Sternenlicht. Und in der Mitte wuchs ein mächtiger, blühender Baum, der allen Kindern von einer Mutter und einem Vater Schutz bot, und er erkannte, dass er heilig war. Ein gesprenkelter Adler brachte ihn zu seinem Dorf zurück und wurde ein lebenslanger Bote für ihn. Nach seinen Berichten konnte er das Dorf seines Stammes in der Ferne vor sich sehen, und er ging sehr schnell darauf zu, weil er Heimweh hatte. Dann erblickte er sein eigenes Tipi, und in seinem Inneren sah er seine Mutter und seinen Vater, die sich über einen kranken Jungen beugten, der er selbst war. Und als er das Tipi betrat, sagte jemand, der Junge käme zu sich. Man sollte ihm besser etwas Wasser geben. Dann setzte er sich auf und war traurig, weil seine Mutter und sein Vater nicht zu wissen schienen, dass er so weit weg gewesen war.

Black Elk blieb noch weitere zwölf Tage wie halb tot. Seine Erlebnisse wiederholten sich mehrfach in seinen Gedanken, aber er konnte nicht darüber sprechen. Wenn er es versuchte, dann war es wie ein Nebel und entfernte sich von ihm. Zu jung, um die Vorgänge zu verstehen, fühlte er sich, als würde er nicht mehr länger zu seinem Volk gehören. Er fühlte sich wie ein Fremder, aß kaum noch und sehnte sich danach, zurück in der Geisterwelt zu sein.

Von nun an hörte er regelmäßig Stimmen und hatte Visionen. Dazu gehörten auch Warnungen vor beunruhigenden Zeiten in der Zukunft. Ein Medizinmann sah, dass Black Elk ein kraftvolles Licht ausstrahlte. Mit dreizehn Jahren, als ihn sein Vater auf die Schlacht am Little Bighorn vorbereitete, schien er schweben zu können. Als er siebzehn war, erschienen ihm die Donnerwesen und warnten ihn, dass er zur Strafe vom Blitz erschlagen werden würde, wenn er anderen nicht mitteilte, was ihm als Neunjähriger widerfahren war. Schließlich erzählte er seine Geschichte.

Nachdem er erkannt hatte, dass die Welt retten in Wirklichkeit bedeutete, die Menschen zu heilen, wurde er zum Medizinmann und begann, Kranke zu kurieren. Ihm war sehr bewusst, dass nicht er es war, der die Menschen gesund machte, sondern der große Geist. Seine Demut dauerte sein Leben lang fort. Als er im Alter erblindete, wurde er zum Einsiedler. Seine Konvertierung zum Christentum erfolgte aus reiner Zweckmäßigkeit, denn er wusste, dass Gott der Gott von allen ist.

Biografen schreckten davor zurück, über ihn zu schreiben, da es in der damaligen Zeit gegen das Bundesrecht verstieß, das Indianern untersagte, über »die alten Wege« oder die Religion aus ihrer Vergangenheit zu sprechen. John Neihardt, der mit den Lakota Sioux vertraut war, machte sich in Begleitung seines Übersetzers Flying Hawk auf die Suche nach Black Elk. Es verwundert zunächst, wieso der alte Mann auf ihn wartete, als habe er gewusst, dass er kommen würde, und dann gegen das Bundesrecht verstieß, indem er diesem weißen Mann traute und ihm von seiner größten Vision erzählte – bis man etwas über Neihardt erfährt. Mit acht Jahren war Neihardt an hohem Fieber »gestorben« und hatte eine dramatische Nahtoderfahrung gehabt. Er war nie mehr wie zuvor und wurde wie Black Elk einer von denen, die einfach *wissen*. Zwischen beiden bestand sofort eine gegenseitige Anerkennung und ein Kameradschaftsgefühl, und sie wurden wie Verwandte. Das Buch, das Neihardt anschließend schrieb, war nach einiger Zeit vergriffen, aber C. G. Jung entdeckte es und sorgte dafür, dass es in den 1960er-Jahren erneut erschien. Es wurde zum selbst von Indianern mit Begeisterung aufgenommenen Bestseller und zum Rosettastein[69] authentischer indianischer Spiritualität.

Walter Russell (1871–1963). Mit sieben Jahren hatte der US-amerikanische Maler, Bildhauer, Architekt, Philosoph und Mystiker Walter Russell seine erste Nahtoderfahrung. Sie bereitete ihn auf sonderbare Weise auf die finanzielle Katastrophe vor, die seine Familie schon bald ereilen sollte. 1881, als er zehn war, wurde er von der Schule genommen und zum Arbeiten geschickt. Er behielt wegen des felsenfesten Glaubens, den er mit sieben durch seine jenseitige Reise gewonnen hatte, »ein gutes Herz«. Von früher Kindheit an Musiker, sicherte er sich mit dreizehn die Stelle eines Kirchenorganisten und wurde zum finanziell vollkommen unabhängigen Autodidakten, der sich das Geld für den fünfjährigen Besuch einer Kunstschule selbst verdiente. Als er vierzehn war, wurde sein Weg allerdings durch Diphtherie und eine weitere Nahtoderfahrung unterbrochen. Vom behandelnden Arzt wurde er für tot erklärt. Walter Russell behauptete, während dieses Erlebnisses das Geheimnis des Heilens entdeckt zu haben, als er ein Einssein mit Gott gefühlt habe. Seine beiden Nahtoderfahrungen bereiteten die Bühne für dramatische Phasen der Erleuchtung, die sich im Laufe seines Lebens alle sieben Jahre ereigneten.

Glenn Clark schreibt in seiner Russell-Biografie, Russell sei dem enzyklopädischen Bildungswesen des Vollstopfens mit Informationen und der Gedächtnisprüfungen entkommen, die das Leben anderer Kinder bis zu deren 25. Lebensjahr erfüllen würden. Er habe seine kostbare Jugend genutzt, um hinter die Mysterien seines inneren Selbst zu kommen. Sein gesamtes

Leben sei eingesetzt worden, um nach dem wirklichen Selbst und der Beziehung dieses wirklichen Selbst zum selektiven Universum zu suchen, von dem er gewusst habe, dass er selbst ein wichtiger Teil davon war.[70]

Walter Russell zeichnete sich in allem aus, was er in Angriff nahm, und gewann dauerhafte Freundschaften und lukrative Kunstaufträge. Er hatte ein Atelier in der Carnegie Hall in New York City, wurde beauftragter Bildhauer für Präsident Franklin D. Roosevelt und seine Frau, war ein langjähriger Freund von Mark Twain und fertigte gemalte und gemeißelte Porträts von Thomas Edison an. Russells Motto lautete, Mittelmäßigkeit sei selbst verschuldet, Genialität sei selbst verliehen. Im Alter von 49 Jahren war er plötzlich von einem Zustand »kosmischen Bewusstseins« umschlossen. Dieser Zustand dauerte unvermindert 39 Tage und Nächte an. Er erklärte:

»Meine persönliche Reaktion auf dieses großartige Ereignis ließ mich ganz Geist sein, mit einer nur schwachen Wahrnehmung meines elektrischen Körpers. Praktisch während der gesamten Zeit hatte ich das Gefühl, dass mein Körper kein Teil von mir war, sondern durch elektrische Lichtfäden an mein Bewusstsein angeheftet war. Als ich meinen Körper für Handlungen benutzen musste wie das Aufschreiben der Kernaussagen von Gottes Botschaft, war es außerordentlich schwer, meinen Körper wieder unter Kontrolle zu bringen.«[71]

Sobald er die Verfügungsgewalt über seine Fähigkeiten zurückerlangt hatte, machte er sich daran, seine Erfahrung in *Die Botschaft der Göttlichen Iliade* niederzuschreiben.[72] Dann verbrachte er sechs Jahre damit, *The Universal One* zu verfassen und 1927 auf eigene Kosten zu verlegen, einen Text mit den Zeichnungen und Offenbarungen, die ihm über das Universum und seine Funktionsweise übermittelt worden waren. Darin behandelt er auch Themen aus der Chemie, der Physik und der

Elektromagnetik. Später korrespondierte er mit Albert Einstein über seine eigene Theorie, dass dies ein Gedankenwellen-Universum sei, geschaffen für die Übermittlung von Gedanken.

Seine zweite und dauerhafte Ehe schloss er mit seiner in England geborenen Frau Lao, die selbst seit ihrer Kindheit eine Visionärin war und in dem Wissen heranwuchs, dass sie hier sei, um »die Ansichten über die Welt zu verändern«. Gemeinsam gründeten sie die University of Science and Philosophy.[73]

Edgar Cayce (1877–1945). Als »schlafender Prophet« bekannt, verbrachte der »Vater der ganzheitlichen Medizin« und das am umfassendsten belegte Medium der Moderne vierzig Jahre seines Erwachsenenlebens damit, Tausenden von Suchenden übersinnliche »Readings« zu geben, während er sich in einem unbewussten Zustand befand. Dabei diagnostizierte er Krankheiten, deckte Leben auf, die in fernen Zeiten gelebt worden waren, und prophezeite Ereignisse, die in der Zukunft lagen. Er verfügte über die Fähigkeit, sich in einen schlafähnlichen Zustand zu versetzen, indem er sich auf eine Couch legte, die Augen schloss und die Hände über dem Bauch faltete. In diesem Zustand war er imstande, über seinen Geist mit allen Zeiten und Räumen in Kontakt zu treten – das universelle Bewusstsein – und auf Fragen zu antworten. Aufzeichnungen dieser Readings helfen den Menschen sogar heute noch.

Er war für seine Prophezeiungen am bekanntesten, aber tatsächlich hatte das meiste von dem, was er darbot, mit der ganzheitlichen Bewahrung der Gesundheit und der Behandlung von Krankheiten zu tun. Seine von der Association for Research and Enlightenment (A.R.E.) gesammelten Readings decken über zehntausend unterschiedliche Themen ab. Informationen über die Aufzeichnungen seiner Readings, Untersuchungen dazu sowie zahlreiche auf seiner Arbeit basierende Kurse, Konferenzen und Live-Streaming-Veranstaltungen werden von der A.R.E. vermittelt, einer gemeinnützigen Organisation, die 1931 gegründet wurde.

Neil Helm, der an der zur A.R.E. gehörenden Atlantic University unterrichtet und selbst eine Nahtoderfahrung hatte, untersuchte Berichte darüber, dass Edgar Cayce möglicherweise in jungen Jahren eine Nahtoderfahrung gemacht hat. Es ist ihm gelungen, Briefe aus jener Zeit aufzuspüren, in denen davon die Rede ist, dass Cayce ertrank und für tot erklärt wurde, als er etwa fünf Jahre alt war. Erst nach diesem Vorfall begann er, mit unsichtbaren Spielkameraden zu interagieren, außerkörperliche Phasen zu erleben, zu wissen, was in einem Buch stand, indem er auf ihm schlief, und die Anfänge von übersinnlichen Gaben zu zeigen, die erst voll zur Entfaltung kamen, als er erwachsen war. Nur Briefe gibt es hierüber. Auch wenn sie nicht als Beweis gelten können, passt das Muster des Lebens von Edgar Cayce zu dem, was häufig bei Menschen zu beobachten ist, die als Kind eine NTE hatten.

Marcel Vogel (1917–1991). Der US-amerikanische Forscher litt an Atemproblemen und starb, offiziell für tot erklärt, im Alter von sechs Jahren. Als Todesursache wurde eine doppelte Lobärpneumonie festgestellt; das ist eine Verlaufsform der Lungenentzündung, bei der ganze Lappen der Lunge betroffen sind. Die Auswirkungen seines »Zurückkommens« sowie die Erfahrung, die er gemacht hatte, ließen das Leben für ihn sehr schwer werden. Er wurde zum Einzelgänger, der überwältigt war von dem Licht, das er gesehen hatte, als er starb, und von dem Gefühl von Liebe und Wohlbefinden, das es ihm vermittelt hatte. Das physische Leben war für ihn hingegen kaum sinnvoll, bis er die Glühwürmchen im Garten des Ferienhauses seiner Eltern entdeckte. Das immer wieder kurz aufleuchtende Licht der kleinen Insekten fesselte seine Fantasie.

Während er eines Morgens zur Frühmesse ging, fragte er im Gebet: »Warum bin ich hier? Was ist die Bestimmung meines Lebens?« Kurz darauf hörte er eine Stimme in seinem Kopf sagen: »Du wirst Phosphor-Chemiker werden. Du wirst Pionierarbeit im Bereich der Lumineszenz leisten. Du wirst ein Buch schreiben und dein eigenes Unternehmen gründen.« Können Sie sich einen Sechsjährigen vorstellen, dem so etwas gesagt wird?

Er und sein Vater Joseph bauten ein Labor im hinteren Teil ihres Hauses, und der junge Marcel machte sich daran zu versuchen, die Chemikalie zu kopieren, welche die Glühwürmchen im elterlichen Garten leuchten ließ. Mit zwölf Jahren hatte er eine chemische Verbindung synthetisiert, die, wenn sie im Wasser mit Kaliumferrocyanid und Wasserstoffperoxid vermischt wurde, eine Chemolumineszenz erzeugte, die dem Licht der Glühwürmchen entsprach. Dann verwandelte er ultraviolette Strahlung in der Röhre in eine sichtbare Form – in sichtbares Licht. Noch während seiner Grundschulzeit besuchte er das Mechanics Institute und übersetzte Artikel über Phosphorchemie aus dem Deutschen. Nach seinem guten Start wiederholte er schnell alles, was er am Institut lernte, in seinem eigenen Amateurlabor.

Vogel arbeitete 27 Jahre lang in der Forschungsabteilung von IBM und erwarb 32 Patente. Im Ruhestand gründete er sein eigenes Labor und Unternehmen, Psychic Research Inc. Das Buch, das er mit Peter Pringsheim schrieb, trug den Titel *The Luminescence of Liquids and Solids and Their Practical Application*[74] (»Das Leuchten flüssiger und fester Stoffe und ihre praktische Anwendung«). Die letzten siebzehn Jahre seines Lebens leistete er Pionierarbeit in der Erforschung der Beziehung zwischen Quarzkristallen und Wasser. Wenn Sie einen von Vogel geschliffenen Kristall besitzen, dann betrachten Sie ihn als raren

Schatz, da der Name »Vogel« mit unglaublichen Entdeckungen über Kristalle verbunden ist – darüber, was sie bewirken können und wie sie sich auf aufregende neue Weise verwenden lassen. Ich schätze mich glücklich, seinerzeit in den Achtzigerjahren einige seiner Workshops besucht zu haben.[75]

Ähnliche Muster wie die oben geschilderten lassen sich bei Wolfgang Amadeus Mozart (1756–1791) und Sir Winston Churchill (1874–1965) finden.

Berichte über Zeitgenossen

Valerie V. Hunt war die erste Forscherin, die objektive elektronische Belege für die Aura aus Licht um Menschen, Orte und Objekte lieferte. Sie zeigte nicht nur, dass die Aura tatsächlich existiert, sondern dass sie auch bestimmte Lichtfrequenzen hat, die gleichmäßige und messbare Wellenformen aufweisen. Ihre Arbeit war ein wissenschaftlicher Meilenstein.

Ihre frühen Jahre waren jedoch schwierig. Mit drei Jahren fiel sie ins Koma, wäre fast gestorben und hatte eine Nahtoderfahrung. Ihre Mutter hielt sie für ein geheimnisvolles Kind, und sie war allen anderen so weit voraus, dass die Kinder sie mieden. Sie entfloh dem Druck in der Schule, indem sie Gedichte schrieb, zeichnete und sang und indem sie in den Geisterreichen schwelgte, die sie umgaben. Vor ihrem Koma war sie kontaktfreudig und ausgelassen gewesen. Danach wurde sie ernst und still.

Sie berichtete: »Eines Tages nahmen mir meine Eltern völlig überraschend meine Farben, mein Papier, meine Kreiden und meine Bücher weg. Niemand wollte etwas über die Freude bereitenden Dinge wissen, die mein Geist erschuf. Ich murmelte ärgerlich und mit wenig Genugtuung vor mich hin. Meine Eltern hörten mir nicht zu. Schließlich blendete ich zurück zu meinen Monaten im Koma, als ich erlebte, mit Gott in einem wunderschönen Land voller Blumen, Anmut und Liebe zu sein; stille Gelassenheit. Ich wollte dort für immer bleiben, aber ich erinnerte mich, dass Gott gesagt hatte, ich würde zurück zur Welt gehen, um ihr Schönheit zu bringen. Ich beklagte mich, weil ich die Welt nicht mochte und außerdem keine Talente für das Schöne hatte. Ich war lediglich ein kleines Mädchen, das die Schönheit wahrnahm, aber nicht wusste, wie man sie erschuf. Ich erinnerte mich, dass Gott mir versichert hatte, mir würden genügend Talente gegeben, um meine ›Schönheitsarbeit‹ zu vollbringen. Und dann wurde ich mir der Menschen, des Raums und der Dinge bewusst, die ich vorher gekannt hatte. Ich war von meiner weiten Reise zurückgekehrt.«

Valerie Hunt trägt eine bei Kindern, die eine NTE gemacht haben, häufige Klage vor, wenn sie sagt: »Obwohl ich von meinen Fähigkeiten nach meinem Koma begeistert war, gab es auch eine quälende Plötzlichkeit meiner Veränderung, die beängstigend war, besonders wenn Erwachsene sagten, dass das nicht stimmte.«

Ihre vollständige Geschichte einschließlich der 25 Jahre, die sie als eine der herausragendsten Forscherinnen auf dem Gebiet der menschlichen Energiefelder verbrachte, ist in ihrem Buch *Infinite Mind* aufgezeichnet.[76]

Olaf Sunden überlebte mit vierzehn Jahren eine verpfuschte Mandeloperation. Zu dem Zeitpunkt, an dem es der Arzt und die Krankenschwester mit der Angst zu tun bekamen, verließ er seinen Körper und erlebte plötzlich das gesamte Universum und sah, dass es keine Grenzen hat. Es gab Blasen, die Seifenblasen ähnelten und sich in komplexen Mustern auf runden, konzentrischen Bahnen bewegten. Er verstand vollständig, was er sah und was das zu jenem Zeitpunkt bedeutete, weil er in einen Zustand allumfassenden Wissens eingetreten war.

Melvin Morse, der Olaf Sunden getroffen und sich mit ihm unterhalten hat, konnte noch einiges zu der Geschichte beitragen: »Er bat um die Erlaubnis, die Information über die molekulare Chemie und die Interaktionen der Quanten auf subatomarer Ebene, diese ›neue Physik‹, wie er es nannte, festhalten zu dürfen. Das wurde ›gewährt‹ oder genauer gesagt, es geschah, da er mit keinem Akteur interagierte, der Wünsche erfüllte, sondern eher mit einer fundamentalen Kraft des Universums. Auf Basis des Verständnisses, das er durch die fundamentalen Grundeinsichten während seiner Nahtoderfahrung gewonnen hatte, sowie durch ein zielgerichtetes Studium der Chemie promovierte er im weiteren Verlauf in einem Spezialgebiet der Chemie und erwarb einige Patente. Diese Patente waren so beschaffen, dass er damit Geld verdiente und zugleich der Menschheit half, beispielsweise durch ein Verfahren, Papierpulpe unter Einsatz von weniger Holz herzustellen und dadurch die Umwelt zu schonen. Seine Geschichte ist sehr bemerkenswert. Er machte unmissverständlich deutlich, dass er unsere Visionen für den Ausgangspunkt von Informationen hält, dass dem aber harte Arbeit in Form wissenschaftlicher und akademischer Studien folgen müsste, die Olaf geleistet zu haben meinte, und seine wissenschaftlichen Patente untermauerten das.«[77] Olaf Sunden hat übrigens rund hundert chemische Patente auf seinen Namen laufen.

Als der US-amerikanische Arzt *Bernie Siegel* vier Jahre alt war, lag er mit einer seiner häufigen Ohrinfektionen zu Hause im Bett. Er nahm sein Spielzeugtelefon, mit dem er gerade spielte, schraubte die Wählscheibe ab und schob alle Teile in den Mund, wie er das bei Zimmerleuten mit Nägeln gesehen hatte, die sie dann wieder rauszogen, um sie zu benutzen. Das Problem war, dass er die Teile einsog und einen Laryngospasmus bekam, eine krampfartige reflektorische Kontraktion der Kehlkopfmuskulatur mit Verengung des Larynx (Kehlkopfs) und der Stimmritze. Er versuchte, etwas Luft in seine Lungen zu bekommen, aber nichts funktionierte, und er war unfähig, irgendwelche Laute von sich zu geben, um Hilfe herbeizuholen. Er hatte kein Zeitgefühl, merkte aber plötzlich, dass er nicht mehr kämpfte.

Er befand sich dann am Kopfteil des Bettes und beobachtete sich dabei, wie er starb. Er fand es faszinierend und als eine Wohltat, von seinem Körper befreit zu sein. Er hörte nicht auf, darüber nachzudenken, auf welche Weise er noch immer sehen und denken konnte, während er sich außerhalb seines Körpers befand. Es tat ihm leid, dass ihn seine Mutter, die in der Küche war, tot vorfinden würde, aber er überlegte und fand seinen neuen Zustand besser und zog gedanklich den Tod dem Leben vor. Dann bekam der Junge auf dem Bett einen agonalen Krampfanfall. Er erbrach sich, und all die Spielzeugteile flogen aus seinem Mund. Er begann wieder zu atmen, und Siegel (als Beobachter seiner selbst) war sehr wütend, als er gegen seinen Willen in seinen Körper zurückkehrte. Er kann sich noch immer daran erinnern, dass er schrie: »Wer hat das gemacht?« Seine Überlegung als Vierjähriger war, dass es einen Gott mit einem Zeitplan gab und er jetzt noch nicht sterben sollte. Später würde er es damit erklären, dass offenbar ein Engel ein Heimlich-Manöver[78] an ihm ausgeführt hat.

Als pädiatrischer Chirurg im Ruhestand ist Dr. Siegel heute ein international anerkannter Experte im Bereich der Krebstherapie und Komplementärmedizin, der stets den Zusammenhang zwischen dem Patienten und dem Heilungsprozess betont. Er hat zahlreiche Bücher geschrieben, darunter auch den Bestseller *Prognose Hoffnung.*[79] Sein Ziel besteht darin, den Menschen dabei zu helfen, sich selbst zu heilen und ein gesünderes, spirituelleres Leben zu führen.

Der Brite *Benedict Cumberbatch* ist ein beliebter Kino- und Fernsehstar und Theaterschauspieler und hat dem Tod gleich vier Mal ein Schnippchen geschlagen: das erste Mal, während er als Baby eine Hypothermie (Unterkühlung) erlitt; das zweite Mal, als eine Bombe dicht neben seiner Schule explodierte, in der er sich gerade befand; ein weiteres Mal, als er im Jahr nach seinem Highschoolabschluss während einer Wanderung in Tibet fast an Dehydratation und Hunger gestorben wäre; und schließlich erneut als junger Mann: Er wurde entführt, gefesselt und in ein Auto gezwängt, man fuhr ihn an einen unbekannten Ort und zwang ihn mit einer Gewehrmündung am Kopf dazu niederzuknien. Seine Geiselnehmer sprangen dann plötzlich auf und flohen – das alles ohne ersichtlichen Grund und ohne dass etwas gesagt wurde.

Am interessantesten sind der Vorfall, dass er als Baby fast erfroren wäre, und die Tatsache, dass er während der gesamten Jahre seines Heranwachsens als »sonderbar« eingestuft wurde. Fast erfroren wäre er wegen seiner Halbschwester Tracy. Seine Eltern hatten eine Wohnung im obersten Stockwerk und brachten seinen Kinderwagen oft aufs Dach, wenn der kleine Benedict zappelig war, und zeigten zum Himmel. Tracy tat das ebenfalls – und vergaß ihn dann. Als sie schließlich zum Dach eilte, war er schon fast blau. Sie verwendete einen Heizstrahler, um ihn »aufzutauen«. Er wuchs mit der Erinnerung an eine »Vision vom Himmel« von seiner Erfahrung auf dem Dach auf.

Aber das ist nicht alles, was ihn von seiner Familie, seinen Freunden und von Gleichaltrigen abhob. In der Schule gesellig, wuchs Cumberbatch durch Herausforderungen und schien auch dann sehr viel Selbstvertrauen zu besitzen, wenn er einen Fehler nach dem anderen machte. Er glaubte an sich, sein Talent und sein intuitives Erfassen dessen, was vor ihm lag. Er war ungewöhnlich intelligent, passte sich durch Kreativität an und tat sich im Malen hervor. Er lehnte schon in jungen Jahren Vorstellungen über Gut und Böse, Helden und Schurken ab. Als das Brückenjahr nach der Highschool begann, ging er nach Tibet und unterrichtete in einem buddhistischen Kloster Englisch, wobei er sich die buddhistische Philosophie zu eigen machte. Stets auf der Suche nach dem Unendlichen, der Wahrheit hinter dem, was wahr zu sein schien, lernte er durch Übertreibungen – zu viele Partys, zu viel Alkohol, zu viele Tabletten – harte Lektionen. Dies vor allem, weil sein Körper nicht so viel wie andere verkraften konnte. Er war zu verletzlich. Er soll gesagt haben: »Ich suche nicht. Ich vermeide nicht. Ich folge einfach meinem Weg und gebe mein Bestes.«

Sein scharfer Verstand veranlasste Cumberbatch schon früh, zum Beobachter zu werden. Er fühlt, registriert und hört ständig mehr als die meisten Menschen. Er ist genau, hat Probleme, die Social Media zu verstehen, und ist mehr an sozialer Gerechtigkeit und Wohltätigkeitsprojekten interessiert als daran, Fans zu gefallen. Sein hyperbewusstes Wesen hat ihn dazu befähigt, in den meisten seiner Kino-, Fernseh- und Theaterrollen gequälte, brillante Einzelgänger zu spielen, wie es nur wenige vermögen. Anfang 2018 verkündete er, dass er sich weigern werde, irgendeine Rolle zu übernehmen, wenn Schauspielerinnen in derselben Produktion nicht ebenso viel wie den Männern bezahlt werden würde, ihn eingeschlossen. Er wurde auch als Held gefeiert, weil er in London aus einem Uber-Taxi sprang, um einem Fahrradfahrer zu Hilfe zu eilen, der gerade auf offener Straße von vier Angreifern überfallen wurde.

Die US-amerikanische Dichterin und Malerin *Akiane Kramarik*, die schon als Kind ein künstlerisches Genie mit atemberaubenden Fähigkeiten bewies, ist am meisten für ihr Porträt von Jesus bekannt, das sie im Alter von acht Jahren gemalt hat. Sie wurde in Illinois von einer atheistischen Mutter und einem nicht praktizierenden katholischen Vater aufgezogen, die sich keinen Fernseher leisten konnten, auch kein Radio besaßen und sie zu Hause unterrichteten. Sie erfuhr also so gut wie nichts über Gott oder Jesus. Sie sagte, Ihr Jesusporträt basiere auf einer Vision, die sie gehabt habe.

Als Akiane ein Baby war, stolperte ihre Mutter beim Hinaufgehen der zerfallenden Betontreppen zu ihrer Wohnung. Ihre Tochter fiel ihr dabei aus den Armen und landete mit dem Gesicht auf den harten, zerbröselnden Stufen. Mutter und Tochter weinten beide. Am selben Tag erhielt die Mutter einen merkwürdigen Telefonanruf von einer Frau mit einem starken russischen Akzent, die ihr sagte, dass ihr Neugeborenes eine außergewöhnliche Zukunft vor sich habe. Niemand wusste, wer die Anruferin war.

Mit vier Jahren teilte Akiane ihrer Mutter eines Tages mit, sie habe Gott getroffen. Als diese fragte, woher sie das Wort »Gott« kenne, antwortete Akiane: »Das würdest du nicht verstehen.« Kurz darauf begann sie zu zeichnen. Innerhalb von Wochen erkannten ihre Eltern, dass sie sich das alles nicht ausdachte. An manchen Tagen beschrieb sie ihre Visionen vom Himmel, in dem Tiere sprachen und Pflanzen sich bewegten und sangen. Schließlich wurden ihre skeptischen Eltern zu Gläubigen.

Als sie sechs Jahre alt war, stellten ihre Eltern ihre Zeichnungen auf lokalen Kunst- und Kunsthandwerkmessen aus. Niemand glaubte, dass ein derart junges Kind solche erlesenen Bilder erschaffen konnte. Mit sieben begann sie, Gedichte zu schreiben. Sie verriet, dass ihr die Worte beim Beten einfielen.

Ihre ersten Gedichte waren in einer Kombination aus Litauisch (ihre Mutter ist gebürtige Litauerin) und Russisch geschrieben, aber schließlich schrieb sie nur noch auf Englisch.

Eines Tages erklärte sie ihrer Mutter, sie sei erneut mit Gott zusammen gewesen und aufgefordert worden, ständig zu beten. Gott habe ihr gesagt, sie müsse frühmorgens aufstehen, um sich für ihre Mission bereit zu machen. Sie verriet nicht, worin diese Mission bestand. Stattdessen sagte sie zu ihrer Mutter: »Ich hoffe, dass ich eines Tages imstande bin, das zu malen, was mir gezeigt wurde.«[80]

Inzwischen ist Akiane zu einer jungen Frau herangewachsen. Sie hat ein Buch mit dem Titel *Akiane. Her Life, Her Art, Her Poetry* geschrieben und setzt die Welt noch immer mit ihren ständig weiter wachsenden Fähigkeiten und ihrem tiefen Verständnis von Gott und der Wahrheit spiritueller Realitäten in Erstaunen.

Ari Hallmark. Am 19. Dezember 2011 schrieb der Journalist der *St. Louis Post-Dispatch* Todd C. Frankel einen Artikel mit der Überschrift »Die Schmetterlingsleute von Joplin«. In dem Artikel zitierte er einige der Kinder, die in dem verheerenden Tornado vom 22. Mai in Joplin, Miss., gefangen waren, der die blühende Stadt fast auslöschte. Die Kinder sprachen von »Schmetterlingsleuten« in und um den Tornado. Sie behaupteten, die Schmetterlingsmenschen hätten sie beschützt. Einige Stadtbewohner sagten, es seien Schutzengel gewesen. Andere taten das Ganze als fantasievolle Einbildung von Kindern ab. Aber diejenigen, die das Phänomen sahen, sind nie von ihrer Geschichte abgerückt. Sie glauben, dass es sich tatsächlich um Schmetterlingsleute gehandelt hat, die um den und im furchtbaren Tornado von Joplin herumgeflogen seien und versucht hätten, ihnen zu helfen.

Ich war von Todd Frankel wegen meines Hintergrundwissens zur Arbeit mit Kindern mit einer NTE hinzugezogen worden. Was mich beeindruckte, war die Anzahl der Sichtungen sowie der Umstand, dass keines der kleineren Kinder je den Begriff »Engel« verwendete. Das war wichtig, weil Kinder mit einer NTE wie gesagt nie von »Engeln« sprechen, wenn sie nicht vorher durch die Familie oder Freunde mit dem Begriff in Kontakt gekommen sind. Kleine Kinder sagen stattdessen beispielsweise »die Hellen« oder »die Leute«. Die Tatsache, dass die Kinder von Joplin die speziellen Wesen, die ihnen geholfen hatten, als »Schmetterlingsleute« bezeichneten, ergab also einen Sinn.

Ari erlebte diese Tragödie mit. Sie war sechs, als der Tornado in Joplin zuschlug, fünf Mitglieder ihrer Familie tötete und sie in einem Feld ganz allein zurückließ. Mithilfe von Freunden und Verwandten schrieb sie später das Buch *To Heaven after the Storm.*[81] Nur sie und ihre Cousine Julie überlebten. Ari sagte, sie sei eine Zeit lang mit ihren Angehörigen im Himmel gewesen. Während sie dort gewesen sei, habe sie ihren Vater Shane mit Haar gesehen (zu ihren Lebzeiten hatte er stets eine Glatze gehabt). Er habe keine Brille getragen, und man habe auch nicht die Abdrücke der Brille auf seiner Nase sehen können.

Im Verlauf des Medienrummels, der später einsetzte, änderte sie die Bezeichnungen und nannte die Schmetterlingsleute »Engel«. Bei meinen Gegenrecherchen zu ihrem Buch telefonierte ich mit mehreren Personen, die sie kannten. Sie bestätigten folgenden zusätzlichen Teil der Geschichte, den Carson Clark, ein Fernsehreporter, gesendet hatte: Ari hatte ungefähr sechs Monate vorher irgendwie »gewusst«, dass ihre Eltern sterben würden. In dem Bewusstsein, dass sie nicht ändern konnte, was geschehen würde, verbrachte sie die kostbare Zeit, die ihr noch blieb, damit, ihr Zusammensein mit ihnen zu genießen.[82]

Ein paar Dinge seien hervorgehoben: Sie wusste vorher, was geschehen würde, und sobald sie im Himmel war, bemerkte sie, dass ihr Vater besser aussah als vorher. Manchmal denken sich Kinder bestimmte Details aus, aber in diesem Fall sind es viel zu viele – und alle in derselben Geschichte. *Die Schmetterlingsleute waren hier, um ihnen zu helfen.* Ich halte dieses Ereignis für wichtig. Es zeigt uns, dass es weise ist, Kindern aufgeschlossen und unbefangen zuzuhören. Manchmal sind sie weiser als die Erwachsenen.

Colton Burpo war noch nicht ganz vier Jahre alt, als er während einer Notoperation fast starb. Nachdem er sich erholt hatte, begann er davon zu erzählen, dass er die an ihm arbeitenden Ärzte gesehen habe und dass, sobald er in der Himmelswelt gewesen sei, Engel und auch sein Freund Jesus zu ihm gesprochen hätten. Pops auch. Pops jedoch, sein verstorbener Großvater väterlicherseits, war ein Mann, den er nicht mehr kennengelernt hatte. Und er kann auch nicht gehört haben, dass sein Großvater mit seinem liebevollen Spitznamen »Pops« angesprochen wurde. Colton wurden Fotos seines Großvaters in älteren Jahren gezeigt. Nein, das war nicht der Mann. Erst als sein Vater, Todd Burpo, Fotos aus jüngeren Jahren fand, rief der Junge: »Pops, das ist Pops.« Dann fügte er lässig hinzu: »Im Himmel bist du jünger.« Das ging immer so weiter. Colton wusste Dinge, die er gar nicht wissen konnte, und er hatte immer recht.

Seine Mutter und seinen Vater versetzte das in Panik, und es erzeugte alle möglichen Probleme in der Kirche. Ja, in der Kirche, denn Todd Burpo ist ein methodistischer Geistlicher, und er konnte nicht damit umgehen, dass sein Sohn über den Himmel sprach, noch konnte er irgendetwas von dem glauben, was sein Sohn sagte. Das war so, bis Colton erzählte, er habe seine ältere Schwester getroffen, diejenige, die im Bauch seiner Mutter gestorben sei. Wie konnte er von der Fehlgeburt wissen – und erst recht das Geschlecht des Kindes kennen? Ohne zu zögern, fuhr Colton fort, dass seine Mutter erneut schwanger sei, etwas, dessen sie sich nicht ganz sicher war, doch es war zutreffend.

Das Besondere an dem Fall Burpo besteht darin, dass die Eltern schließlich anerkannten, dass die Behauptungen ihres Sohnes der Wahrheit entsprachen, was keine Kleinigkeit angesichts der Tatsache ist, dass die Stellung von Reverend Burpo als Geistlicher gefährdet war, bis die Mitglieder seiner Gemeinde noch einmal alles überdachten. Mit Unterstützung von Lynn Vincent schrieb Todd Burpo das Buch *Den Himmel gibt's echt*,[83] das 2014 erfolgreich verfilmt und zum Kassenschlager wurde.

Annabel Beam. Der von DeVon Franklin produzierte Film »Miracles from Heaven« (deutsch »Himmelskind«), in dem Jennifer Garner die Mutter des kleinen Mädchens spielt, hatte in den USA 2016 Premiere. In dem Film geht es um Annabel Beam, die 2011 tatsächlich fürchterliche Torturen überlebte – sie war lebensgefährlich erkrankt und fiel beim Klettern in einen hohlen Baum, in dem sie dann stundenlang gefangen war.

Franklin geht besonders auf Annabels chronische intestinale Pseudoobstruktion ein – eine chronische Mobilitätsstörung des Darms, die nach Aussage ihrer Familie nach ihrer Rettung aus dem Inneren des Baumes auf wundersame Weise geheilt war. Die Ärzte wussten keine andere Erklärung für die plötzliche Heilung abzugeben, als dass das kleine Mädchen aus medizinischer Sicht ein spontanes Abklingen ihrer Erkrankung erfahren habe. Franklin und die Familie Beam glauben, dass alles Gottes Werk gewesen ist.

Der Unfall ereignete sich, als Annabel und ihre Schwester fast zehn Meter in die Höhe geklettert waren und auf einem Ast saßen. Als der Baum dort zu knacken begann, krabbelte Annabel in dem Bemühen, Gewicht von dem Ast zu nehmen, in ein Loch, wobei sie nicht bemerkte, dass der Baum innen hohl war. Dann stürzte sie plötzlich tief in das Innere des Baumes. »Sie fiel mit dem Kopf nach unten fast zehn Meter tief und landete auf ihrem Schädeldach«, berichtete Annabels Mutter Christy Wilson Beam.[84] Die alarmierten Rettungskräfte brauchten Stunden, um Annabel aus dem Baum zu befreien, während ihre Familie um ihren Zustand bangte. Obwohl sie auf ihren Kopf gefallen und ewig in dem Baum gefangen war, hatte Annabel keine größeren Verletzungen davongetragen.

Am nächsten Tag geschah etwas noch Seltsameres, wie ihre Mutter berichtete. »Sie wandte sich an mich und sagte: ›Weißt du, Mommy, ich bin im Himmel gewesen, als ich in dem Baum war.‹ Ich konnte nur erwidern: ›Wirklich?‹ Und sie antwortete: ›Ja. Und ich habe auf dem Schoß von Jesus gesessen, und ich wollte dableiben, Mommy, weil es im Himmel keine Schmerzen gibt.‹« Mrs. Beam fuhr fort, ihre Tochter habe ihr auch erzählt, Jesus habe ihr versprochen, dass sie von ihren Bauchbeschwerden geheilt werden würde. Das geschah. »Sie bekommt keinerlei Medikamente mehr«, sagte Mrs. Beam und fügte hinzu, dass das kleine Mädchen seither nicht mehr ins Krankenhaus habe eingeliefert werden müssen und jetzt essen könne, was immer sie wolle.[85]

Sie fragen sich vielleicht, warum Ari, Colton und Annabel in diesem Kapitel auftauchen, schließlich sind sie noch Kinder. Aber sehen Sie: Das, was Ari widerfuhr, zog ein großes Medieninteresse auf sich, vor allem, was die »Schmetterlingsleute« betrifft. Dieses Phänomen war außergewöhnlich und veranlasste jeden, der davon erfuhr, noch einmal die Fantasie von Kindern mit den aktuellen Fakten abzugleichen. Viel zu viele sagten aus, durch solche »Fantasiegebilde« gerettet worden zu sein, als dass sich die Echtheit dieses Wunders so einfach abtun ließe. Die Geschichten von Colton und Annabel wurden beide verfilmt und zu Kassenschlagern. Sie berührten weltweit Millionen von Menschen.

Ich würde sagen, dass alle drei Kinder unsere »universale Psyche« gewaltig verändert haben. Die hier erwähnten Zeitgenossen sind ebenso wie die historischen Gestalten Beweise dafür, dass das Phänomen der Nahtoderfahrung mehr zum Thema macht als nur die Frage, was sich »auf der anderen Seite« des Todesvorhangs befindet. Die folgenden beiden Kapitel werden Ihnen dies zeigen – und mehr.

16

Kennzeichen

Mein Denken ist sowohl stark von der linken Gehirnhälfte als auch stark von der rechten Gehirnhälfte geprägt (wobei im Alltagsleben die linke Gehirnhälfte etwas stärker zum Einsatz kommt), sodass ich gleichermaßen mit Wissenschaftlern wie auch mit Künstlern vertraut bin.

Michael (Fall 74)

Kinder mit einer NTE sehen typischerweise Tote, unterhalten sich mit Engeln, weisen erstaunliche übersinnliche Fähigkeiten auf, haben ein Zukunftsgedächtnis, sehen und hören, was für alle anderen nicht wahrnehmbar ist, und wissen für ihr Alter unübliche Dinge. Meist stellen sich Eltern, Verwandte, Freunde, Lehrer und Geistliche gegen die Kinder mit einer NTE. Sie machen sich über sie lustig, befehlen ihnen, den Mund zu halten, behaupten, es handele sich lediglich um wilde Fantasien, und setzen jede Vorstellung, »Unsichtbare« zu sehen und mit ihnen zu sprechen, oder das plötzliche »Wissen« um bestimmte Fakten und Zusammenhänge herab. Bis zum heutigen Tag brandmarken manche Kirchen das Phänomen noch immer als ein »Werk des Teufels«. Aus diesem Grunde hält die Mehrheit ihre Erlebnisse geheim, unterdrückt oder verdrängt, was ihr widerfahren ist, und lebt in der Überzeugung, irgendwie »fremd« zu sein.

Unglaublich, aber wahr: Etliche der im Rahmen dieser Studie befragten Ruheständler erzählten *siebzig bis achtzig Jahre lang* niemandem auch nur ein Wort davon. Als ihnen gesagt wurde, dass sie endlich erzählen konnten, was immer sie wollten, und dass das in Ordnung sei, weinten einige, und andere überschwemmten mein Büro mit »verbotenen« Erinnerungen.

Etwas über Nahtoderfahrungen und das zu lernen, was typisch ist für die betroffenen Kinder, ist ein Muss – nicht nur für die Familien, sondern auch für die Kinder selbst, und zwar unabhängig von ihrem Alter. Es ist Zeit für die Gesellschaft, den Deckel von diesem Thema zu nehmen. Jetzt ist es Zeit für die Kinder.

Dieses Kapitel öffnet die Tür, indem es Ihnen erstens eine Gedächtnisstütze für das gibt, wonach Sie suchen müssen, und Ihnen dann konkrete Kennzeichen nennt, die allen dabei helfen sollen, ein besseres Gespür dafür zu bekommen, wie sich betroffene Kinder sofort und im Laufe der Zeit verändern können. Anschließend geht es um Schwindeleien und Zurückdrängen und die schwierige Frage, wer der wirkliche Schwindler ist – die Person, die lügt, sie wäre mit »Offenbarungen« vom Tod zurückgekommen, oder die breite Öffentlichkeit, deren Vorverurteilung mehr über ihre eigenen Vorurteile aufdecken kann als darüber, was möglicherweise wahr ist.

Das generelle Muster

Wie im vorigen Kapitel ausgeführt wurde, lassen sich bei Kindern mit einer Nahtoderfahrung vier zentrale Charakteristika feststellen:

* *In der Zeit um die Geburt bis zum Alter von fünf Jahren hat sich eine ernste Erkrankung oder ein Unfall ereignet.* Fragen

Sie, ob es irgendwelche Schwierigkeiten mit der Schwangerschaft, Probleme im Uterus oder Träume oder Visionen über die Situation gab, an die man sich möglicherweise erinnert oder die aufgezeichnet wurden. Dasselbe gilt für die Zeit als Kleinst- und Kleinkind.

* *Das Kind zeigt anschließend deutliche Verhaltensänderungen.* Es könnte Gleichaltrigen voraus oder anders als sie sein, was sich im Verlauf der Jahre noch klarer ausprägt. Und es kann eine eher unkonventionelle, nonkonformistische Haltung annehmen. Es kann eine Anziehungskraft oder Ausstrahlung besitzen, die Menschen und Tiere ansprechen. Er oder sie kann in jungen Jahren sozial irgendwie unterentwickelt wirken und gleichzeitig ungewöhnlich kreativ, intelligent und kühn sein – ohne jedwede Angst vor dem Tod.
* *Es gibt ein Muster der Nachwirkungen.* Manche weisen eine Elektrosensibilität auf, die meisten eine allgemeine Empfindlichkeit gegenüber Licht und Geräuschen und vor allem gegenüber Pharmazeutika. Auch wenn sich die Mehrheit anschließend als gesund erweist, lässt sich bei vielen ein auffallender Anstieg an zahlreichen Anfälligkeiten und Allergien feststellen. Der Schulbesuch ist häufig ein Problem, allerdings nicht aus den üblichen Gründen: Die meisten wissen mehr als die Lehrer. Langeweile ist die Ursache.
* *Es besteht ein geradezu besessener Drang, eine bestimmte Aufgabe zu erfüllen oder ein bestimmtes Projekt zu realisieren*, als sei das eine Mission. Die meisten arbeiten ohne ein Gefühl für Zeit oder Geld, doch sie neigen dazu, ein eigenes Zuhause haben zu wollen, oder sie sind mit ungewöhnlichen Orten verbunden oder pflegen eine unübliche Lebensweise. Sie haben später ein Interesse an der Ehe, aber nicht unbedingt an einem traditionellen Leben.

Achten Sie also vor allem auf eine schwere Krankheit oder einen Unfall im Zeitraum um die Geburt bis zum fünften Lebensjahr, deutliche anschließende Verhaltensänderungen, ein Muster von Nachwirkungen und einen geradezu besessenen Drang, eine bestimmte Aufgabe zu erfüllen oder ein Projekt zu realisieren.

Die Vision eines Kindes vom Himmel und aller anderen Welten jenseits des Todes ist lebendig und mit der Wahrnehmung von Wahrheit und Wirklichkeit verbunden, was Familien, Lehrer und Therapeuten herausfordert. Sie haben nicht nur irgendeine Vorstellung, sondern eine Erfahrung, die sowohl ihr Empfinden gegenüber dem Leben prägt, das sie führen, als auch ihr Verständnis von dem Zweck, dem ihr Leben dient. Dass viele ihr Erlebnis unterdrücken oder verdrängen, zeigt, wie diese Betroffenen behandelt werden, wie wenig ihnen geglaubt wird und dass ihnen noch nicht einmal gestattet wird, überhaupt erst einmal ihre Geschichte zu erzählen.

Die hohen Scheidungsraten und die zahlreichen Arbeitsplatzverluste, die man bei Erwachsenen mit einer NTE feststellen kann, kommen nicht bei jenen vor, die als Kind eine NTE hatten. Vielleicht ist das wegen der zusätzlichen Jahre so, die sie haben, um das Geschehene zu verstehen und unterschiedliche Möglichkeiten zu erkunden – Jahre, die sie wirklich benötigen, um ihre Erlebnisse einzuordnen. Allerdings sind Erwachsene für sie nur selten eine Hilfe, und das schließt Therapeuten ein, die sich streng an die etablierten Lehren halten.

Bei meiner Arbeit bin ich auch auf folgende drei Haupttypen unter den Menschen gestoßen, die als Kind eine NTE hatten:

- ★ *Es gibt solche, die still und recht reserviert sind und um ihre Mission und das erforderliche Engagement zu ihrer Erfüllung wissen.* Sie sind sorgfältige Beobachter, liebevoll und sensibel – vorausgesetzt, sie fühlen sich sicher. Und sie sind gern kreativ und bereit, anderen zu helfen.

★ *Dann sind da diejenigen, die wie betäubt oder zutiefst verstört von ihrem Erlebnis und dadurch sind, wie sehr sie sich nun von Gleichaltrigen unterscheiden.* Bei ihnen besteht eine größere Wahrscheinlichkeit, dass sie von anderen verspottet oder herabgesetzt werden. Möglicherweise wenden sie sich dem Alkohol oder Drogen zu. Sie neigen dazu, ihre Erinnerungen zu ignorieren oder zu unterdrücken.

★ *Und diejenigen, die wütend werden oder handeln und die Tendenz haben, sich von anderen abzusetzen.* Sie sind rastlos und ungeduldig und können streitsüchtig sein. Viele scheinen zwischen »hier« und »dort« nicht recht unterscheiden zu können. Sie sind visionäre Wissende und können energiegeladen, insistierend und aggressiv sein.

Eigenartigerweise hat die überwiegende Mehrheit der Kinder, die durch hoch entwickelte Technologien vor der Endgültigkeit des Todes gerettet wurden, Nahtoderfahrungen, die sie auf hoch entwickelte Technologien vorbereiten. Ebenso eigenartig ist, dass ganz allgemein Kinder, die ungefähr seit 1981 geboren wurden, also dem Jahr, in dem der erste Personal Computer auf den Markt kam und das digitale Zeitalter einläutete, hervorragend zu all den neuen Entwicklungen passten wie zu E-Book-Readern, zur Robotik, zu Nanosekunden oder zur wegweisenden Verwendung von Photonen. Die Menschen, die unsere Welt braucht, haben einen Bezug zu dem, was unsere Welt produziert. Meine Arbeit mit betroffenen Kindern hat mich auf die neuen Kinder aufmerksam gemacht, die nun die Bühne betreten.

Während meiner Gegenrecherche zu Kindern mit einer NTE begann ich festzustellen, dass »normale« typische Kinder, die Allerjüngsten, mit Zügen geboren wurden, die ähnlich und manchmal genauso wie die von denen waren, die ich im Rahmen meiner Arbeit untersucht hatte. Das war eigentlich nicht möglich ... Es ist mir gleichgültig, welche Perspektive jemand einnimmt oder welche Zahlen er errechnet – diese beiden sehr unterschiedlichen Gruppen von Kindern können nicht gleich oder auch nur fast gleich sein. Aber das sind sie!

Das Einzige, das dies möglicherweise erklären konnte, ist die Evolution – die Evolution der menschlichen Spezies. Wir werden als Gesellschaft und global auf eine andere Art zu leben vorbereitet, die losgelöst ist von der Vergangenheit. Wenn Sie mir das nicht glauben, dann blicken Sie sich doch einfach einmal um: in Ihrer eigenen Familie und in den Nachrichten. Die Kinder von heute sind anders, und zwar in einer irgendwie ähnlichen Weise wie die Kinder mit einer Nahtoderfahrung. Unheimlich, nicht? Eingehender habe ich mich mit diesem Gedanken in meinem Buch *Children of the Fifth World* befasst.[86]

Weitere charakteristische Kennzeichen

Die folgende Liste habe ich bereits veröffentlicht; sie taucht in mehreren meiner Bücher auf. Allerdings ist sie hier länger und geht mehr in die Tiefe. Der Grund liegt darin, dass ich mittlerweile mehr festgestellt, tiefer gegraben und zahlreiche Gelegenheiten bekommen habe, Gegenrecherchen und dann erneut Gegenrecherchen zu machen. Die Gesellschaft, die Eltern, die Therapeuten und Ärzte müssen alle die Situation kennen, damit sie sich besser auf die Lage einstellen und ihre Rolle bei der Unterstützung von Menschen erfüllen können, die als Kind eine Nahtoderfahrung gemacht haben, wie alt sie auch gerade sein mögen.

Ich habe nicht vor, mit dieser Liste jedes Kind oder jede Situation zu erfassen. Aber ich beabsichtige, jedem – Betroffenen ebenso wie interessierten Beteiligten – ein Erkennungsmuster an die Hand zu geben, von dem ich hoffe, dass es hilfreich ist. Nur selten wird ein Kind all diese Kennzeichen aufweisen (obwohl es einige gibt, bei denen dies der Fall ist). Ungefähr zwei Drittel der aufgeführten Charakteristika tauchen üblicherweise auf. Auch werden einige wiederholt, die schon in früheren Listen dieses Buchs genannt wurden. Den Betroffenen sage ich: Entspannen Sie sich; wir wissen jetzt, wie anders Sie sind, und das ist auch in Ordnung so. – Hier also die Liste:

- ★ Die Betroffenen haben eine unkonventionelle, nonkonformistische Haltung.
- ★ Und eine ungewöhnliche Art zu denken – sie können möglicherweise schon in jungen Jahren abstrahieren.
- ★ Sie können Bindungen an die Eltern verlieren – partiell oder umfassend.
- ★ Sie fühlen sich möglicherweise in der Familie und gegenüber den Geschwistern fremd und spüren eine stärkere Bindung an »die andere Seite«.
- ★ Sie können Phasen des »Heimwehs« nach der anderen Seite durchleben.
- ★ Gelegentlich kann die Atmung eingestellt werden, wobei die Gehirnfunktionen erhalten bleiben.
- ★ Sie haben eine auffällige Anziehungskraft oder Ausstrahlung, vor allem gegenüber Tieren und sogar Pflanzen.
- ★ Während der Jahre des Heranwachsens sind sie oft sozial unterentwickelt.
- ★ Sie wachen oft zwischen 3.00 und 4.00 Uhr nachts auf.
- ★ Sie sind furchtlos gegenüber dem Tod, fast kühn,
- ★ und außerordentlich intuitiv, wissend, kreativ.
- ★ Sie haben ein Wissen um zukünftige Ereignisse und
- ★ die Fähigkeit zur multiplen Wahrnehmung, zur Synästhesie.

- ⋆ Meist besteht eine besondere Licht- und Geräuschempfindlichkeit, die sich vor allem bei Aufenthalt im Freien während der hellsten Tageszeit zeigt. Sie müssen sich auch vor der extremen Lautstärke bei Konzerten, Tanzveranstaltungen, Shows oder Staus in Acht nehmen, das gilt ebenfalls für den Gebrauch von Bluetooth-Geräten und das Abspielen von Musik.
- ⋆ Es besteht eine Empfindlichkeit gegenüber Berührungen, Geschmack, Geweben und Gerüchen,
- ⋆ eine erhöhte Sensibilität für Emotionen und die Umwelt,
- ⋆ Empathie sowie
- ⋆ eine Neigung zu Allergien.
- ⋆ Der Schulbesuch ist ein Problem; die Betroffenen sind schnell gelangweilt, weil sie in der Regel sehr intelligent sind.
- ⋆ Sie fühlen sich zum Spirituellen, den Geisterwelten und Andachtsszenarien hingezogen.
- ⋆ Sie sehen möglicherweise Geister, Desinkarnierte, Gespenster.
- ⋆ Sie sind besessen von einem Drang, eine Aufgabe zu erfüllen oder ein Projekt zu realisieren. Sie können im Verlauf der Jahre auf eine »Mission« ausgerichtet sein.
- ⋆ Sie haben offenbar kein Gefühl für Zeit und Geld, wollen jedoch ein eigenes Zuhause haben.
- ⋆ Sie bevorzugen offene Fenster, offene Kammern, offene Türen und
- ⋆ präferieren unkonventionelle Beziehungen, wünschen sich jedoch eine dauerhafte Ehe.
- ⋆ Sie weisen Absorptionstendenzen auf – die Fähigkeit zur Verschmelzung –,
- ⋆ ebenso Distanzierungstendenzen – die Fähigkeit, sich loszulösen.

- Sie haben ein besonderes Verhältnis zur Elektrizität, es besteht eine Elektrosensibilität. Sie müssen sich vor Blitzen, Erdbeben und Tornados hüten (die alle elektrische Komponenten haben) und darauf verzichten, in der Nähe von Elektrizitätswerken zu wohnen.
- Sie können hypersensibel auf Pharmazeutika und Drogen reagieren.
- Sie suchen möglicherweise nach dem Himmel oder verlorenen Welten, manchmal sogar lebenslang.
- Wahrheit und Sinn haben einen hohen Stellenwert.
- Sie können zurückgezogen oder still sein und gelten oft als scharfe Beobachter.
- Möglicherweise haben sie Probleme mit Depressionen und hegen Selbstmordgedanken.
- Sie sind dienstleistungsorientiert, können Heiler sein,
- sind ausgesprochen unabhängig, einfallsreich und klug.
- Sie glauben an einen höheren Lebenssinn, an Gott oder eine höhere Quelle der Liebe,
- betrachten alles als etwas Lebendiges, selbst Felsen.
- Sie haben Probleme zu verstehen, wie die Gesellschaft funktioniert.

Ich betrachte alle diese Merkmale als normal und typisch für Kinder, die eine NTE gemacht haben. Erwachsene Betroffene weisen ebenfalls einige dieser Züge auf. Der größte Unterschied zwischen beiden besteht wie schon gesagt darin, dass Erwachsene solche Merkmale nach einem einschneidenden Erlebnis in ihrem Leben herausbilden, während Kinder keine andere Wahrheit oder wenig anderes kennen, weil dies die Welt ist, aus der heraus sie geboren wurden und der sie möglicherweise noch immer anhängen. Die beiden Gruppen miteinander vergleichen zu wollen ist, als wolle man Äpfel mit Birnen vergleichen.

Ein warnender Hinweis: Es gibt einen sehr spezifischen Zug, den *Kinder,* aber *nicht Erwachsene* aufweisen können. Möglicherweise hegen Erstere ein Schuldgefühl, dass sie ihr *Zuhause* je verlassen haben, oder das Gefühl, preisgegeben und aus irgendeinem Grund »hinausgeworfen« worden zu sein. Dieses Gefühl des Zuhauses ist bei Kindern intensiver ausgeprägt als bei Erwachsenen, auch wenn Erwachsene ein merkwürdiges »Heimweh« in sich tragen und sich danach sehnen können »zurückzukehren«. Bei Kindern ist dieses Verlangen stärker und eindeutig mit dem verbunden, wie Kinder denken: Immer wenn irgendetwas danebengeht, neigen sie dazu, sich dafür die Schuld zu geben und zu denken, sie müssten dafür bestraft werden. Durch diese Angst kann über Jahrzehnte hinweg ein mangelndes Selbstwertgefühl zurückbleiben.

Cindy (Fall 120) erinnert uns an die »Sache mit dem Atmen« und wie merkwürdig es sein kann. »Ich interessiere mich speziell für den Vagusnerv. Ich habe das besonders erlebt, als ich für Klienten Handschriftenanalysen durchführte. Ich war so konzentriert darauf, mich auf die Schrift einzustellen, dass ich aufhörte zu atmen. Einmal beobachtete mich jemand und sagte: ›Cindy, *atme!*‹ Ich sah ihn an und fragte: ›Was?‹ Er erklärte, ich hätte aufgehört zu atmen, und ich hatte überhaupt nicht gemerkt, dass das passiert war. Ich atmete, aber meine Lungen bewegten sich nicht.«

Meine medizinischen Kenntnisse reichen nicht aus, um die Funktionsweise des Vagusnervs vollständig zu verstehen, aber ich weiß, dass die Medizin nicht so viel über den Vagusnerv weiß, wie sie denkt. Menschen mit Nahtoderfahrungen, Kinder wie Erwachsene, sind die lebenden Beweise dafür, dass der Vagusnerv – wie schon angemerkt – mehr Funktionen hat, als wir wissen. Vielleicht gehört dazu, dass sie den physischen Kontrapunkt zur »Silberschnur« bilden, über die Mystiker sagen, sie ermögliche es unserer Seele, bei unserem Körper zu bleiben.

Spaßeshalber, nur um Ihnen zu zeigen, wie schlau Kinder mit einer NTE sein können, dies:

Michael (Fall 74), dessen Zitat dieses Kapitel eröffnete, fand den Biorhythmus seiner Mutter vorab heraus, sodass er wusste, wann er mit ihr diskutieren konnte und wann nicht. Können Sie sich ein kleines Kind vorstellen, das so gerissen ist?

Da wir gerade von Gerissenheit sprechen – diese Angelegenheit mit der hohen Intelligenz kann ein wenig Klarstellung gebrauchen. IQs von über 132, sogar von 150 bis 160 und mehr sind bei Kindern mit einer NTE üblich – genauer gesagt bei Neugeborenen, Babys und Kleinkindern bis rund fünf Jahre. Je jünger das Kind ist, desto größer ist der Sprung. Wie bereits erwähnt, erfolgt die entscheidende Verschaltung im Gehirn von der Geburt bis zum fünfzehnten Lebensmonat, und die Ausbildung der Synapsen verzwanzigfacht sich dann, was doppelt so viel Energie verbraucht wie beim Gehirn eines Erwachsenen. Und der Temporallappen entwickelt sich zwischen dem dritten und dem fünften Lebensjahr, was es dem Kind ermöglicht, unterschiedliche Rollen, künftige Muster und die Kontinuität seines Umfelds zu erkunden und mit ihnen zu experimentieren. All dies zeigt auf, dass die Wirkung einer Nahtoderfahrung, die zu einer so entscheidenden Zeit der Entwicklung von Gehirn, Nerven, Synapsen und Lappen zuschlägt, in vielen Fällen eine höhere Entwicklung des Gehirns und die Ausbildung einer höheren Intelligenz in Gang bringt.

All das ist wahr. Dennoch habe ich noch etwas anderes festgestellt. Bei der neuen Gruppe zeigten diejenigen, die darüber klagten, dass sie den hohen IQ-Anstieg während ihrer NTE vermissten, tatsächlich unglaubliche Anstiegskurven an Intelligenz. – Sie zeigten andere Arten von Intelligenz und machten andere Arten von Dingen, die alle gleichermaßen wichtig waren.

Wussten Sie, dass es neun Arten von Intelligenz gibt? IQ-Tests messen nur eine davon. Was ist mit den anderen acht? Aus Fairnessgründen gegenüber denen, die große Leistungen in anderen Bereichen vollbracht haben, seien im Folgenden alle neun Arten aufgeführt. Denken Sie daran, dass einmalige Fähigkeiten in jedem dieser Bereiche ein Zeichen für Genialität sind. Und dies trifft auf Kinder mit einer NTE in doppelter Weise zu.

Die neun Arten von Intelligenz

1. *Naturorientierte:* Hingezogensein zur Natur; ungewöhnliche Beziehungen zu Tieren einschließlich Fischen und Insekten; Verstehen des Bodens, des Wassers und unterschiedlicher Gelände.
2. *Musikalische:* Hingezogensein zur Musik; nur zuhörend oder manchmal auch in Form einer hervorragenden Beherrschung eines Instruments; Verstehen von Tonleitern, Tönen, Schwingungen, emotionalen Crescendi.
3. *Logische, mathematische:* ein vorantreibendes Verlangen nach Antworten; die Fähigkeit, zu rechnen, logisch zu denken und unterschiedliche Möglichkeiten zu reflektieren; abstraktes Denken.
4. *Existenzielle:* tiefgründiges Nachdenken über das Wie, Warum und Wozu von Leben und Tod; Erforschen von Fragen; philosophisch.
5. *Interpersonelle:* einzigartige Fähigkeit, mit anderen zurechtzukommen; gute kommunikative Kompetenz, sowohl

sprachlich als auch nonverbal; Temperamente werden erspürt; offen für unzählige Ansichten.

6. *Körperlich-kinästhetische:* Anmut, Körperintelligenz, perfektes Gespür für Timing und Koordination; Tänzer und Sportler.
7. *Sprachliche:* Fähigkeit, in Worten zu denken und komplexe Inhalte sprachlich umzusetzen; Ausdruck durch Sprache, Rätsel und Geschichtenerzählen.
8. *Intrapersonelle:* das Vermögen, sich selbst zu verstehen und dieses Verständnis zur Lebensplanung zu nutzen; Wissen um das Menschsein und die menschliche Natur; Hang zur Schüchternheit; beruflich als Psychologen, Philosophen, Schriftsteller.
9. *Räumliche:* bildliche, plastische Intelligenz; dreidimensionale Betrachtung von Wesen; Bildbearbeitung und dynamische Imagination; Künstler und Grafikdesigner.

Behalten Sie diese Bandbreite von Intelligenztypen im Auge. Nur weil ein Kind nicht das Zeug zum Physiker oder Chirurgen hat, heißt das keineswegs, dass es nicht brillant ist. Hohe IQ-Werte zeigen sich oft auf unerwartete Weise, wenn das Kind heranreift.

So werden beispielsweise viele Betroffene erfolgreiche Unternehmer, Erfinder, Künstler oder Musiker, aber etwa genauso viele andere werden Bauern, die eine fast magische Beziehung zu Tieren und dem Boden herstellen, oder sie werden Heiler aller möglicher Ausrichtungen oder Sterbebegleiter.

Für den Fall, dass Sie gerade jetzt ein Kleinkind haben, das durchaus eine Nahtoderfahrung gemacht haben könnte, erlaube ich mir, Ihnen ein paar allgemeine Tipps zu geben, die sich als hilfreich erweisen könnten:[87]

- *Die Schlafmuster ändern sich anschließend schlagartig.* Weniger Nickerchen, mehr Flow-Zustände[88] und Ruhelosigkeit. Manche fürchten sich davor zu schlafen und leiden unter Albträumen, andere wirken beim Aufwachen erschöpft, als wären sie »durchs Universum gereist« oder hätten während des Schlafens »eine Abendschule besucht«. Es kommt häufig vor, dass die Nahtoderfahrung im Traum erneut durchlebt wird. Vermitteln Sie einfache Visualisierungstechniken zum Abrufen der Erinnerungen sowie Vorsichtsmaßnahmen gegen eine übermäßige Anwendung. Das Leben findet *jetzt* statt. Hören Sie zu.
- *Die Liebe verändert sich für Betroffene.* Es ist normal für sie, die Eltern-Kind-Bindung zu verlieren. Das heißt keineswegs, dass sie nicht mehr liebevoll und aufmerksam wären. Aber es bedeutet, dass sie sich möglicherweise distanzierter als zuvor verhalten. Das Kind schaltet um und beginnt, schneller zu reifen und unabhängiger zu werden. Seine Interessen ändern sich.
- *Bei den meisten Kindern zeigt sich ein Rückgang ihrer Fähigkeit, sich auszudrücken und Kontakte zu knüpfen und zu pflegen.* Da die Kommunikation über die Sprache die wichtigste Fähigkeit ist, die jeder hat, sollten Sie das Kind zum Sprechen anregen, indem Sie das Gespräch mit ihm suchen. Fördern Sie den Dialog durch Frage-Antwort-Spiele, Geschichtenerzählen in der Gruppe, lautes Vorlesen oder das Halten einer Rede in ein gespieltes Mikrofon. Ermutigen Sie das Kind, sich ehrenamtlich an Projekten der Gemeinde zu beteiligen, wenn es das nötige Alter dazu erreicht hat.
- *Schreiben und Zeichnen sind ebenso wichtig wie das Gespräch.* Bitten Sie das Kind, ein spezielles Buch über seine Nahtoderfahrung anzufertigen. Legen Sie sehr viel Papier

bereit, auf dem alles genug Platz hat – falls vorhanden, die Zeitungsberichte über das tödliche Ereignis, Zeichnungen über jeden Aspekt des Erlebnisses, eine Beschreibung dessen, was geschehen ist, Informationen über die anschließenden Träume, Skizzen von allen »Wesen«, die weiterhin erscheinen, Gedichte, Einfälle, Gedanken und zusätzlicher Platz für spätere nachträgliche Berichte und Anmerkungen. Lassen Sie das Kind einen Titel für sein Buch aussuchen. Heften Sie die Seiten mit einem Band zusammen. Ein Projekt wie dieses erkennt die Nahtoderfahrung an – und die Gefühle des Kindes ebenso. Parallel dazu sollten die Eltern ein Tagebuch über die gesamte Angelegenheit führen. Das hilft, die Eltern-Kind-Bindung neu zu beleben, und kann als unschätzbare Quelle dienen, sobald das Kind erwachsen wird. Ich habe diese Maßnahme zwar bereits weiter oben in diesem Buch empfohlen, aber sie ist so wichtig, dass ich es hier erneut tue. Und das Tagebuch der Eltern ist genauso wichtig wie das Buch des Kindes!

★ *Kinder mit einer NTE neigen dazu, sich zurückzuziehen, und können es sogar ablehnen, in den Arm genommen und liebkost zu werden.* Sorgen Sie durch Berührungen dafür, dass sich das Kind wieder in seinem Körper zentriert: Klopfen Sie ihm im Vorbeigehen auf die Schulter, berühren Sie seine Hand, wenn Sie mit ihm sprechen, stoßen Sie es von Zeit zu Zeit leicht mit dem Knie an, reiben Sie seinen Nacken. Lächeln Sie es an. Sagen Sie ihm, es soll Sie ebenfalls berühren, wie Sie es mit ihm tun. Haustiere eignen sich wunderbar für eine Berührungstherapie, ebenso Pflanzen. Backen Sie Kekse, bei deren Zubereitung Ihnen das Kind helfen kann, und lassen Sie ihm die Freiheit, aus dem Keksteig mit seinen Händen fantasievolle Formen zu bilden. Teigskulpturen sind fantastisch.

- *Achten Sie auf die Zuckermenge im Essen.* Kinder mit einer NTE reagieren empfindlicher als durchschnittliche Kinder auf Chemikalien, übermäßige Süße, raffinierten Zucker und chemische Ersatzstoffe. Achten Sie auf eine gute Ernährung, und bieten Sie Obst und Gemüse als Snacks an.
- *Vollspektrumlicht ist besser als Leuchtstoffröhren. Verhindern Sie außerdem einen übermäßigen Kontakt mit elektrischen Geräten* (verzichten Sie vor allem auf den Einsatz elektrischer Heizdecken) und eine zu große Nähe zu Stromleitungen. Am besten eignet sich Baumwolle für die Bekleidung und die Bettwäsche. Stellen Sie beim Essen eine brennende Kerze oder Blumen auf die Mitte des Tischs, und wählen Sie ein Tischgebet, bei dem jede Person der Reihe nach ihr eigenes Gebet sprechen kann.
- *Idealerweise sollten betroffene Kinder und Erwachsene gelegentlich zusammenkommen, weil jeder den jeweils anderen unterstützen kann.* Die Erwachsenen können die besondere Atmosphäre schaffen, in der die Betroffenen miteinander »darüber reden« und innerhalb der Bezugsgruppe Kontakte knüpfen können. Doch es sind die Kinder, die Vertrauen und Stabilität aufbauen können, weil Kinder viel einfühlsamer und offener sind als die Älteren. Vor allem aber sollten Eltern, die in jungen Jahren eine Nahtoderfahrung hatten, ermuntert werden, in Anwesenheit ihrer ebenfalls betroffenen Kinder über ihre eigenen Erlebnisse und darüber zu sprechen, was sie anschließend durchgemacht haben. Die meisten tun das nicht. Doch solch ein Austausch hat auf Jahre hinaus einen positiven Welleneffekt.

Schwindeleien und Zurückdrängen

Ich war ziemlich bestürzt, als mich nach der Veröffentlichung meines Buchs *The New Children and Near-Death Experiences* eine junge Frau anrief und mir mitteilte, ihre Mutter habe ihr »gestohlen«, was ihr als Kind passiert sei. Und nun nutze sie es, lüge andere und auch mich an und behaupte, dies wäre das, was sie durchgemacht hätte, und sie wollte ihre Geschichte erzählen, um anderen zu helfen. Was? Die Tochter war nicht bereit, mir ihren Namen und den Namen ihrer Mutter zu nennen. Sie habe mich nur angerufen, um mich wissen zu lassen, dass ihre Mutter log. Dann legte sie auf, als schäme sie sich – für ihre Mutter oder für sich oder dafür, dass sie ihre Mutter davonkommen ließ? Bevor sie auflegte, sagte sie noch, dass ihre Mutter das mache, um Aufmerksamkeit zu bekommen – als wäre es dadurch gerechtfertigt.

Was für eine Überraschung! Bis zum heutigen Tag weiß ich nicht, wer dieses Mutter-Tochter-Duo ist. Mit fast der Hälfte der an der Studie Beteiligten habe ich entweder persönlich oder am Telefon gesprochen oder habe mich sowohl mit ihnen als auch mit ihrer Familie unterhalten. Der Rest wurde mehrere Male per Brief oder per E-Mail kontaktiert. Soweit ich mich erinnern kann, wurden all ihre Geschichten überprüft. Wir reden hier über 277 Personen. Offenbar ist eine durch die Überprüfung geschlüpft, die ich durchzuführen versuche. Ist mir das vorher schon einmal passiert? Ja, aber fast ausschließlich mit Erwachsenen. Manche erwachsenen Betroffenen sind wirklich zu erpicht darauf, ins Fernsehen zu kommen, ein Buch zu schreiben oder zum Medienstar zu werden – obwohl sie das abstreiten. Aber es ist offensichtlich.

Normalerweise kann man sagen, ob jemand einen hinsichtlich seiner NTE anlügt. Die Betreffenden haben dann einen bestimmten Blick, wenn sie mit einem sprechen, oder sie beugen Schultern und Beine auf merkwürdige Weise, als sei es besser, wenn sie jetzt aufstünden und gingen. Und da ist etwas an der Art, wie diese Leute reden. Der Ton ihrer Stimme klingt irgendwie gezwungen oder getrieben oder zu gut, zu großartig, zu glatt. Ich beobachte auch die Hüften als Möglichkeit einzuschätzen, wie wohl sie sich in ihrer Haut fühlen. Wenn Sie sich mit der Körpersprache nicht auskennen, empfehle ich Ihnen ein paar Kurse dazu. Ich habe gelernt, sie zu deuten, indem ich meinen bei der Polizei arbeitenden Vater dabei beobachtet habe, wie er die Leute »las«.

Wenn Sie Kinder befragen, dann dürfen ihre Eltern oder ältere Personen aus ihrem Umfeld (Lehrer, Tanten und Onkel und so weiter) *nicht* dabei sein. Es funktioniert in ihrer Anwesenheit nicht, weil das Kind immer versuchen wird, es diesen vertrauten Älteren recht zu machen, statt das Risiko auf sich zu nehmen, »einem Fremden gegenüber« einfach das zu sagen, was sie wollen. Körpersprache ist etwas ganz Entscheidendes bei kleinen Kindern. Wie gesagt *dürfen Sie niemals, niemals Ihre Augen über ihren haben,* weil Sie ihnen gegenüber dann die Position einer »Autorität« einnehmen, während Sie Augenblicke der schlichten Freundschaft und des gemeinsamen Austauschs erzeugen wollen.

Das Problem bei Schwindeleien und beim Zurückdrängen besteht in weit mehr als einfach nur darin, dass einen ein vorgeblich Betroffener hinters Licht führen will. Häufig umfasst es tiefer liegende Belange wie das Ansehen einer Familie bei anderen oder die Frage, wie sie von dem Gott, an den sie glauben, beurteilt werden.

Ein derartiger Fall erlangte große nationale Aufmerksamkeit. Es handelt sich um Alex Malarkey, der 2004 im Alter von sechs Jahren durch einen entsetzlichen Autounfall gelähmt wurde und zwei Monate lang ins Koma fiel. Als er sein Bewusstsein wiedererlangte, erzählte er überschwänglich davon, Jesus, Engel und den Himmel gesehen zu haben. All dies erschien angesichts dessen, was mit ihm geschehen war, sehr echt. Sein Vater war so begeistert und berührt von der Geschichte seines Sohnes, dass er *Der Junge, der aus dem Himmel zurückkehrte. Eine wahre Geschichte*[89] schrieb, ein Buch, das zum Bestseller wurde.

Die Geschichte von Alex und das Buch seines Vaters öffneten insofern die bekannte Büchse der Pandora, als seine Mutter von Anfang an sagte, die Vision von Alex stimme nicht mit dem überein, »was in der Bibel steht«. Ja, sie waren fundamentale Christen mit strikten Ansichten. Es gab fortwährende Auseinandersetzungen, religiös begründetes Zurückdrängen, Behauptungen und Gegenbehauptungen sowie eine spätere Forderung, dass der Verlag den Buchverkauf einstellen solle. Die Eltern ließen sich scheiden. Alex blieb bei seiner Mutter. Sobald er das Mündigkeitsalter erreicht hatte, widerrief Alex in einem landesweit publizierten Medieninterview seine Geschichte und sagte, er habe das Ganze wegen der Aufmerksamkeit erfunden, die er dadurch bekommen würde. – Er sagte, er habe gelogen.

Das Ende der Geschichte? Vielleicht.

Das Letzte, was ich gehört habe, ist, dass die Familie Malarkey um das viele Geld aus den Buchverkäufen prozessiert. Dieser Streitfall brach etwa zur gleichen Zeit aus wie der Medienrummel um die Geschichte, das Buch und den Film zum Fall Colton Burpo, gefolgt von der Geschichte, dem Buch und dem Film zum Fall Annabel Beam. Drei Fälle nacheinander. Später wurde Coltons Vater mehrere Male von seiner Kirchenleitung gedroht, dass es fraglich sei, ob er weiter als ihr Geistlicher fungieren könne. Annabel Beams Fall löst noch immer Streitereien darüber aus, inwiefern er den Tatsachen entspricht. Die größeren christlichen Verlage in den USA wurden von mächtigen

Kirchenführern aufgefordert, jegliche Publikationen, in denen vom Himmel die Rede war, einzustellen, weil alles, was irgendwer über den Himmel wissen müsse, in der Bibel stehe.

Ende der Geschichte? Ich glaube, nicht.

Es besteht Grund zu der Frage, ob der ständige Druck, der auf Alex von seiner Mutter ausgeübt wurde, ihn vielleicht dazu veranlasst haben könnte, es sich anders zu überlegen. Es gibt Grund, nach dem »Glauben« zu fragen, den die Mitglieder von Burpos Kirche und ihrer Leitung vertreten, und danach, ob sie mit einem wirklichen Wunder umgehen können oder ob ihnen das Geschehene einfach »einen Schritt zu weit« ging. Und warum wurde Annabel Beam derart scharf kritisiert, obwohl es hinreichend Beweise für den Hergang des Unfalls, den Ablauf des Krankenhausaufenthalts und dafür gab, dass sie praktisch über Nacht von einer ernsten Krankheit geheilt wurde? Wenn das noch nicht Beweis genug ist, wenn das keine wirklichen heutigen Wunder sind, was haben wir dann noch dem Zurückdrängen gemachter Nahtoderfahrungen entgegenzusetzen? Jeder hat das Recht, infrage zu stellen, was unmöglich zu sein scheint, da es Betrugsfälle gibt. Aber in diesen besonderen Fällen verdienen die Kinder und ihre Familien mehr Fairness und Sympathie seitens der Öffentlichkeit, als ihnen bisher entgegengebracht wurde.

Ende der Geschichte? Wohl kaum.

Es gibt den im Internet breit diskutierten Fall eines buddhistischen Mönchs, dem während seiner Nahtoderfahrung gesagt wurde: »Wenn du nicht an Jesus Christus glaubst, wirst du in die Hölle kommen.« Ja, er ist ein erwachsener Betroffener, und ja, er missioniert nun für das Christentum, indem er sagt, der Buddhismus sei »Schwindel, und jeder muss zum Christen werden«. Dem pflichteten gewisse »glückliche« Christen bei und bestätigten das, was ihm gesagt wurde.

Glauben Sie auch nicht nur einen Augenblick lang, dass etwas ähnlich Widerwärtiges nur unter erwachsenen Christen vorkommt. Vor ein paar Jahren habe ich auf einer Konferenz zum Thema »Nahtoderfahrungen« in San Antonio, Texas, einen Vortrag gehalten. Dort baten mich eine Mutter und ihr junger Sohn, ihnen etwas Zeit zu widmen. Was sie mir erzählten, war unglaublich. Der Junge war während einer schwierigen Gehirnoperation fast gestorben und hatte eine lebhafte Nahtoderfahrung. Er verspürte anschließend das Bedürfnis, anderen davon zu erzählen – über Engel, himmlische Welten und Gottes ewige Liebe. Ein ganzes Aufgebot von Geistlichen seiner Kirche begann sie anschließend *jede Woche* aufzusuchen – und das *seit Monaten und noch immer* –, um den Jungen dafür zu tadeln, dass er angeblich alles erfunden hatte, was gesehen zu haben er behauptete, und dass er den Leuten davon erzählt hatte. Er und seine Familie wurden nun als Parias betrachtet und waren damit konfrontiert, dass sie wegziehen mussten, um in Frieden leben zu können.

Ich will hier gar nicht auf den Christen herumhacken. Ich bin auch auf Kinder muslimischen Glaubens in Ägypten und in der Türkei gestoßen, die *von ihren eigenen Eltern* zum Tode verurteilt (!) wurden, weil sie die Familie durch das Erzählen von Lügen in Verlegenheit gebracht hätten, die ihren Glauben herabsetzten und die Ehre ihrer Familie verletzten. Eines dieser Kinder war zwei Jahre alt, als es seine Nahtoderfahrung hatte. Es war ein Mädchen, und die eigene Mutter verurteilte es am lautesten. Die anderen beiden Kinder waren nur wenige Jahre älter. Laut den Eltern handelte es sich um dasselbe »Verbrechen«: Sie sprachen vom Himmel und vom Gott aller Menschen. Auch hier lautete die Lösung: Tod. Alle drei überlebten nur durch die Hilfsbereitschaft von Fremden, und als sie älter geworden waren, wanderten sie in unterschiedliche europäische Städte aus.

Wussten Sie, dass es in nicht westlichen Ländern der Welt häufig zu Schwierigkeiten nach Nahtoderfahrungen kommt? Vor allem in asiatischen Ländern werden Kinder nach ihrem Verhalten beurteilt; ihnen wird gesagt, was sie tun müssen, um zu guten Erwachsenen zu werden. Und in verschiedenen afrikanischen Kulturen sind höllische Erfahrungen für Kinder im Gegensatz zu den Erwachsenen ziemlich normal.

Sie können also nicht den Fall von irgendjemandem irgendwo auf diesem Planeten herauspicken und zum einmaligen »Leitfaden von oben« machen oder ihn als Vorlage für gutes oder schlechtes Verhalten hernehmen. Es ging nie um »Ich habe recht und du unrecht«. Durch die sozialen Medien und das Internet erlangen Nahtodgeschichten Bekanntheit, während eine verlässliche Forschung rückläufig ist. Und solche Storys werden zum Maßstab dessen, was wahr und was Fiktion ist und was wir glauben sollten und was nicht. Es hat nie so sein sollen, und das beunruhigt mich.

Was sich hier abspielt und dem Ganzen abträglich ist, basiert auf Geschichten aus dem Randbereich des Phänomens. An dem Punkt kommen Leute wie ich ins Spiel: Leute, die sagen können, wenn mehr an einer Geschichte ist. Keine von ihnen endet da, wo Sie es vermuten. Tatsächlich enden sie nie.

17

Für immer Engel

Ich bezeichne es als »Nahgeburterfahrung«.
Ja, mein Körper – aber mein Geist und meine Seele
wurden in eine andere Dimension hineingeboren.

James (Fall 99)

Als ich eines Tages auf den Straßen am nördlichen Rand von Roanoke, Virginia, entlangging, wo die Bürgersteige endeten, stieß ich auf einen kleinen Friedhof. Und da sah ich klar und deutlich einen kleinen Jungen in der Nähe eines Grabsteins warten. Ich fand es sehr merkwürdig, dass er allein war. Er war noch zu klein dafür, fand ich. Ich ging zu ihm und fragte ihn, was er dort mache. Er antwortete: »Ich warte auf meine Eltern.« Auch die Antwort fand ich seltsam, zumal es schon später Nachmittag war. Darum hakte ich nach in der Hoffnung, dass er mir mehr sagen würde, und das tat er auch. »Meine Eltern haben gesagt, dass ich ohne ihre Erlaubnis nicht weggehen darf, darum muss ich hier warten, bis sie zurückkommen.« Ich warf einen Blick auf den Grabstein. Die darin eingemeißelten Daten kündeten von dem kürzlich erfolgten Tod eines kleinen Jungen, der etwa das Alter und möglicherweise auch die Größe des Jungen hatte, mit dem ich gerade sprach. Einer Eingebung folgend, fragte ich: »Bist du gestorben?« Er bejahte das, fügte aber hinzu, dass er nirgendwohin gehen könne, bis ihm seine Eltern die Erlaubnis dafür gäben.

Nun begriff ich, dass ich mit dem Geist des Jungen, mit seiner Seele sprach. Es gab keinen Hinweis darauf. Es fand keine Telepathie statt. Er war so real, wie es ein Junge nur sein konnte, und hatte eine ganz und gar kindliche Stimme. Sofort verfiel ich in einen mütterlichen Tonfall und versicherte ihm, dass es für seine Eltern in Ordnung sei, wenn er in die hellen Welten ginge, die ihn riefen. Er würde dann noch immer imstande sein, gelegentlich bei ihnen vorbeizuschauen – möglicherweise durch Träume oder Geflüster. Es waren kaum fünf Minuten vergangen. Er lächelte, begann sich umzudrehen und verschwand.

Das zeigt, wie real es ist – für das gerade gestorbene Kind, das noch hinübergehen muss, und für das Kind, das hinübergegangen, aber gleich wieder zurückgestürzt ist.

Nahtoderfahrungen führen uns an Orte, wie es nur wenige andere Erfahrungen vermögen. »Frischlinge« sprechen, sobald sie das können, über Dinge, die unsere Gesellschaft für geheim oder erfunden erachtet. Unendlich faszinierend, erschreckend, erstaunlich und reizvoll beglücken und quälen uns ihre Stimmen gleichermaßen wie die jenes Jungen, den ich nahe seinem eigenen Grabstein habe stehen sehen. Nichts an ihm deutete darauf hin, dass er ein Geist sein könnte. Die Situation, in der er sich befand, wurde für mich zu einer ewigen Mahnung, dass wir erst, wenn wir das »Dazwischen« an den Rändern des Lebens akzeptieren, darauf hoffen können, die wirkliche Wahrheit hinter dem zu erkennen, was wahr zu sein scheint.

Dieses Buch ist mein Versuch, das zu tun und dorthin zu gehen, wohin sich andere Forscher nicht begeben haben, und mit Augen zu schauen, die Feinheiten mit äußerster Sorgfalt erfassen. Beides ist in gleicher Weise wichtig. Seit 1978 hatte ich das Privileg, die Leben von fast fünftausend Kindern und Erwachsenen mit einer NTE zu berühren, und sie berührten das meine. Ich habe immer gefragt: »Wie war es für Sie?«

Wissenschaftliche Regelwerke sind wunderbar. Sie liefern die Kriterien, woran die Gesellschaft Wahrheit messen kann. Völlig übersehen jedoch werden das Fleisch und Blut derer, die sich Gedanken machen, und die Tränen jener, die weinen. Wir müssen offen für jedes Stückchen Beweis, jeden Ansatz einer Bewegung, jeden Gedanken, jedes Gefühl, jeden Herzschlag derjenigen sein, die zurückkommen und Geschichten mitbringen, die sie niemals erfunden haben können – zumindest nicht so überzeugend.

Sehen Sie es einmal so: *Vertikale Fragen* etablieren Fakten darüber, was sich beweisen lässt oder zumindest einer Überprüfung standhält, sodass wir eine Struktur haben, auf der wir aufbauen können. *Horizontale Fragen* öffnen die Türen zu Emotionen, Gefühlen und Erinnerungen jenseits der Worte sowie zu unserer Lebensweise und dem, wohin wir in unserem Geist gehen. Wir führen uns durch die Fragen, die wir stellen. Wir brauchen beide Arten von Fragen, um widerspiegeln zu können, wer wir sind. Kinder mit einer NTE können nichts vergleichend spiegeln. Sie haben nur Erinnerungen. Ich glaube, dies ist der Hauptgrund, warum sie so leicht innerhalb der Familie und der sozialen Gruppen um sie herum verloren gehen.

Dieses Buch gibt einen tiefen Einblick in die Situation der betroffenen Kleinkinder, die für immer ein Teil dessen sind, was sie verlassen haben. In den beiden von mir durchgeführten Studien beläuft sich ihre Gesamtzahl auf 397 – und alle sind Engel. Diese beiden Studien zeigen uns, dass unabhängig davon, wie lange die betroffenen Kinder leben, sie in ihrer großen Mehrzahl nie ihr Gefühl für jenes *Zuhause* und die Erinnerung daran verlieren, woher sie und woher wir alle gekommen sind. Sie erinnern sich noch daran. Wir haben es vergessen.

Geburtler sind noch immer ein Teil dessen, was sie verlassen haben. Ich habe festgestellt, dass die Realitäten wechseln, sobald sie den Uterus verlassen. Aber mit diesem Wechsel scheinen sie sich stärker an die imaginalen Reiche zu klammern; vielleicht in dem Bemühen, jene »perfekte« Welt festzuhalten, in der sie einst waren. Die Familie und soziale Gruppen brandmarken alles, was an den Äußerungen eines Kindes als übermäßig fantasievoll oder falsch betrachtet wird, wobei nicht erkannt wird, dass es einen riesigen Unterschied zwischen dem gibt, was erfunden wurde und imaginär ist, und dem, was präexistent und imaginal ist. Wir geben die Seelen unserer Kinder preis, wenn wir glauben, dass unsere einzige Aufgabe darin besteht, ihren Verstand zu trainieren. Wir neigen dazu, Türen zu verschließen, bevor wir überhaupt bemerken, dass gleich ganz am Anfang eine Tür da war.

Wie gesagt erkennen erwachsene Betroffene Unterschiede (zwischen vorher und nachher) und neigen dazu, sich von dem, was vorher bestand, zu trennen oder es zu verändern, um Raum für »das Neue« zu schaffen und bei Bedarf Anpassungen vorzunehmen. Betroffene Kinder wissen, je nach Alter, zunächst von den Unterschieden. Die Veränderungen, mit denen sie konfrontiert sind, ergeben für sie aber keinerlei Sinn. Extreme Haltungen können die Folge sein. Etwa das Aussperren dieser Welt, während sie zur *anderen* zurückkehren. Wo Erwachsene schließlich einordnen, was mit ihnen passiert ist, und es zum Teil ihres Lebens werden lassen, tun Kinder das genaue Gegenteil. Das typische Kind fügt sich selbst Jahrzehnte später nicht ein, auch wenn es mit der Erfüllung von Alltagspflichten beschäftigt ist. Stattdessen passt es sich an, gleicht sich an, macht Kompromisse, gleicht aus – wieder und wieder. Bei der Mehrheit findet erst in den späteren Lebensjahren eine Integration statt. Verwechseln Sie Schauspielerei nicht mit Reife. Um sich zu integrieren, benötigen Menschen, die als Kind eine NTE gemacht haben, Mentoren zum Spiegeln, die ihnen helfen können, das Selbst, zu dem sie geworden sind, offen zu verbalisieren, ehrlicher zu sehen und hoffentlich auch den Grund dafür zu verstehen.

Es stimmt, dass Nahtoderfahrungen durch Vergewaltigung, sexuellen Missbrauch, Schläge und andere Arten von Misshandlungen hervorgerufen werden können. Am häufigsten wird dabei immer wieder von einem Phänomen berichtet: einer außerkörperlichen Erfahrung. Wenn ein Kind traumatisiert oder missbraucht wird, verlässt es für gewöhnlich seinen Körper und geht nach oben, indem es beispielsweise zur Decke hochschwebt oder sich in eine Ecke an der Decke kauert. Es beobachtet den ganzen Vorfall von dort aus – an einem Ort abseits, der sicher ist. An diesem sicheren Ort denken Kinder oft mit einem reifen Geist. Sie wissen, was geschieht, und oft auch, warum. Sie bleiben dort, bis es sicher für sie ist, in ihren Körper zurückzukehren. Das passiert häufig, wenn Missbrauch zum Problem wird.

Ob diese außerkörperlichen Erfahrungen wirklich Nahtoderfahrungen sind oder nicht, hängt von dem Muster der Nachwirkungen ab, die ich in Kapitel 16 beschrieben habe. Der entscheidende Faktor ist die Intensität. Wenn die außerkörperliche Erfahrung intensiv genug war, werden Kennzeichen auftreten. Dabei ist es unwesentlich, zu wie vielen Vorfällen es kommt. Ausschlaggebend ist die Intensität. Sonst treten auch keine atypischen Muster auf.

Auf das gleiche Problem stoßen Sie beim Koma. Nicht, weil es durch Missbrauch ausgelöst werden kann, sondern wegen der Fakten, die wir inzwischen kennen. Viele von denen, die aus einem Koma erwachen, berichten von einer außerkörperlichen Erfahrung und der Fähigkeit, auch in dem außerkörperlichen Zustand weiterhin sehen, hören, denken und sich bewegen zu können, selbst wenn das Gehirn angeblich abgeschaltet ist. Das gilt auch bei Kopfverletzungen, hohem Fieber und manchmal bei Drogenmissbrauch. Wenn nur sehr wenige Kennzeichen auftreten, falls überhaupt, ist das Phänomen der Außerkörperlichkeit nicht vorhanden.

Fast unglaublich kann es werden, wenn Kinder, während sie sich außerhalb ihres Körpers aufhalten, Dinge sehen und hören, die sie eigentlich nicht sehen und hören können. Ich denke hier an Babys in Kinderbetten, die im Schlafzimmer der Eltern stehen. Mir sind unzählige Fälle untergekommen, in denen auf ein Baby eingeprügelt wurde, damit es aufhörte zu schreien, woraufhin die Atmung aussetzte und das Baby nach oben stieg, um den weiteren Verlauf zu beobachten. Die Väter sind meist die Ersten, die schreien: »Unmöglich! Das Kind konnte nichts wissen oder sich an irgendetwas erinnern!« Der größte Schock hierbei besteht darin, dass sich das Baby als Zeuge noch nach Jahren, sogar nach Jahrzehnten an den Vorfall erinnern konnte, und zwar ganz genau – sehr zum Entsetzen der Eltern.

Ein Kind macht bei einer NTE eine Veränderung des Gehirns durch. Ja, wir können das tatsächlich so sagen. Ich erkenne eine Veränderung des Gehirns an dem, was ich bei Kindern beobachtet habe, wenn die Zirbeldrüse einen Sprung nach vorn über sich selbst hinaus macht, die Erweiterung des Temporallappens vor der Entwicklung des Temporallappens stattzufinden scheint, Synästhesie oder multisensorische Wahrnehmung fast zur »Normalität« wird,[90] das Zusammenschütteln oder die Clusterbildung von Informationen festzustellen ist,[91] zeitweilig eine parallele Verarbeitung gleichzeitiger Gehirnwellen vorliegt,[92] physische Objekte durch Aussenden von Gehirnwellen bewegt werden und eine ständige Konzentration der Gedanken »einfach geschieht«.[93]

Es wurde bereits wissenschaftlich nachgewiesen, dass *jede* Erfahrung, die eine Person so sehr überfordert, dass Gedankenprozesse verändert werden, in einem gewissen Maße auch die

Gehirnstruktur ändert. Nahtoderfahrungen und andere transformative Vorfälle können die gleiche Reaktion bewirken, die in vielen Fällen zu dauerhaften Veränderungen von Körper und Geist führt und vom Erwecken höherer Bewusstseinsebenen und einer nicht endenden Neugier begleitet ist.

Dies führt häufig zu Wachstumsschüben des Gehirns, bei denen sich Verknüpfungen der Nervenzellen im Gehirn plötzlich sehr schnell vermehren und ausbreiten. Wissenschaftler vermuten, dass dies der Hauptgrund für jeden Intelligenzanstieg ist.

Nehmen Sie das ernst: Derartige Wachstumsschübe führen zu einer neuen Vernetzung und Rekonfigurierung des Gehirns und erzeugen komplexere, effizientere neurale Leitungsbahnen zur Informationsübermittlung. Dies ist der Anschubfaktor für alles, einschließlich der Rätsel um künftige Dinge.

Ich habe Mitte der Sechzigerjahre damit begonnen, ungewöhnlichen Vorgängen nachzugehen – Phänomenen wie Rückführungen, Sichtungen von Außerirdischen, Entführungen durch Außerirdische, Träumen vom Fliegen, außerkörperlichen Erfahrungen, Geistererscheinungen, unsichtbaren Wesen und anderen paranormalen oder übersinnlichen Vorkommnissen. Ich habe bei all diesen Geschehnissen eine seltsame Beziehung zu künftigen Ereignissen festgestellt. Es gibt kein natürliches Empfinden für Zeit und Raum. Das gilt für jedes Alter, aber besonders für die Phase zwischen dem dritten und fünften Lebensjahr. Kleine Kinder projizieren intuitiv in die Zukunft und befassen sich mit futuristischen Ideen, Vorstellungen, Gefühlen und Empfindungen. Kleinkindern erscheint die Zukunft nicht als Zukunft. Für sie ist sie einfach nur ein anderer Aspekt des »Jetzt« (des Unmittelbaren), und das bleibt so, bis sie imstande sind, die Richtigkeit dessen nachzuweisen, was fortdauernd und verbunden zu sein scheint. Sobald sie das erreicht haben, besitzen sie das zuverlässige Einsichtsvermögen, das sie benötigen, um sich der ständig im Wandel begriffenen Umwelt und dem Erwachsenwerden anzupassen.

Die imaginalen Abenteuer der Kindheit sind für die Entwicklung eines gesunden Geistes erforderlich und völlig normal. Aber Nahtoderfahrungen, die sich während dieser Entwicklungsphase des Gehirns ereignen, scheinen das geistige Wachstum erheblich stärker zu beschleunigen, als dies bisher für möglich gehalten wurde.

Viele beginnen sogar, die Zukunft der Zeit vorauszuleben, und erinnern sich daran, das getan zu haben, wenn tatsächlich ein futuristisches Ereignis geschieht. Ich bezeichne das wie gesagt als »Zukunftserinnerung«.[94]

Dabei geht es nicht um ein Déjà-vu, das in die Vergangenheit zurückblickt. Kinder und Erwachsene, die eine Zukunftserinnerung erleben, sagen, dass sie sich eher wie eine Theaterprobe anfühlt – ein auf die Zukunft gerichtetes Bewusstsein der Macht, die sie haben, um Geschehnisse und Situationen zu verändern, besser mit Belastungen umzugehen und in ihrem Leben geerdeter zu werden.

Aber einen Moment mal. Auf der von Wissenschaftlern betriebenen Website »Neuroscience News« verkündete eine Schlagzeile lauthals: »Das Blue-Brain-Team entdeckt in den Netzwerken des Gehirns ein multidimensionales Universum.«[95] Was da ein Team aus Neurowissenschaftlern aufgedeckt hat, ist ein Universum aus multidimensionalen geometrischen Strukturen und Räumen innerhalb des Netzwerkes im Gehirn, das es dem Gehirn erlaubt, in sieben und sogar elf Dimensionen zu funktionieren. Das Gehirn ist also *nicht* dreidimensional. Es hat viele Dimensionen und besitzt die Fähigkeit, sich in Welten innerhalb von Welten innerhalb von Welten … aufzuhalten und dort zu arbeiten, und das als normaler Aspekt seiner täglichen Funktionsweise.

Wenn Sie das für erstaunlich halten, dann denken Sie an die spirituelle Veränderung, die kleine Kinder durchmachen. Ja, ich spreche von spiritueller Veränderung – bei Kindern!

Ein paar Beispiele: Die meisten Sichtungen von Außerirdischen, Feen und Monstern ereignen sich im Alter zwischen drei und fünf Jahren. Die Spiritualität tritt machtvoll in das Leben von Kindern, wenn diese drei Jahre alt sind. Die meisten katholischen Heiligen hatten in sehr jungen Jahren eine Nahtoderfahrung. In viele von der katholischen Kirche bestätigte Wunder sind kleine Kinder involviert. Veränderungen des kindlichen Gehirns scheinen die Entwicklungsmaschine anzuwerfen; ebenso bewirken Veränderungen der Seele eine Weiterentwicklung von Einstellungen und Verhaltensweisen junger Menschen in Richtung soziale Gerechtigkeit, moralische Integrität, Mitgefühl und Zuwendung.

Passen alle Kinder mit NTE in dieses Muster? Nein, aber die Mehrheit. Lieben alle Kinder mit NTE Gott, sehen sie Engel, und werden sie religiös? Die meisten eindeutig nicht.

Huch!

Kinder mit NTE sind quer durch Asien und Afrika oft negativ eingestellt oder von Furcht erfüllt oder verlangen, dass sie wegen ganz bestimmter Verhaltensweisen gelobt und geliebt werden, wenn sie heranwachsen. Doch Geburtler, Babys und Kleinkinder in denselben Regionen, die eine NTE gemacht haben, weisen selten solche Eindeutigkeiten auf. Die Fälle von Kindern in der gesamten westlichen Welt sind häufig erhebend und ermutigend, sogar inspirierend. Aber wenn man sich Berichte der Allerjüngsten in denselben Regionen ansieht, trifft man eher auf einen beobachtenden Intellekt, der beide Seiten, alle Seiten sieht, die positiven wie die negativen.

Wie auch immer man es betrachtet – das Bewusstsein von Kleinst- und Kleinkindern passt nicht zu irgendwelchen religiösen Kategorien oder Überzeugungen davon, was wahr ist und was nicht, was menschlich ist und was jenseits des Menschlichen liegt. Fakt ist: Die Allerjüngsten, wo auch immer sie auf der Welt sind, kennen »Gott«. Nicht unbedingt unter diesem Begriff, sondern eher im Sinne von »alles, was ist«. Eine überraschend hohe Zahl von nicht christlich erzogenen Kindern kennt den Namen Jesus, und sie wissen, wer er ist. Sie kennen die Lehren von Gut und Böse, Richtig und Falsch. Aber Religion als solche irritiert sie. Das gilt für jede Religion, selbst für das Konzept der Religion.

Für die Kleinen dreht sich alles um *Liebe*, nicht um irgendeinen Gott oder Allah oder ein göttliches Wesen. Jedes Auftreten von »Gott« (die meisten treffen auf einen väterlichen oder großväterlichen Typ) verwandelt sich, wenn sie infrage gestellt wird – »Siehst du wirklich so aus?« –, in eine unbeschreibliche Helligkeit; in ein Licht, das so mächtig ist, dass es die gesamte Welt und die Schöpfung selbst umschließt, eine liebevolle Präsenz, die sich nicht in Worte fassen lässt. Diese Art von Gott, Allah oder göttlichem Wesen ist es, dem Neugeborene entgegenzappeln, mit dem Babys und Kleinstkinder lachen – eine liebevolle Präsenz, die alles Sein durchdringt und belebt, sie eingeschlossen, und der Welt den Atem ihrer Existenz einhaucht, wieder und wieder.

Das Erstaunliche dabei ist, dass selbst Kinder, die in einer atheistischen Familie aufgewachsen sind, um das Dasein Gottes und darum wissen, wie sich Gott anfühlt. Kinder, die in einer Kultur herangewachsen sind, in der Voodoo-Rituale praktiziert werden, *kennen Jesus beim Namen*. Buddhistische und muslimische Kinder nicken und lächeln. Und hier ist noch etwas: Kinder mit einer NTE gehen, wann immer sie können, schnurstracks in die Kirche, während Erwachsene mit einer NTE hinausgehen und eine offenere Herangehensweise an eine eher spirituelle Sichtweise bevorzugen.

Bleiben Kinder in der Kirche, zu der sie gerannt sind? Nur selten. Der Gott der Liebe scheint einfach nicht dort zu sein. Erwachsene hingegen kehren schließlich zu irgendeiner Art von Kirche zurück, vorzugsweise zu einer spirituellen, metaphysischen.

Dieses Buch stellt einen Aufbruch in der Forschung über Nahtoderfahrungen dar. Die hier vertretene Forderung lautet, das Phänomen von jedem nur möglichen Blickwinkel aus zu betrachten, diejenigen zu Wort kommen zu lassen, die als Allerjüngste eine NTE hatten – unabhängig von ihrem gegenwärtigen Alter –, und die Ergebnisse mit meiner früheren Studie zu vergleichen, die ich in den Neunzigerjahren durchgeführt habe. Es sind die Erwachsenen, die Kompromisse machen. Kinder tun das nicht. Sie kommen gleich zur Sache, selbst wenn wir ihnen nicht glauben.

An dieser Studie habe ich drei Jahre lang gearbeitet. Ich war ebenso überrascht wie Sie, was denjenigen über die Lippen kam, die zu lange geschwiegen hatten. Die vorherige Forschung galt Menschen, die als Kind eine NTE hatten, und es war anzunehmen, dass man dadurch alles Erforderliche in Erfahrung gebracht hatte. Dem war nicht so.

Warum? Weil wir glaubten, alles über Nahtoderfahrungen zu wissen. Tausende von Geschichten sind sorgfältig untersucht worden, und die Untersuchungen finden inzwischen weltweit statt. Wir hatten wirklich eine ziemlich gute Arbeit geleistet. Doch den Kleinkindern, von denen manche nun in ihren Siebzigern und Achtzigern sind, fehlt noch immer ihr *Zuhause*. Dieses besondere Heimweh ist nie verschwunden. Und die meisten von ihnen fragen sich noch immer, was all das aufgeregte Gerede über ein Leben nach dem Tode soll. Es stimmt zwar, dass das für manche noch ein großes Thema ist, doch die überwiegende

Mehrheit betrachtet das gesamte Nahtodphänomen völlig anders, als wir glauben.

Ich bekam eine Kostprobe von diesem Unterschied während der in letzter Zeit abgehaltenen Konferenzen der International Association for Near-Death Studies.[96] Diejenigen mit einer NTE in sehr frühen Jahren, vor allem die Geburtler, haben sich auf diesen Konferenzen stets ein wenig verloren gefühlt. Der Rest von uns betrachtet alle gleich. Ob jemand nun als Erwachsener oder als Kind eine NTE hatte – die Unterschiede müssten doch geringfügig sein, nicht wahr?

Falsch!

Diese Leute haben sich ständig verloren gefühlt, weil sie nach wie vor keinen Bezug zu all den Geschichten herstellen können, die ältere Kinder und Erwachsene über bedingungslose Liebe und Freude und darüber erzählen, wie man diese weitergeben kann. Wie sollen sie sich mit ihren angeblichen Schicksalsgenossen unterhalten, wenn sie sich nicht in der Sprache wiederfinden, die Betroffene verwenden, die erst als Erwachsene eine NTE gemacht haben? Für solche, die *nur das Leben* kennen, unabhängig von der Form oder dem Zeitrahmen, besteht die Herausforderung darin, jene zu verstehen, die sich auf ein einzelnes Ereignis konzentrieren, als wenn das übermäßig wichtig wäre. Für sie ist es das nicht. Die Wahrheit liegt für sie in etwas erheblich Größerem. – Nicht in einer Geschichte über den Tod, sondern in einer Geschichte über das Leben. Für diejenigen, die eine Nahtoderfahrung als Geburtler, Baby oder Kleinkind gemacht haben, geht es um das Kontinuum des Lebens, *nicht* um ein Leben nach dem Tod.

Ein wichtiger Hinweis: Alle sind so entzückt über Geschichten, die »direkt aus dem Mund von Babys« zu kommen scheinen. Schließlich kennen die unschuldigen Kleinen »die wirkliche Wahrheit«. Aber wer schenkt den Kindern, die uns in Erstaunen versetzt haben, Beachtung, nachdem wir gegangen sind? Wer verfolgt den weiteren Verlauf? Wer spricht Jahre später mit ihren Familien und Geschwistern? Ja, es gibt frühere Studien über als Kind Betroffene, die das »Danach« betrachtet und sich damit beschäftigt haben, wie es für sie war heranzuwachsen. Keine dieser Studien ging allerdings wirklich in die Tiefe. Wir haben nie den nächsten Schritt gemacht, den wir ihnen schuldeten, jedenfalls nicht wirklich. Wir sind weggegangen, sobald unser Hunger nach detaillierten Informationen gestillt war – über den Tod, wie es war, den Tod zu überleben, und was auf der anderen Seite geschehen ist.

Ich gestehe Ihnen, dass wir alle – diejenigen, die wir uns als Forscher bezeichnen, und diejenigen, die zur interessierten Öffentlichkeit gehören – es versäumt haben. Wir haben es versäumt zu lernen, dass eine Nahtoderfahrung ein fantastisches Licht auf das Lebenskontinuum und auf die Vorstellung wirft, dass da *immer* Leben ist. *Nie* war es ein Leben nach dem Tode. Wir haben uns hiermit selbst auf den Arm genommen. Das wahre Thema war immer das unaufhörliche Leben. Die Kinder erzählen uns, dass wir immer gelebt haben, dass die Ewigkeit unser Zuhause ist.

Sehen Sie sich die Geschichten in diesem Buch noch einmal an – die Geschichten von jenen, die sich deutlich daran erinnern, im Uterus gewesen und jedes Mal »high« geworden zu sein, wenn ihre Mutter rauchte, und jedes Mal panische Angst gehabt zu haben, wenn ihre Mutter versuchte, sich selbst oder sie zu töten. Werfen Sie einen Blick auf diejenigen, die sich an frühere Leben, außerirdische Leben, ein endloses Leben erinnern. Es gibt einfach zu viele Stimmen, als dass man sie ignorieren könnte. Weltweit.

Wie es *James (Fall 99)* am Anfang dieses Kapitels formulierte: Wir alle haben eine »Nahgeburterfahrung« und bewegen uns von einer Dimension in eine andere mit der fortlaufenden und ewigen Chance, die Engel zu sein, die wir wirklich sind, immer waren und immer sein werden.

Wir alle sind … für immer Engel!

Anhang

Ergänzende Lektüre

Bücher von für diese Studie befragten Personen, die als Kind eine NTE gemacht haben

Briggs, Sandy: *A God Experience in the Light. A Transcendent Experience of the Spirit,* Selbstverlag, 2019, ISBN 978-1-4951-5181-1

Dies.: *Spiritually Transformative Experiences,* o. J., Selbstverlag, ISBN 978-1-451-6411-8

Cull, Linda: *Where the Light Lives. A True Story about Death, Grief and Transformation,* Wilara Press, Dianella, Australien, 2015

Dawson, Jan Hunt: *Love Only. Lessons from My Near-Death Experiences, Past Life Reviews, and Aftereffects.* Cardinal Rules Press Charleston, S. C., 2016

Estill, Monica: *The Bossy Boulder. How Small Is Big and Big Is Small (for the kid in all of us),* Selbstverlag, 2013, ISBN 978-1-59433-385-9

Vellekoop, Holly Fox: *Stone Haven. Murder along the River,* Thomas & Mercer, Las Vegas, Az., 2006

Dies.: *Encouragers. Those Who Help Others Succeed,* 2015, Selbstverlag, ISBN 978-1514119679. Die Autorin hat noch elf weitere lesenswerte Bücher publiziert.

Weitere hilfreiche Bücher

Blayney, R. A.: *Transformation. Life Before Birth, Cosmic Consciousness and Alternate Realities,* AbSent Publishing, Clarington, Ontario/Kanada, 2019

Brandon, Diane B.: *Born Aware. Stories & Insights from Those Spiritually Aware Since Birth,* Llewellyn Publishers, Woodbury, Minn., 2017

Carman, Elizabeth, und Neil Carman: *Cosmic Cradle,* North Atlantic Books, Berkeley, Cal., 2013

Cayce, Hugh Lynn: *Venturing Inward. Safe and Unsafe Ways to Explore the Unconscious Mind,* Harper & Row, New York 1964

Chambers, John: *The Secret Life of Genius: How 24 Great Men and Women Were Touched by Spiritual Worlds,* Destiny Books, Rochester, Vt., 2009

Dyer, Wayne W., und Dee Garnes: *Erinnerungen an den Himmel. Was Kinder aus der Zeit vor ihrer Geburt berichten,* Heyne, München 2016

Grof, Stanislav: *Geburt, Tod und Transzendenz. Neue Dimensionen in der Psychologie,* Kösel, München 1985

Hallett, Elisabeth: *Stories of the Unborn Soul. The Mystery and Delight of Pre-Birth Communication*, Bloomington, Ind., 2002

Hinze, Sarah: *Coming from the Light. Spiritual Accounts of Life Before Life,* Simon & Schuster, New York 1997

Dies.: *We Lived in Heaven. Spiritual Accounts of Souls Coming to Earth,* Spring Creek Book Co., Provo, Ut., 2006

Jung, C. G.: *The Earth Has a Soul. Nature, Technology & Modern Life,* North Atlantic Books, Berkeley, Cal., 2002

McGivern, Patricia Seaver: *Angel Babies. Messages from Miscarried and Other Lost Babies,* Bloomington, Ind., 2009

Roger, Bernard: *The Initiatory Path in Fairy Tales. The Alchemical Secrets of Mother Goose,* Inner Traditions, Rochester, Vt., 2015

Scheffler, Harlan Carl: *The Quest. Helping Our Children Find Meaning and Purpose*, George Ronald Pub. Ltd, Welwyn, Hertfordshire, 2006

Smith, Mark: *Auras. See Them in Only 60 Seconds*, Pustak Mahal Publisher, New Delhi 2004. Mark Smith hatte, während er als Frühgeburt im Brutkasten lag, eine Nahtoderfahrung. Seine Geschichte, seine Erinnerungen und seine Beschreibung, wie er reifte, entspricht den Geschichten, die Sie in diesem Buch gelesen haben.

Tucker, Jim B.: *Kinder erinnern sich. Dem faszinierenden Phänomen der Wiedergeburt auf der Spur*, Ullstein, Berlin 2014

International Association for Near-Death Studies

Seit über vierzig Jahren ist die International Association for Near-Death Studies (IANDS) dank des Engagements Ehrenamtlicher gemeinnützig tätig. Vorwiegend widmet sie sich der Bereitstellung bestmöglicher Informationen über Themen rund um den Bereich Nahtoderfahrungen. Ihr Ziel ist die Förderung einer soliden, multidisziplinären Erforschung von Nahtoderfahrungen und ähnlichen Erlebnissen, ihren Auswirkungen auf das Leben der betroffenen Menschen und ihren Folgen für Auffassungen über das Leben, den Tod und die Bestimmung der Menschen.

IANDS hegt als weltweit einzige derartige Organisation weder Vorurteile noch Vorlieben gegenüber irgendwelchen religiösen, kulturellen oder anderen persönlichen Überzeugungssystemen. Außer zahlreichen Informationen auf ihrer Website bietet IANDS Folgendes an:

- ★ eine jährliche Konferenz als Ergänzung zu anderen örtlichen Veranstaltungen, um Menschen mit und ohne NTE, Mitglieder und Nichtmitglieder einzubinden;
- ★ eine wissenschaftliche, durch Fachleute geprüfte Zeitschrift: *Journal of Near-Death Studies;*
- ★ einen Newsletter, der von allgemeinem Interesse ist: *Vital Signs;*
- ★ unterschiedliche Broschüren, Trainingsmaterial, CDs, DVDs und Kursmaterial für Anbieter von medizinischen, seelisch-geistigen und spirituellen Gesundheitsdienstleistungen sowie für Betroffene, ihre Familien und die allgemeine Öffentlichkeit.
- ★ Kontakte zu Gesprächs- und Unterstützungsgruppen an unterschiedlichen Orten sowie zu globalen Gruppen, die sich online austauschen.

IANDS dient einem breiten Spektrum von Menschen: Betroffenen, Forschern, Angehörigen der Gesundheitsbranche, den Familien und Freunden von Betroffenen, Lehrern und der allgemeinen Öffentlichkeit. Hier die Kontaktdaten:

International Association for Near-Death Studies (IANDS)
2741 Campus Walk Avenue, Bldg. 500
Durham, NC 27705
E-Mail: services@iands.org
Website: https://iands.org/

Anmerkungen

Einleitung

1 Pim van Lommel: *Endloses Bewusstsein. Neue medizinische Fakten zur Nahtoderfahrung*, Droemer Knaur, München 2013; Sam Parnia: *What Happens When We Die. A Groundbreaking Study into the Nature of Life and Death*, Hay House, Carlsbad, Cal., 2006; ders.: *Der Tod muss nicht das Ende sein. Was wir wirklich über Sterben, Nahtoderlebnis und die Rückkehr ins Leben wissen*, Scorpio, Berlin und München 2013.

2 Der berühmteste Fall ist der von George Rodonaia, einem kommunistischen Dissidenten, der im georgischen Tiflis lebte. Er war von einem von KGB-Agenten gefahrenen Taxi überfahren und dann eilig ins Krankenhaus gebracht worden, wo bei seiner Ankunft sein Tod festgestellt wurde. Seine Leiche wurde in eine Gefrierkammer der Leichenhalle gelegt, wo sie drei Tage lang verblieb, bevor er für die Obduktion herausgezogen wurde. Während der Obduktion erwachte er. Ich behandele seinen Fall in zwei meiner Bücher: *Beyond the Light* und *The Big Book of Near-Death Experiences. The Ultimate Guide to What Happens When We Die.*

3 Das erste: *I Died Three Times in 1977. The Complete Story*, Cinema of the Mind/Starving Artists Workshop, Albany, N. Y., 2010; das zweite: *Future Memory*, Hampton Roads, Charlottesville, Va., 1999; das dritte: *A Manual for Developing Humans*, Rainbow Ridge Books, Faber, Va., 2017.

4 Mehr über meine Arbeit und darüber, wie ich all die Betroffenen gefunden habe, steht in meinem Buch *Near-Death Experiences. The Rest of the Story*, Hampton Roads, Charlottesville, Va., 2011.

5 Mein erster Versuch, über meine Erkenntnisse zu berichten, die ich durch Menschen mit einer NTE im Kindesalter gewonnen hatte, wurde von meinem damaligen Verlag, Three Rivers Press, stark redigiert und umgestaltet. Sie gaben dem Buch auch den neuen Titel *Children of the New Millennium*. Fast zwei Drittel mei-

ner Forschungsarbeit wurde während der Bearbeitung gestrichen. 2003 erlaubten mir Bear & Co., die zu Inner Traditions gehören, dieses Material in *The New Children and Near-Death Experiences* wieder vorzulegen. Dabei handelt es sich um eine intensive Untersuchung, was mit Kindern mit solch einer Erfahrung geschieht. Ein zweites Merkmal dieser zweiten Textversion ist der Vergleich zwischen Nahtod-Kindern und den »neuen Kindern«. Die Ähnlichkeiten zwischen ihnen wurden auch untersucht in meinem Buch *Children of the Fifth World. A Guide to the Coming Changes in Human Consciousness,* Bear & Co., Rochester, Vt., 2012.

6 Penny Sartori: *Nahtod-Erfahrungen als Neuanfang. Was wirklich wichtig ist im Leben,* Aquamarin, Grafing 2015.

Kapitel 1: Was ist hier?

7 Raymond A. Moody jr.: *Leben nach dem Tod. Die Erforschung einer unerklärlichen Erfahrung,* Rowohlt, Reinbek bei Hamburg 1991.

8 Raymond W. Brandt gab bis zu seinem Tod 2001 sowohl das *Twins World Magazine* als auch den *Twinless Twins Newsletter* heraus. Sein Leitungsgremium setzt seine Arbeit fort.

Kapitel 2: Wer ist hier?

9 Melvin Morse: *Zum Licht. Was wir von Kindern lernen können, die dem Tod nahe waren,* Zweitausendeins, Frankfurt am Main, 2. Aufl. 2001.

10 Cherie Sutherland: *Children of the Light. The Near-Death Experiences of Children,* Bantam Books, Australien und Neuseeland 1995.

11 Auf Deutsch etwa »Zerlumpte-Ann-Puppe«, Hauptfigur einer Kinderbuchreihe (Anfang d. 20. Jahrhunderts): Stoffpuppe, die lebendig wird, wenn keine Menschen zugegen sind.

Kapitel 4: Erinnerungen an die Geburt

12 Sutherland, a. a. O., S. 82–86. Dies ist ein Ausschnitt aus Marcellas Geschichte in dem Buch von Cherie Sutherland.

13 David Chamberlain: »Reliability of Birth Memories. Evidence from Mother and Child Pairs in Hypnosis«, *Journal of the American Academy of Medical Hypnoanalysis* 1, Nr. 2 (1996), S. 89–98.

14 David Chamberlain: *The Mind of Your Newborn Baby,* North Atlantic Books, Berkeley, Cal., 1998.

15 Auch »Wehmutterhäublein« genannt: Die Reste der Eihäute auf dem Kopf von Neugeborenen gelten traditionell als Glücksbringer (Anm. d. Red.).

16 Leonard D. Orr ist der Entdecker der Rebirthing-Technik. Dabei handelt es sich um eine Methode, sich des Geschehens rund um die eigene Geburt zu entsinnen und die Erinnerung an den gesamten Vorgang zurückzugewinnen. Er gründete auch die weltweite Rebirthing-Breathwork-Bewegung.

Kapitel 5: Der Mutterleib

17 Es gibt inzwischen zahlreiche Publikationen über die vorgeburtliche Entwicklung im Mutterleib, etwa David Chamberlain: *The Mind of Your Newborn Baby,* a. a. O.; Sir William Liley: »The Personality of the Fetus«, *Australian and New Zealand Journal of Psychiatry* 6, Nr. 2 (1972); David Chamberlain: »Babies Are Not What We Thought. Call for a New Paradigm«, *International Journal of Prenatal Studies* (Herbst 1992); ders.: »Prenatal Body Language: A New Perspective on Ourselves«, in: *Primal Renaissance. The Journal of Primal Psychology* 14, Nr. 1/2 (August 1999); Thomas Verny und John Kelly: *The Secret Life of the Unborn Child. How You Can Prepare Yourself for a Happy Healthy Life,* Dell, New York 1982.

18 Jaap van der Wal: »The Embryo in Us. A Phenomenological Search for Soul and Consciousness in the Prenatal Body«, *Birth Psychology* 27, Nr. 3 (2013), S. 151.

19 Siehe dazu die Arbeiten von Chamberlain, a. a. O.

Kapitel 6: Das Jenseits

20 Kenneth Ring und Sharon Cooper: *Wenn Blinde sehen. Mindsight: Nahtoderfahrungen von Blinden,* Santiago, Goch 2011.

21 Titus Rivas, Elizabeth M. Carman, Neil J. Carman und Anny Dirven: »Paranormal Aspects of Pre-Existence Memories in Young Children«, *Journal of Near-Death Studies* 34, Nr. 2 (Winter 2015), S. 87.

22 Diese komplizierte Realität einer Chimäre mit einer Mutter, die keine genetische Übereinstimmung mit ihren eigenen Kindern aufweist, kann bei Zwillingen und Drillingen vorliegen. Es ist

bei Zwillingen möglich, dass sie in einem frühen Entwicklungsstadium in einen Körper übergehen. Als Produkt zweier unterschiedlicher Zelllinien können einige ihrer Eier ein Genom in sich tragen, das sich vom restlichen Körper unterscheidet. Es hat auch Gerichtsverfahren gegeben, bei denen festgestellt wurde, dass keine Spur der DNA der Mutter in ihren eigenen Kindern vorhanden ist. Vgl. David Robson: »Is Another Human Living Inside You?«, BBC Future, 8.9.2015, https://www.bbc.com/future/article/20150917-is-another-human-living-inside-you, Zugriff: 18.4.2020.

23 Sandy Briggs: *Merging with Socrates and Prebirth Memories*, Eigenpublikation 2015, https://www.amazon.com/Merging-Socrates-Prebirth-Memories-Briggs/dp/149516411X, Zugriff 18.4.2020.

24 Dieses Gespräch zwischen Kebes, Simmias und Sokrates ist wiedergegeben in Platon: *Phaidon*, hg. v. Franz Dirlmeier, Heimeran, München, 2. Aufl. 1959.

25 Jim B. Tucker: *Kinder erinnern sich. Dem faszinierenden Phänomen der Wiedergeburt auf der Spur*, Ullstein, Berlin 2014.

Kapitel 7: Einige Überraschungen

26 Sarah Knapton: »Eye on Science: Bright Flash of Light Marks Incredible Moment Life Begins When Sperm Meets Egg«, *The Telegraph*, 26.4.2016, http://timesofahmad.blogspot.com/2016/05/eye-on-science-bright-flash-of-light.html, Zugriff: 18.4.2020.

27 Ursprünglich hat dies Janusz Sławiński von der Naturwissenschaftlichen Universität im polnischen Posen erforscht. Seine Arbeit über das reale Vorhandensein von »Todesblitzen« wurde zunächst abgelehnt, dann von anderen Wissenschaftlern unterstützt. Vgl. »Electromagnetic Radiation and the Afterlife«, *Journal of Near-Death Studies* 6, Nr. 2 (Winter 1987), S. 79–94, https://digital.library.unt.edu/ark:/67531/metadc1051967, Zugriff: 18.4.2020.

28 Sartori: *Nahtod-Erfahrungen als Neuanfang*, a. a. O.

29 Sutherland, *Children of the Light*, a. a. O.

30 Kenneth Ring: »Amazing Grace. The Near-Death Experience as a Compensatory Gift«, *Journal of Near-Death Studies* 10, Nr. 1 (Herbst 1991).

31 Henry Cobin war Philosoph, Theologe, Iranist und Professor für Islamwissenschaften an der Sorbonne. Er war ein Meister der transformativen Kraft der Imagination und der transzendentalen

Realität des Einzelnen in einer von allen Arten von Totalitarismus bedrohten Welt. Sein großes Werk *Alone with the Alone. Creative Imagination in the Sufism of Ibn 'Arabi,* Princeton University Press, Princeton, N. J., 1997, ist ein klassischer Einführungstext in die visionäre Spiritualität.

32 Archetypen sind im kollektiven Unbewussten angesiedelte, auf Grunderfahrungen der Menschheit basierende Urbilder menschlicher Handlungs- und Vorstellungsmuster (Anm. d. Übers.).

33 C. G. (Carl Gustav) Jung (1875–1961) war ein Schweizer Psychiater und Psychoanalytiker, der die analytische Psychologie begründete. Sein Werk hat nicht nur die Psychiatrie, sondern auch die Anthropologie, Archäologie, Literatur, Philosophie und Religion beeinflusst. Er hat auch die östliche Philosophie studiert und hatte in späteren Jahren eine Nahtoderfahrung, die ihn und seine Botschaft vollkommen veränderte.

34 Eine eingehende Behandlung dieser Erkenntnisse sowie aktuelle Fallstudien beschreibe ich im 9. Kapitel meines Buchs *The New Children and Near-Death Experiences,* Bear & Co., Rochester, Vt., 2003. Bestätigt wird die Bedeutung dieser Daten in William Strauss und Neil Howe: »Completing the Eras of the Millennial Cycle«, *Generations. The History of America's Future. 1584 to 2069,* Quill/William Morrow, New York 1991, S. 377–383.

35 Einen bestürzenden Fall der Entführung durch Außerirdische im Moment einer Nahtoderfahrung beschreibe ich unter »Anomalies« in *Beyond the Light. Startling New Evidence of Life after Death. From Visions of Heaven to Glimpses of Hell,* Avon Books, New York 1994.

36 Viele Jahre lang hat die Psychologin Karen E. Herrick an der Zusammensetzung des Puzzles gearbeitet, warum die meisten Menschen mit einer NTE nichts darüber sagen, dass sie eine Silberschnur gesehen haben, als sie sich außerhalb ihres Körpers befanden. Bei ihrer Arbeit entdeckte sie, wie kraftvoll der Vagusnerv ist und wie jemand trainiert werden kann, direkt über den Vagusnerv zu »atmen«. Ihre Erkenntnisse waren für meine eigenen Untersuchungen wichtig. Sie erteilt inzwischen Unterricht in der Vagus-Atmung.

Kapitel 8: Danach

37 Lisa Campion hat mir die Erlaubnis gegeben, ihre Geschichte zu verwenden. Wegen William und dem, was anschließend mit ihr

geschehen ist, wurde sie zum professionellen Medium, zur intuitiven Heilerin und zur Radiomoderatorin bei Empower Radio.

38 Eine der besten mir bekannten Anlaufstellen für eine gesunde, positive Einweisung in intuitive und mediale Fähigkeiten ist die Association for Research and Enlightenment (A.R.E.). Ihre Programme stützen sich auf die Vorlesungen des Mediums Edgar Cayce, eines der größten Seher, die je gelebt haben und der bekannt war als »Vater ganzheitlicher Gesundheit und Heilung«. Die Organisation bietet eine ganze Palette von Programmen, Konferenzen und Büchern sowie eines der besten Sommercamps für Kinder an. Eine weitere Quelle ist Nancy Baumgarten vom Profound Awareness Institute. Ihre Unterweisung von Kindern und sogar von ganzen Familien in intuitiven und medialen Fähigkeiten ist hervorragend.

39 Judith Orloff: *Wenn dir alles unter die Haut geht. Das Überlebenshandbuch für Empathen und Hochsensible*, Trinity, München 2018, S. 42 f.

40 Eine persönliche Randbemerkung: Ich wurde mit Synästhesie geboren und fand zu meiner großen Überraschung heraus, dass ich das einzige Kind in der ersten Klasse meiner Schule war, das Musik sehen, Zahlen hören und Farben riechen konnte. Weil das so war, wurde ich ständig bestraft, weil ich ein böses Kind sei. Viele Male musste ich auf einem hohen Stuhl vor der Klasse sitzen und einen Spitzhut tragen, auf dem »Dummkopf« stand. Ich wurde auch mit einer Dyslexie (Lesestörung) geboren. Diese beiden »Seltsamkeiten« und die Bombardierung von Pearl Harbor im Zweiten Weltkrieg, die mich zutiefst verängstigte, lehrten mich, Erwachsenen niemals zu vertrauen und stets selbst meine eigene Wahrheit zu finden.

41 Atwater: *Future Memory*, a. a. O.

Kapitel 9: Eine Frage der Familie

42 Eine Zeichnung von diesem Vorfall ist abgedruckt in meinem Buch *The New Children and Near-Death Experiences*, a. a. O., S. 143.

Kapitel 10: Gesundheitsprobleme

43 Zur Elektrosensibilität habe ich einen Newsletter herausgebracht, einsehbar im Archiv auf meiner Website www.pmhatwater.com: *Electrical Phenomena with Weather Extremes*, Juli 2014 (Zugriff:

19.4.2020). Vgl. auch Sarah Blalock, Janice Minor Holden und P. M. H. Atwater: »Electromagnetic and Other Environmental Effects Following Near-Death Experiences. A Primer« sowie Bruce Greyson, Mitchell B. Liester, Lee Kinsey, Steven Alsum und Glen Fox: »Electromagnetic Phenomena Reported by Near-Death Experiencers«, beide erschienen im *Journal of Near-Death Studies* 33, Nr. 4 (Sommer 2015).

44 Vgl. Wayne B. Jonas und Jennifer Jacobs: *Healing with Homeopathy. The Complete Guide*, Grand Central Publishing, New York 1998; sowie Vinton McCabe: *Practical Homeopathy. A Comprehensive Guide to Homeopathic Remedies and Their Acute Uses*, St. Martin's Press, New York 2000. In manchen Fällen kann es auch sinnvoll sein, eine*n Osteopath*in aufzusuchen. Osteopath*innen haben eine umfassende systemische medizinische Ausbildung und setzen auf Selbstheilung und Vorsorge. Allerdings werden die Kosten von den meisten Kassen gar nicht oder nur teilweise übernommen.

45 Atwater: *The New Children and Near-Death Experiences*, a. a. O.

46 Dąbrowski schrieb eine Monografie mit dem Titel *The Moral Sensitivity of Gifted Children and the Evolution of Society.* Interessant ist auch Linda Kreger Silvermans Interpretation von Dąbrowskis Theorie und ihre Erörterung seiner Idee der sogenannten positiven Desintegration von psychologischen Strukturen zugunsten von Mitgefühl, Redlichkeit und Altruismus mit dem gleichen Titel, vgl. *Roeper Review: A Journal on Gifted Education* 17 (2), 1994, S. 110–116.

Kapitel 12: Heranwachsen, Arbeit, Heirat

47 Der Begriff »Magick« wurde von dem britischen Okkultisten Aleister Crowley (1875–1947) geprägt. Er verstand darunter zum Beispiel die »Kunst und Wissenschaft, die Welt in Übereinstimmung mit dem Willen zu formen«. Vgl. https://de.wikipedia.org/wiki/Magick, Zugriff: 20.4.2020 (Anm. d. Red.).

48 Lamarck schrieb in seinem Werk, dass die Erfahrungen eines Elternteils sogar schon vor der Empfängnis deutlich sowohl die Struktur als auch die Funktion des Nervensystems nachfolgender Generationen beeinflussen. Manchmal als »transgenerationale epigenetische Vererbung« bezeichnet, ist der springende Punkt hier, dass alle Arten von Einflüssen, welche die Lebenserfahrungen der Eltern umfassen – Drogenmissbrauch, eine Belastung

durch eine bestimmte Umgebung, selbst physische Traumata –, bei der Zeugung an künftige Generationen weitergegeben werden können. Das schließt lebensverändernde Ereignisse wie eine Nahtoderfahrung und andere Arten der Transformation des Bewusstseins mit ein.

Kapitel 13: Posttraumatische Belastung und NTE

49 Bruce Greyson: »An Overview of Near-Death Experiences«, in John C. Hagan III (Hg.): *The Science of Near-Death Experiences*, University of Missouri Press, Columbia, Miss., 2017, S. 26.

50 Ich möchte Sie an dieser Stelle auf die Arbeit des Arztes Bruce Perry aufmerksam machen, der SaintA gründete, ein katholisches Waisenhaus, das in ein Vermittlungszentrum verwandelt wurde und Pflegefamilien für verwaiste, ausgesetzte, vernachlässigte und/oder missbrauchte Kinder sucht. Was die Betreiber geleistet haben, um das Personal für ein System umzuschulen, das wirklich maßgeblich etwas im Leben von Menschen ändert, gleicht einem Wunder. Weil sie eine »traumakundige« Betreuung einsetzen, sind sie in der Lage, Kinder aus einer PTSD herauszuholen. Dort wird gelehrt, dass man niemals »Wie fühlst du dich?« fragen soll, sondern stets: »Was ist mit dir passiert?«

51 Hal Taylor: »Emerging from PTSD«, *Venture Inward* (April und Juni 2015), S. 20 ff.

52 Pete Walker: *Posttraumatische Belastungsstörung. Vom Überleben zu neuem Leben. Ein praktischer Ratgeber zur Überwindung von Kindheitstraumata*, Narayana, Kandern 2019.

53 Vgl. Steven R. Vazquez: *Emotional Transformation Therapy. An Interactive Ecological Therapy*, Rowman/Littlefield, Lanham, MD, 2013; ders.: *Accelerated Ecological Psychotherapy. ETT Applications for Sleep Disorders, Pain, and Addiction*, Rowman/Littlefield, Lanham, MD, 2013; ders.: *Spiritually Transformative Psychotherapy. Repairing Spiritual Damage and Facilitating Extreme Wellbeing*, Rowman/Littlefield, Lanham, MD, 2017.

54 Mahendra Perera, Karuppiah Jagadheesan und Anthony Peake (Hg.): *Making Sense of Near-Death Experiences. A Handbook for Clinicians*, Jessica Kingsley Publishers, London und Philadelphia 2012, Satwant K. Pasricha, S. 100.

55 Vgl. Bruce H. Lipton und Steve Bhaermann: *Spontane Evolution. Unsere positive Zukunft und wie wir sie erreichen*, Koha, Burgrain 2014.

56 Alcorn, Robert W.: *Healing Stories. My Journey from Mainstream Psychiatry Toward Spiritual Healing*, Perception Garden Press, o. O. 2010.

57 Winter Robinson: *Hidden Order. Uncover Your Life's Design and Intuitions. Seeing with the Heart*, Red Wheel/Weiser, York Beach, ME, 2004. Neben ihren Workshops und ihren persönlichen Beratungen lehrt Winter Robinson, M. Ed. (Master of Education) und LCPC (Licensed Clinical Professional Counselor), die Ethik des Einsatzes von Intuition in Therapien.

58 Andrew Newberg und Mark Robert Waldman: *Der Fingerabdruck Gottes. Wie religiöse und spirituelle Erfahrungen unser Gehirn verändern*, Kailash, München 2010.

Kapitel 14: Lösungen

59 Nach hinduistischer Auffassung befinden sich im Astralkörper (Energieleib) des Menschen Zentren subtiler oder feinstofflicher Energie, »Chakras« genannt. Als (Haupt-)Chakras werden die sieben Zentren bezeichnet, die hintereinander entlang der Wirbelsäule liegen (Anm. d. Red.).

60 Sandra Champlain ist auch Autorin des Buchs *We Don't Die. A Skeptic's Discovery of Life after Death*, Morgan James, New York 2017.

61 Vgl. https://www.mixcloud.com/wedontdiesandrachamplain/137-josh-lucion-on-we-dont-die-radio-show, Zugriff: 20.4.2020.

62 Eine Thanadoula ist so etwas wie ein »Sterbebegleitungs-Coach« oder eine »Todesamme«, die Sterbende bei ihren persönlichen Entscheidungen im Sterbeprozess begleitet (vom griechischen *thánatos* [Tod]).

63 Die Familienaufstellung wurde in den 1980/90er-Jahren von Bert Hellinger (1925–2019) als alternative therapeutische Methode entwickelt, die sich auf Elemente der systemischen Familientherapie stützt. Sie hilft, destruktive familiäre Muster aufzubrechen, die zu Unglücklichsein, Krankheit, Versagen oder Suchtverhalten führen. Es wird von sofortigen und lebensverändernden Ergebnissen dieses Ansatzes berichtet. Hellinger hat das Herz und die Seele der Familientherapie revolutioniert, indem er die unbewussten und häufig zerstörerischen Muster und Abhängigkeitsverhältnisse beleuchtete. (In Deutschland gehört die – zuweilen kontrovers diskutierte – Familienaufstellung nach Hellinger inzwischen zu einer der bekanntesten systemischen Kurztherapien

und hat hier eine Fülle von unterschiedlichsten Strömungen und Abwandlungen hervorgebracht; Anm. d. Übers.)

Kapitel 15: Historische Fälle

64 Einiges von dem folgenden Material stammt aus dem siebten Kapitel meines Buchs *The New Children and Near-Death Experiences*, a. a. O.

65 Ich danke Dan Punzak für diesen Fall.

66 Im Anhang 5 meines Buchs *Future Memory* steht mehr über sein Leben und das, was nach offenbar zwei weiteren Nahtoderfahrungen geschah. Die Historikerin und Expertin auf diesem Gebiet Leslie Anne Dixon half mir bei der Zusammenstellung des entsprechenden Materials. Sie hatte selbst zehn Nahtoderfahrungen in ihrem Leben, die erste bei ihrer Geburt. Und ja, sie ist ein Genie. Ich werde ihr für all ihre Hilfe für dieses Projekt ewig dankbar sein.

67 Ronald Clark: *Einstein. The Life and Times*, Avon, New York 1971, S. 303, zitiert nach J. Timothy Green: »Did Near-Death Experiences Play a Seminal Role in the Formulation of Einstein's Theory of Relativity?«, *Journal of Near-Death Studies* 20, Nr. 1 (Herbst 2001), S. 64 ff.

68 John Neihardt: *Schwarzer Hirsch: Ich rufe mein Volk. Leben, Visionen und Vermächtnis des letzten großen Sehers der Ogalalla-Sioux*, dtv, München 1962.

69 Der Stein wurde 1799 in der alten ägyptischen Hafenstadt Rosette entdeckt und lieferte den Schlüssel zur Entzifferung der Hieroglyphen (Anm. d. Red.).

70 Glenn Clark: *Walter Russell. Vielfalt im Einklang. »Der Mann, der Zugang zu den Geheimnissen des Universums hatte«*, Genius, Oberstaufen 1999.

71 Atwater: *The New Children and Near-Death Experiences*, a. a. O., S. 129.

72 Walter Russell: *Die Botschaft der Göttlichen Iliade. Von der ewigen Reise der Schöpfung*, Genius, Bremen 2005.

73 Obwohl Walter und Lao schon lange tot sind, besteht die Universität über ihre Website, eine neue Zentrale und ein Museum in Waynesboro, Va., und Rundgänge durch ihren einstigen Wohnsitz fort.

74 Peter Pringsheim und Marcel Vogel: *The Luminescence of Liquids and Solids and Their Practical Application,* Interscience Publishers, New York 1943, und Imperia Book, London 1943.

75 Die Informationen wurden dem über seine noch bestehende Website einzusehenden Nachlass von Marcel Vogel entnommen (http://marcelvogel.org, Zugriff: 21.4.2020) und stammen aus persönlichen Gesprächen mit ihm während seiner späteren Jahre. Außerdem wurden ergänzende Details aus seinen Kursen verwendet.

76 Valerie Hunt: *Infinite Mind. Science of the Human Vibrations of Consciousness,* Malibu Publishing Co., Malibu, Cal., 1966. Von Valerie V. Hunt stammen auch zahlreiche Musik- und Audioaufnahmen einschließlich einer DVD zum menschlichen Energiefeld.

77 Ich habe mit Dr. Melvin Morse außerdem am 8.1.2017 per E-Mail über den Fall Olaf Sunden diskutiert.

78 Der Heimlich-Handgriff oder die Oberbauchkompression nach Heimlich ist eine lebensrettende Sofortmaßnahme bei drohender Erstickung durch die Blockierung der Atemwege durch einen Fremdkörper. Durch Kompression des Bauchraums wird versucht, den Fremdkörper aus der Luftröhre herauszubefördern (Anm. d. Red).

79 Bernie Siegel: *Prognose Hoffnung. Liebe, Medizin und Wunder,* Ullstein, Berlin, 7. Aufl. 2011.

80 Für meinen Bericht über Akiane Kramarik habe ich vieles aus einem Artikel übernommen, der von Gary Noel stammt: »Artistic Child Genius«, *Today's Astrologer* 78, Nr. 10; ferner aus Akiane Kramarik: *Akiane. Her Life, Her Art, Her Poetry,* Thomas Nelson, Nashville, Tenn., 2006. Sie sollten sich unbedingt Akianes Website anschauen, die Sie unter ihrem Vornamen finden (https://akiane.com, Zugriff: 21.4.2020), und sich von ihren sich ständig steigernden künstlerischen Fähigkeiten beeindrucken lassen. Ihre Gabe und ihre tiefe und dauerhafte Liebe zu Gott lassen sich einfach nicht in Worte fassen. Auch auf YouTube finden Sie sie.

81 Ari Hallmark mit Lisa Reburn: *To Heaven after the Storm,* Truth Book Publishers, Franklin, Ill., 2012.

82 Todd C. Frankel: »The Butterfly People of Joplin«, *St. Louis Post-Dispatch* (19.12.2011). Carson Clark, WHNT News 19, Huntsville, Al., brachte am 15.5.2012 im Fernsehen die Geschichte »Child Writes Book about Going to Heaven & Surviving a Torna-

do«. Ich danke all diesen Menschen, dass sie mir erlaubt haben, mir Notizen über unseren Austausch zu machen. Und ich danke dir, Ari, dass du zu einer so weisen und wunderbaren jungen Frau geworden bist.

83 Todd Burpo und Lynn Vincent: *Den Himmel gibt's echt. Die erstaunlichen Erlebnisse eines Jungen zwischen Leben und Tod,* Hänssler/SCM, Holzgerlingen 2011.

84 Christy Wilson Beam schrieb das Buch *Miracles from Heaven* (deutsch *Himmelskind*), auf dem der gleichnamige Film basiert: *Himmelskind. Ein kleines Mädchen reist in die Ewigkeit,* SCM, Holzgerlingen 2016.

85 Ebenda.

Kapitel 16: Kennzeichen

86 Atwater: *Children of the Fifth World,* a. a. O.

87 In meinem Buch *The New Children and Near-Death Experiences,* a. a. O., formuliere ich im Abschnitt »Tips for the Child in All of Us« zahlreiche weitere Vorschläge und Ideen, wie man mit Kindern mit einer Nahtoderfahrung umgehen kann (S. 190–232).

88 Der Begriff »Flow« (»Fließen, Strömen«) bezeichnet das Gefühl eines mentalen Zustands völliger Vertiefung und restlosen Aufgehens in einer Tätigkeit, die wie von selbst vor sich geht, was als beglückend empfunden wird. Vgl. https://de.wikipedia.org/wiki/Flow_(Psychologie), Zugriff: 22.4.2020. »Glück ist *flow* … im Einklang mit sich und der Welt zu sein … ein Gefühl von Hochstimmung, von tiefer Freude.« Zitat aus Mihaly Csikszentmihalyi: *Flow. Das Geheimnis des Glücks,* Klett-Cotta, Stuttgart, 6. Aufl. 1998, Klappentext (Anm. d. Red.).

89 Kevin Malarkey: *Der Junge, der aus dem Himmel zurückkehrte. Eine wahre Geschichte,* Gerth Medien, Asslar 2011.

Kapitel 17: Für immer Engel

90 Richard E. Cytowic: *Farben hören, Töne schmecken*, Byblos, Berlin 1995.

91 Howard Gardner: *Creating Minds*. Basic Books, New York 1993. Der Psychologe und Kodirektor des Harvard Project on Human Potential Howard Gardner porträtierte große Köpfe des 20. Jahrhunderts, um zu erfassen, was Genie ausmacht. Er kam zu dem Schluss, dass das Verwerfen akzeptierter Vorstellungen davon,

was möglich ist, es erleichtern kann, neue Ideen ernst zu nehmen, dass das Verbinden von Unverbundenem zu neuen Erkenntnissen führt und dass die Akzeptanz von Mehrdeutigkeit entscheidend für die Kreativität ist. Er verweist darauf, dass Intelligenz auszuwählen bedeutet, was auf die Wichtigkeit des Erfassens von Details hindeutet. Aber Genie schüttelt Informationen zusammen oder gruppiert sie, ähnlich wie es ein Kind tun würde, um zu anderen oder umfassenderen Vorstellungen zu gelangen.

92 Anna Wise: *High Performance Mind,* Putnam, New York 1995. Seither wurde unter Anwendungen der Mind-Mirror-Messungen viel wissenschaftliche Arbeit geleistet. Mind Mirror geht eine Stufe weiter als die Messung von Gehirnströmen per Elektroenzephalografie (EEG). Es zeichnet nicht nur wie das EEG die Gehirnaktivitäten auf, sondern teilt sie nach den beiden Gehirnhälften (der linken und der rechten) auf und registriert gleichzeitig die jeweiligen unterschiedlichen Aktivitäten dort. Heute ist Judith Pennington führend auf dem Gebiet des Mind Mirror. Lesenswert in diesem Zusammenhang ist ihr vor ein paar Jahren erschienenes Buch *Your Psychic Soul. Embracing Your Sixth Sense,* 4th Dimension Press, Virginia Beach, Va., 2012.

93 Siehe dazu den Originalartikel »Brain Waves Move Computer Cursors« in der *New York Times* vom 7.3.1995. Solche Testergebnisse sind inzwischen allgemein bekannt und akzeptiert. Zum ersten Mal hörte ich davon, als Wissenschaftler am New York State Department of Health in Albany zu derartigen Ergebnissen kamen. Es war ihnen gelungen, Testpersonen dazu zu bringen, allein durch ihre Gedanken einen Computercursor auf einem Bildschirm herumzubewegen, um besser zu kommunizieren.

94 Vgl. Atwater: *Future Memory,* a. a. O.

95 »Blue Brain Team Discovers a Multi-Dimensional Universe in Brain Networks«, Neuroscience News (12.6.2017), https://neurosciencenews.com/blue-brain-neural-network-6885, Zugriff: 18.4.2020.

96 Jeder kann diese gemeinnützige Organisation überprüfen, sie besuchen oder sich ihr anschließen (siehe oben).

Register

E

F

G

H

I

J

K

L

M

N

O

P

Q

R